平台治理

在线市场的
设计、运营与监管

王勇 戎珂/著

中信出版集团·北京

图书在版编目（CIP）数据

平台治理：在线市场的设计、运营与监管/王勇，戎珂著.--北京：中信出版社，2018.9
ISBN 978-7-5086-3843-0

Ⅰ.①平… Ⅱ.①王…②戎… Ⅲ.①电子商务-商业经营 Ⅳ.①F713.365.2

中国版本图书馆CIP数据核字（2017）第234017号

平台治理——在线市场的设计、运营与监管

著　　者：王勇　戎珂
出版发行：中信出版集团股份有限公司
　　　　　（北京市朝阳区惠新东街甲4号富盛大厦2座　邮编　100029）
承　印　者：北京画中画印刷有限公司

开　　本：880mm×1230mm　1/32　　印　张：11.25　　字　数：254千字
版　　次：2018年9月第1版　　　　　　印　次：2018年9月第1次印刷
广告经营许可证：京朝工商广字第8087号
书　　号：ISBN 978-7-5086-3843-0
定　　价：58.00元

版权所有·侵权必究
如有印刷、装订问题，本公司负责调换。
服务热线：400-600-8099
投稿邮箱：author@citicpub.com

目 录

推荐序一 / 石涌江 VII

推荐序二 / 陈威如 IX

导 语　平台栖居 / 001

第一部分　平台起源

第一章　交易机制的演进——从赶集到淘宝 / 015

直接交易 / 017

间接交易 / 022

平台交易 / 026

第二章　从单边市场到多边市场 / 037

单边市场的特征 / 037

多边市场的特征 / 041

多边市场的线上化 / 045

多边市场对单边市场的冲击 / 056

第三章　从产品战略到平台战略 / 067

产品战略面临调整 / 068

如何打造平台战略 / 074

第二部分　平台运营与治理

第四章　价格结构及调整 / 089

"羊毛"出在"猪"身上 / 091

双向收费与动态调整 / 097

第五章　动态定价的效率与公平 / 103

动态定价策略 / 103

动态定价的高效性 / 108

动态定价与交易公平性 / 110

从公平博弈看"动态定价"的"非动态" / 114

非价格机制的运用 / 118

第六章　网络声誉机制 / 125

平台声誉机制的特殊性 / 126

平台治理中声誉机制的作用 / 129

平台声誉的操纵 / 132

平台的声誉管理模式 / 137

平台声誉机制的改进 / 147

第七章　大数据的智能监控 / 153

用户画像与精准营销 / 153

信息反馈与声誉管理 / 158

防范交易风险 / 164

大数据治理的局限 / 167

第三部分　平台生态

第八章　平台生态体系 / 177

平台生态的概念 / 178

平台生态系统的动态模式 / 182

ARM如何培养在中国的生态体系 / 187

基于地理位置的平台生态发展 / 193

平台生态的治理 / 198

第九章　如何借助社交关系支持在线市场的交易 / 205

阿里为何总想发展社交 / 205

社交关系支持在线交易的作用机制 / 208

基于社交关系产生的"信任经济" / 211

平台引入社交关系的策略选择 / 223

第十章　支付机制的功能与影响 / 231

从传统支付到移动支付 / 231

eBay 的失败和淘宝的成功 / 235

8848 的失败和京东的成功 / 240

苹果公司为何限制 App 打赏支付 / 246

无现金社会与数字货币 / 248

第四部分　平台竞争与规制

第十一章　平台之间的竞争 / 257

竞争方式 / 257

竞争结果 / 277

第十二章　平台的私人监管 / 285

平台私人监管手段 / 287

平台私人监管的局限性 / 297

平台监管无执法权 / 299

第十三章　政府的公共监管 / 307

政府对商品类交易平台的监管 / 307

政府对服务类交易平台的监管 / 311

政府对P2P网络贷款平台的监管 / 317

第十四章　政府的公共政策 / 323

企业不正当行为的界定 / 323

反垄断需要创新 / 326

对不正当竞争的监管 / 329

对公共政策的建议 / 333

参考文献 / 336

推荐序一

石涌江
英国剑桥大学工程系国际制造中心研究主任

中国的改革开放到今年已经历了四十年的曲折历程，取得了举世瞩目的经济增长，形成了庞大的工业体系，同时也在积极探索和尝试着新的商业模式与经济发展机制。巨大的人口体量形成了巨大但又异质而且频繁变化的需求，迅速发展的技术，尤其是以互联网为基础的数字技术，哺育造就了中国在实体经济基础上丰富多彩的数字经济体系，令世界刮目相看。

平台经济便是其中的一个典型，尽管其实践与概念可能并非中国原创，但由于中国产业变化频率之高、商业模式迭代之快，使得中国的平台经济不仅发展迅速、规模宏大，而且多样繁杂、演化频繁。

在最近十年中，中国产业界与学术界所关注的关键词汇已由以往的企业、产业/行业、价值链、联盟、供应网络,转变为平台、生态、跨界、演化。语境的变化强烈反映出了新经济模式的出现。

迅速复杂化的新经济体系自然为中国的经济管理学者们注入了强劲的探索兴奋剂,也为我们提供了丰富的研究试验场,继而导致有关平台技术、战略、数字经济方面的出版物雨后春笋般地涌现。然而,从平台经济规模本身的探索,并且结合经济调控治理思考的专著仍然十分稀少。两位作者在他们敏锐的观察下,为我们带来了及时的产业实践总结与系统的理论思考提炼,不仅使我们对当今中国新经济特点有了新的理解,而且帮助我们对平台经济与传统(实体)经济的关系有了更进一步的理解。

平台与治理都不是新概念,但是在以数字技术为基础的新经济中,它们都被赋予了新的内涵。平台作为一种新的系统,治理作为一种新的过程,我们需要对它们及其关联进行更为深入的研究。这本书部分地揭示了其中的一些规律,为今后进一步的观察思考奠定了坚实的基础。

当今世界演化甚为频繁,尤其是在中国,举国上下图变求新的心态与行为为系统性地研究总结出复杂、系统的规律造成了巨大的困难,客观上要求我们科研人员需要具有新的研究能力与素质。这两位作者在平衡好敏锐观察、勇于假设、细致求证、快速迭代学习、迅速发表交流方面也做了很好的尝试。

推荐序二

陈威如

阿里巴巴菜鸟网络智行院院长、

原中欧国际工商学院战略学教授

很高兴看到王勇和戎珂两位年轻的经济学家、清华大学的教授撰写《平台治理》这本书，将前沿的平台经济理论结合大家耳熟能详的全球案例娓娓道来，帮助大家理解目前广泛影响着人们生活的平台生态圈，应该利用什么机制去维护各利益相关方的繁荣发展，兼容商业创新、社会公平、人民共赢的多种目标的协同。

根据我过去十年对于《平台战略》《平台转型》的研究，以及加入阿里巴巴菜鸟网络后参与搭建智慧物流生态圈过程的具体实践与体察，我发现，平台经济已经带来降低信息屏蔽与交易成本、激发及赋能多元供应商、帮助供需实时匹配盘活闲置产能的效果，但是整个社会在进入或者拥抱平台经济，除了已经出现在企业层面的战略创新与能力转型外，还需从市场的顶层结构设计、供需匹配机制、交易规则、创新回报、竞争模式等具体事项，进行更精细化的规则设计及治理。对于《平台治理》的出版，我感到非常惊喜，两位作者长期研究平台经济议题，在这个领域有非常好的学术积累。他们经过多年的研究，将学术的理论架构，用通俗易懂、可读性强的语言写作完成，帮助读者明白通晓平台经营者的机制设计与繁荣生态圈的发展心法。

我认为这本书在以下几个方面有特别的新意：

一、作者把平台看作数字经济的核心单元，是数字经济的基本组织。从历史的演化来看，农业经济时代基本的生产组织单位是农户或家庭，工业经济时代基本的生产组织单位是工厂，而他们认为数字经济时代基本的生产组织单位将是平台。数字化的平台能够做实时且精细化的管理，帮助生产者与需求者无缝相连及按需匹配，因此发展数字经济的关键是要把平台建设好，治理好。

二、在平台治理的核心理念方面，作者提出了平台善治的概念。"善治"原本是指公共治理的理想状态。但在本书中，作者是指，为了实现平台治理的理想状态，需要平台运营商导入政府的公共治理理念与方法，尤其是要发挥平台自身的治理作用。平台不是在一个封闭体系中由管理者与股东独自做决定，而是因为它巨大的社会影响力需要引入公共的参与，社会与平台能够共同成长是平台经济能否持续发展的关键。

三、关于运营者如何进行平台治理，作者从平台构建、价格结构、支付结算、物流管理，到平台生态形成、外部监管等方面，进行了比较全面的论述。特别是在声誉管理以及发展生态方面的分析，体现了作者独特的观点和见解，读起来非常有启发性。

综上，我认为，无论是对平台经济的研究者来说，还是对平台运营的企业管理者而言，《平台治理》这本书读来都是大有裨益的。这本书帮助整个社会一起思考平台经济的发展与治理。

导　语　平台栖居

平台化生存

　　麻省理工学院著名学者尼葛洛庞蒂在20世纪90年代就预测，我们将进行数字化生存。

　　他的预见已然实现。

　　现在，我们生活在信息和网络等构建的数字世界中，我们的消费、生产和金融等一切经济活动都在数字化、网络化、智能化，数字经济渗透到了生产、生活的各个方面。

　　我们使用网络购物，支付数字货币，习惯于网络社交，用数字播放器听数字音乐，用数码相机拍摄数字图片和视频，购买和阅读数字出版系统出版的数字图书。

　　不仅这些消费行为在走向数字化，我们的就业和生产也在走向数字化。我们通过网络劳务平台寻找工作和兼职机会，我们的就业信息、绩效考核逐渐由数字化技术来记录、评估，我们用数字技术控制机器人进行生产，我们的3D打印应用范围越来越广泛，我们把海量的数据储存在"云"之上……数字化生产技术使人、数据和机器结合在一起，形成了更加智能、更加精确的生产作业方式。

投资和金融也借助数字化和网络化迅猛发展，出现了金融的科技化（fintech）。在支付结算方面，我们进行扫码支付、近场支付，数字货币也逐渐成为现实；商业银行越发青睐通过网络提供各种金融服务；投资者开始借助智能投资顾问（Robo-Advisor）选择合适的股票和债券组合；以量化分析和高速网络技术为核心的高频交易手段正在取代传统趋势分析为主的投资手段；精通数字化技术的宽客们逐渐超越了传统的金融大鳄……金融科技正在颠覆传统的金融领域！

总而言之，未来已来。数字经济正在改变传统经济的各行各业，重新塑造经济生活的方方面面。

任何经济活动都产生相应的组织形态。农业经济中的主要组织是家庭，来实现土地和劳动力的结合；工业经济中的主要组织是企业，它把资本和劳动结合起来；而在数字经济中，平台是把数据和其他要素结合起来的主要组织。作为数字经济最主要的资源配置和组织方式，平台利用数字技术创建有效的渠道，连接相关的供应方、需求方，在市场中筛选并匹配有效信息，设计市场规则，协调多边关系。

当然这并不是说，平台经济在数字经济之前不曾存在。比如传统的信用卡公司，搭建的是资金流通平台；传统的百货超市，搭建的是商品流通平台；甚至古代的集市，都通过搭建一定的渠道成功地筛选、连接有效信息给供需方，促成商品或娱乐服务的买卖——它们都是平台。

准确地说，数字化使得平台经济成为主流的经济模式。和传统线下市场相比，借助数字化技术搭建的在线市场最主要的物理特征就是容易扩展，不受地域限制，能够覆盖范围广泛的人群，形成统一的巨大市场。

传统线下市场，首先需要一个交易的物理场所，如一片空地、一幢大楼等。如果加入市场的人数多了，就需要扩展场所的面积，因而要求更大的空地、盖更多更高的楼等。这在寸土寸金的都市里，都是成本巨高无比的事情。并且，线下市场受制于空间固定、无法抵御波动的风险。当人多时，市场空间相对狭窄，一些交易无法实现；当人少时，市场空间过剩，人气不旺，难以聚拢交易。

而在线市场是运用数字和网络技术搭建的，非常容易扩展，一个店面网页的开发成本已经降到几百元，很多平台甚至提供免费的店面网页，在网络平台的交易成本大幅降低。并且在线市场连接了更广阔的人群，形形色色、数量巨大的买家和卖家都可以聚集在同一个在线市场上，供需的多样性使得生产和消费的选择性都得以拓展，有助于覆盖长尾市场和拉动生产。

另一方面，在线交易会形成数据优势，可以进行高效匹配、及时反馈、调整供需，并通过累积的数据更好地发挥声誉机制的作用。这些网络和数据技术的运用，不仅使得在线市场的交易费用大大下降，也为市场运行的监控和治理带来了新的技术手段和方式，网络的协同作用能够真正发挥出来了。

因而，交易平台取代了工厂，成为数字经济的主要组织者。数字经济中的各类经济活动都建立和发生在各种各样的数字交易平台上面：我们去网易云和iTunes（在线音乐商店）等数字音乐平台上听音乐，去YouTube和爱奇艺等视频媒体平台看影视剧，去亚马逊（Amazon）和淘宝网等交易平台浏览购物，去微信等社交平台聊天发布状态，去猎聘和智联等这些人才招聘网站查询职位、发布简历。

尼葛洛庞蒂所说的数字化生存，其实是平台化生存。

纵观下来，我们在数字经济模式下所栖居的平台，大体可以分为5类。

第一类是技术平台。它们独立运行并自主存在，充分发挥技术体系及技术架构的优势，为其所支撑的上层系统和应用提供运行所依赖的环境。典型的是操作系统平台，如大家耳熟能详的Windows、Linux、安卓等。作为开放式的平台，它们为不同类型的手机/电脑服务提供发展的环境。类似的，App Store（应用商店）里有数十万种应用软件，并不断保持更新换代，这吸引了大量的终端用户向平台聚集，同时又吸引了更丰富的应用软件加入平台，从而极大地推动了iPhone（苹果手机）终端平台的升级和扩张。

第二大类是交易平台。它们主要为买卖双方的交易提供线上场所和第三方担保等服务。根据平台上交易的品类不同，主要又可细分为4种：1）商品交易平台，包括一手商品交易平台（京东、淘宝、当当等）和二手交易平台（58转转、闲鱼等）；2）服务交易平台，即为双方提供体力服务、专业知识服务的网络平台，前者如滴滴打车、58到家、货车帮等，后者如知乎、分答、在行、得到等；3）技术交易平台，如云服务、3D打印平台等；4）金融资产交易平台，又可分为支付平台（支付宝、微信钱包、Apple Pay等），以及众多的网贷平台、投资平台等。

第三大类是社交平台。它们为多边用户搭建相互交流和组合的线上空间，一般可分为普通社交平台和兴趣交流平台。微信、脸书、微博早已成为我们生活中必不可少的社交应用。而互联网的发展和跨区域婚恋匹配需求的上升也使得百合网、世纪佳缘等社交平台如火如荼……与此同时，豆瓣、知乎、雪球、POCO摄影社区等这些主要由兴趣导向构建的平台，也成为具有共同爱好的人们不可或缺的交往平台。

第四类是信息服务平台。它们是专门生产或者传播文字、影视等信息的网络平台。信息平台主要包括：新闻门户平台（新浪、搜狐等）、搜索引擎平台（百度、谷歌等）、视频网站（腾讯视频、优酷等），以及一些自媒体平台（Web 2.0），又称"个人媒体",它们是私人化、平民化、普泛化、自主化的信息传播者,如论坛/BBS、贴吧、微信公众号等。虽然它们生产内容的成本比较高,但平台可以从广告商等其他渠道获得利润来源;而且相比电视或者报纸等传统媒体,信息平台广告发布的精准定向、针对用户的数据挖掘更有效,因而也深受众多广告商的青睐。

最后还有"娱乐互动平台"这一类,各种网络游戏平台、网红直播平台都可归属其中。一定程度上,QQ游戏、网易游戏类平台也可以算作"连通了游戏开发商和玩家之间的交易",但由于平台上提供的内容特殊,本书将其单独列作一类。

上述的5类平台,主要是基于平台早期的经营内容和方向,事实上在平台不断地横纵向发展、合并的过程中,不同类型平台之间的界限变得模糊。腾讯公司最初以QQ软件打造社交平台起步,后来在原有的平台上延伸QQ游戏装备交易、微信商店、扫码支付等具有交易功能的平台,以及腾讯网、腾讯视频等新闻门户平台和娱乐平台。苹果也如此,起初它只是操作系统和技术平台,但其上也有App Store和iTunes,从而在技术平台上搭建了交易平台,二者相互支持。iPhone凭借iTunes和App Store不断吸引和扩大用户群体,而后两者的发展也依托了iPhone的流量,从而实现了平台的融合与延展。

从公司治理到平台治理

数字化时代,我们都栖居在平台上,但我们能否"诗意地栖居"呢?

在目前,这个问题的答案好像是否定的。

在平台上学习,我们会遇到虚假的老师;在平台上交流,我们会遇到连性别都造假的朋友;在平台上购物,总是买到假货;在平台上理财,经常本息全无;在平台上恋爱,往往佳偶难觅,"恐龙"遍地,甚至出现如苏享茂①一般被骗财骗色乃至丢了性命的情况!在平台上,总会遇到一切想象得到和想象不到的虚假,以致我们将平台经济称为"虚拟经济"!

在未来,要想把答案变为肯定的,则需要平台善治。

何谓善治?首先,善治是一种目标,往往代表社会的理想之治,如,夜不闭户、路不拾遗、君仁民顺、社会大同等,在今天可以理解为社会公共利益的最大化。其次,善治也是一种治理方式,具体指并非仅仅依赖政府,而是通过多元化的社会管理主体,设计有效的机制来实现对社会的治理。

平台善治,从目标上来看,就是要维护平台上的公共秩序和利益。平台企业需要赢利,因而需要懂得如何设计平台、如何管理平台进化,以应对其他平台的竞争,保持平台生态系统的良性发展;平台用户依赖平台的顺利运行,同时需要尽可能减少风

---

① 2017年9月7日,程序员苏享茂在前妻翟某欣的勒索威胁下自杀身亡。两人于某婚恋网站相识,两个月后闪婚,之后1个月内离婚,其间苏发现翟在该婚恋网站上的登记资料多处造假,翟利用苏生意上的漏税行为等对苏进行大额敲诈并恐吓,最终苏抑郁自杀。此案被疑为平台背后有专业骗婚团伙作案。

险、保障自身利益，因而也需要了解平台，参与治理；而平台经济的善治，对社会秩序和经济发展的重大意义，要求政府更应该加倍注意与管理。今天，我们在平台上的栖居方式主要是交流与交易，无论交流还是交易都需要一定的秩序；如果社交平台上充满了污言秽语，如果交易平台上充满了假货和刷单，这样的栖居只会让我们逃离。

就本书来说，我们更关心"交易平台"如何实现善治，因而主要集中在交易平台治理方式的探讨上。毕竟，机会主义的行为更多是通过破坏交易中的公共秩序来获利的。

我们认为要实现平台善治，最主要的是改变过去的治理思想，从平台经济的特征出发，形成新的治理理念和治理措施。

传统的治理思想来自传统经济的运行特点。整体上看，经济活动一般包括生产、交换、分配和消费四个部分。在传统经济中，生产是核心环节，其他经济活动围绕着生产展开。比如，企业把产品生产出来后，需要构建销售体系，设立主经销商、分经销商来进行交换活动，企业要尽可能保持对交换环节的主导；分配也是通过企业对生产要素的配置来实现，工人被工厂雇用，工资成为主要的收入方式，资本的回报也主要是通过资本市场来实现；人们的消费也为生产企业主导，企业通过广告影响和塑造着消费者的偏好和消费诉求，鼓励占有而不是使用，鼓励华而不实的炫耀而不是简单方便的实用。

正是这种以生产活动为核心的经济运行方式，导致传统的经济治理思想主要是围绕着工厂这一生产组织而进行。对组织内部来说,主要是公司治理的思想;对组织外部来说,主要是由政府来对企业的经营活动进行干预和管制。

公司治理(corporate governance)讨论的核心问题是,为保证企业组织的有效运转,如何构建企业参与各方(出资人、经营者、劳工等)的权力和责任关系。具体的,包括董事会的组成、高管任命和授权、激励薪酬等问题。对于这些问题的探讨,在经济学和管理学中,专门形成了"公司治理"这样一个领域;并且根据已经形成的共识,把相关结论制定为法律和规则,如《公司法》中的一些规定,以及"上市公司治理指引"等规则。

实际上,公司治理所确立的权力安排,构成了传统企业的科层化权力体系。董事会根据股东大会的授权,取得企业经营决策的最高权力;然后聘用总经理等高管人员,并授予其一部分权力;高管们借助手中的权力来对部门经理等中层人员进行管理和部分授权;部门经理再根据这一授权,对基层员工进行管理。公司治理所形成的这套权力体系,使得命令和权力在企业运营中发挥了主导的作用。

由于公司治理只是解决企业内部的权力安排问题,无法把组织对外部的影响考虑进来,如消费者权益、环境污染等,因此,政府需要在外部参与对企业组织的治理。政府要制定产品质量标准,避免企业生产劣质产品;政府要监管企业的销售体系,避免企业纵向垄断;政府要监管劳动力市场,避免企业滥用谈判地位、压榨工人；政府制定广告法，防止企业利用虚假广告诱惑不知情的消费者。总之，政府监管深入经济活动的各个环节，成为监管主体，企业是监管对象，政府被赋予了维护经济秩序的主要角色，成为市场活动的守卫者。

彼时，我们栖居在政府的庇护下，崇拜图腾权力，怀疑和鄙视市场。但权力往往并不高明，它会无知，无法指明方向和辨别真伪；权力也不圣洁，没有恰到好处的监督机制（要恰到好处往往很困难），它会无耻，会被收买和滥用，会以公益之名"作恶"！权力之手伸得越长，被金钱捕获的可能就越大。由此，以芝加哥学派为代表的新古典主义经济学家们反对政府干预，呼吁减少监管，释放市场的活力。

要释放市场的活力，就需要遵循市场的逻辑。市场其实是一个巨大的协同网络，其运作的逻辑核心是平等和自由。正如马克思所说的，"市场是天生的平等派"。但在传统经济中，在各种颠顶权力的干预下，市场的逻辑很难得到体现和落实。我们看到的是割裂的、扭曲的市场，以及充满机会主义行为的交易秩序，市场对经济的协同作用并没有发挥出来。

随着数字技术、网络技术的发展，我们的经济发展范式也从传统经济转向了数字经济。数字经济的一大特点就是包括生产、消费、交换和分配等各种经济活动，都发生在数字平台上面。特别是其中的交易行为基本都是在线交易，在线市场成为数字经济的枢纽，协调整个社会的经济活动，解决"生产什么、生产多少，为谁生产"的资源配置问题。

因而，与传统经济活动以"生产"为主导不同，"交易"成为新经济的经济活动核心部分。在数字经济中，"交易"发挥着主导作用：交易引导生产，企业通过平台交易数据调整产量和品种；交易形成消费，网络覆盖各种需求；交易也影响分配，独立个体可以从平台获取收入，不必非得受雇于工厂。

同时，正如我们在上一节阐述的，在线市场易扩展、不受地域限制、覆盖人群范围广泛的物理特征和便于高效匹配、及时反馈、调整供需的数据优势，真正发挥了网络的协同作用，不仅使得交易费用大幅下降，也为在线市场的培育、监控和治理提供了更有效的技术手段和方式。因而，交易平台取代了工厂，成为数字经济的主要组织者。

交易平台首先需要连接供给者和需求者，进行市场设计（market design），确定交易机制、准入门槛、行为规则；其次，交易平台还需要发现和确定市场均衡价格，调整供给；再次，平台还需要负责支付结算，参与物流运输，确保银货两清；最后，平台还需要建立反馈机制，受理投诉建议，处罚违约方，维护市场交易秩序。

在新经济下，所有栖居在交易平台之上的群体和组织，都依赖于平台良好的管理与规范；这使得平台治理成为平台经济的核心。无论是组织，如工厂和企业；还是个体，如消费者和自我雇用者；以及国家、法律，都需要参与到平台善治的过程中来。

类似于传统经济中的公司治理，它成为我们每一个平台参与者都需要关心的问题。平台治理也将会像公司治理那样，不仅会成为重要的实践问题，还会成为重要的学术研究问题。

与传统公司治理不同的是，数字经济下的平台经济交易主体数量巨大、交易客体规模庞大、交易行为无时空限制、平台之间的关系复杂，或叠加或嵌入或交叉融合等，因此要想对数字经济平台实现有效的治理，自然不能停留在简单地为双边市场制定规则等思路上，而是对整个平台经济系统的综合治理与平台生态的有机培育。

本书中，我们会从如下几个方面来探讨平台治理问题。首先，我们将带你剖析交易平台的前生今世，在回顾交易与市场的基础上，认识和了解在线市场。特别是，我们会发现这是一个双边市场或者多边市场，并且主要由企业来设计和运营这一市场。然后，我们具体考察平台企业如何运用多种手段来运营和治理在线市场，包括价格手段、定价方式、声誉机制、数据监控和支付方式、生态建设、社交资源整合等系统性的合围与分析。最后，我们将分析政府监管在在线市场运行和平台企业之间的竞争所发挥的作用。

第一部分　平台起源

第一章
交易机制的演进——从赶集到淘宝

　　交易，是我们人类最古老也是最现代的经济活动。从远古时期偶尔进行的以物换物，到现在无时无刻不在进行的电子网络交易，从乡村集市到现代购物中心，交易一直遍布世界、多姿多彩。哪怕遭逢战争、瘟疫乃至独裁政治的打压，交易活动都从不曾停止。交易一直以最顽强的方式存在于我们的生活中。

　　交易不仅满足了个人的需求，也促进了社会的进步和经济的繁荣。正如亚当·斯密在1776年发表的《国富论》中所提到的："人类独有的交换与易货倾向，可以促使个人增加财富，促进社会繁荣，并达私利与公益之调和。"

　　但顺畅完成交易并不是简单的事情。交易的过程包括搜寻、匹配、议价、运输和结算等环节。上述环节涉及商品的流动、信息的流动、资金的流动，形成了交易中的商品流、信息流和资金流。每一种流动受限于技术和其他因素，都会花费交易双方的时间、精力和金钱，形成了科斯所指的"交易费用"。比如，在交通技术不发达时，相距千里的商品交易就会产生巨大的物流费用。当交易双方没有共同语言时，就无法交换有关商品的信息。在这个意义上讲，语言其实是交易的产物。当没有货币时，实现交易双方的匹配就非常困难。为了降低交易费用，优化商品、信息和资金的流动方式，提高交易效率，人们一直在探索和发展新型的交易机制。回顾交易机制的演变，总共有三种类型的交易机制。

首先是直接交易，也就是买卖双方不需要借助第三方进行的交易。直接交易主要分为两种，一种是"芝麻换西瓜"的物物交换，另一种是"一手交钱一手交货"的钱物交换。

其次是间接交易，指除了买卖双方，还有第三方参与的交易。该第三方我们一般称为中介，可能是个人，也可能是企业。他们通过在商品流、信息流或资金流中提供居间服务，以经销商、信息中介或资金中介的身份，来撮合双方达成交易。

最后是平台交易。平台交易是平台企业借助于网络技术，搭建在线市场，为处在不同空间区域的买卖双方提供可以直接交易的服务。在平台交易中，商品流、信息流和资金流都通过平台进行，优化了流动方式，减少了对传统各类中介的依赖，从而极大地降低了交易费用，提高了交易效率，成为数字经济时代最活跃的经济活动。

从直接交易到间接交易，再到平台交易，每一次交易机制的变革都带动市场的繁荣，推动了经济的发展。本章我们将回顾交易机制的演进，对比分析这三种交易机制的特点，以此来认识平台交易的特征和治理关键。

直接交易

以物易物

物物交换一般被认为是在货币出现之前、古代社会人类的主要交易方式。《易经·系辞下》中记载："日中为市，致天下之民，聚天下之货，交易而退，各得其所。"人们通过约定俗成的时间和地点，聚合买卖人的信息，扩大"正好对方拥有我需要的，而我拥有的是对方所需要的"的概率。摊商栉比，行人游弋，砍柴的山民，种田的农夫，各人带着自己所有的"鸡鸭鱼肉"期待换取需要的"柴米油盐"。

其实在现代社会中，一些特定社群亦会出现以物易物，如监狱中就常以酒、烟草、咖啡、茶叶、槟榔作为交易媒介。1945年，英国经济学家拉福德《战俘营中的经济组织》一文中就描述了德国战俘营里的一些囚犯是如何辗转在不同民族的营地之间"做生意"的，例如他们从法国营地低价购入茶叶，随后将其卖给英国人。

以物易物的过程，不仅包括商品的交换，也包括商品价值和交易双方信用等在内的信息的交换，由此形成了商品的流动和信息的流动。在物物交换的过程中，商品流和信息流二者是合二为一。商品转手的同时，有关商品的信息也在进行交换。

然而，物物交换这一交易机制只能局限在特定场景下，无法适用大规模的社会化的交易。

首先，物物交易对商品流中的匹配性提出了很高的要求，交易双方同时、同地、正好拥有彼此需要的商品——甲千辛万苦猎了两只鹰，满心欢喜想下山换粮食，却发现乙虽有粟麦但只想换山羊，此时交易就会由于需求不匹配而无法进行。

除此之外，以物易物中的信息流也要求双方要有非常高的认知能力和沟通能力。双方既要熟悉自己物品的属性，能够给对方做清楚的介绍；同时还要对对方的物品非常了解，不至于被对方的花言巧语蒙骗。当双方交易的都是初级产品，如农产品等，或其他简单商品时，对认知能力和沟通能力要求不高，可以通过物物交换来实现。但一旦双方交易的一些复杂的高级产品，如珠宝首饰，质量很难鉴别时，物物交换就很难进行。

因此，要扩大交易范围，就需要改变物物交换的交易机制。

一手交钱，一手交货

为解决物物交换中的问题，交换的媒介——货币应运而生。

首先出现的货币是实物货币，即一般等价物。人们通过先换取一定量的被大家普遍接受的一种商品，再用这种商品从其他人手中购买自己真正需要的商品。在不同的国家、地区以及不同的历史时期，粮食、布帛、毛皮、竹木、贝壳、石头、铜铁等不容易大量获取的商品都曾被当作一般等价物。除此之外，香烟曾作为一般等价物在监狱风靡一时，七根香烟可以买到一定量的人造黄油，也可以换到一根半巧克力棒，且整个战俘营的价格都是一致的。

图1-1　各式各样的贝壳曾经被当作一般等价物

交易的一方通过将自有的商品换取一定量的一般等价物，再用一般等价物换取自身所需的商品，这在一定程度上解决了物物交换中商品流动中的匹配问题。

但是，用实物货币的一个严重问题是，该"实物"的数量容易发生波动，可能会过多，也可能会过少。比如，战国时期，各国曾普遍使用"贝壳"这种实物作为货币，而楚国盛产贝壳，因此楚国人经常使用贝壳去换取其他国家的财物。但是，当某一年因江河泛滥导致贝壳过多时，就会出现通"贝"膨胀，使得交易陷入混乱。

由此看来，各种各样的实物货币并不是理想的交易媒介，那么，到底什么样的东西最适合充当交易媒介？

以金银为代表的贵金属以其体积小、便于携带、久藏不坏、质地均匀且容易分割的优良品质脱颖而出，正如马克思所诠释的："金银天然不是货币，但货币天然是金银。"当贵金属充当货币后，极大地促进了交易的发展。特别是，异地交易甚至跨国交易都因此发展起来。

随着贸易的扩大和经济的发展，货币形式逐渐丰富。铸币、纸币、电子货币逐渐走上历史舞台，凭借其越来越方便、快捷、高效和经济等优点，促进钱物交易达到了更高的阶段，极大地释放了人类参与直接交易活动的空间。

当交易采用钱物交换的方式进行时，这一交换过程除了商品流和信息流之外，还会出现货币的流动，我们称之为"货币流"。

货币流的出现，降低了搜寻成本，缓解了直接交易中的匹配问题，但是也带来了新的问题。

图1-2 各国的"钱"——信用货币

首先，货币本身可能存在携带不便、太显眼易遭劫、假币流通、货币遗失和被盗抢等安全性不足的问题。尤其是大范围、大额度的运输与交易，"镖局"曾一度成为跨区域交易的必需品，否则很难保证货物和银两的安全抵达。这降低了买卖双方参与交易的安全感，部分买方和卖方甚至因此放弃交易，某些情况下，若不是非交易不可，他们宁可继续持有手上的商品，也不愿转换成有风险的货币。

另外，直接交易中的信息流并没有因为货币的出现而得到缓解。甚至由于货币的出现，交易双方除了需要掌握有关商品的知识外，还需要掌握有关货币的知识。在我国，白银曾充当过货币，很多人会在交易时，用牙齿咬一下银锭或银圆以识别真假。除了真假外，贵金属还有一个是不是"足重足值"的问题。由于贵金属货币在交易中会出现磨损，以致会出现分量不够、价值不足的问题。因此，人们经常会把新发行的足值货币留下来，而把不足值的货币花出去，从而造成了"劣币驱逐良币"的现象。

间接交易

三流分离

为了克服直接交易中商品流、信息流和资金流存在的种种问题，人们又发明了间接交易的交易机制。间接交易是指借助第三方来完成的交易。第三方可能是信息的中介、资金的中介，也可能是商品的中介。信息中介是那些具有丰富商品知识的"识家"，它可以帮助买家识别商品质量和买卖者信用等信息，它在信息流中发挥着克服信息不对称的作用；资金中介是在交易过程中的资金流方面发挥资金融通，如结算、担保、借贷等功能的个人或组织；商品中介如经销商、中间商等，它们通过先买后卖、创造物理的经销场景来促进交易。下面我们将对以上三种中介做具体分析。

首先来看信息中介。"牙人"，是中国过去对"识家"，即信息中介的称呼。因为古人在买牲口时，需要对牲口的年龄和健康状况进行鉴别，而通过观察这些牲口的牙齿可以了解这一点，但只有受过训练的牙人才能做出鉴别。因此，古人买牲口都要先求助牙人，通过牙人来完成买卖。明代商书《士商类要》中就曾写道："买卖要牙，装载要埠。""牙人"的称呼由此而来。

当今，我们也借助品牌企业等途径来识别产品质量，这些品牌企业就相当于古代的牙人。比如，耐克自己并不生产鞋子，它负责帮助消费者在市场中寻找能够生产高质量鞋子的企业，委托其进行代工，然后再出售给消费者。在这一过程中，品牌企业就在消费者和代工企业之间，发挥了信息中介的角色。

信息中介利用自身懂行情的优势，帮助买方跨行了解欲入手商品的真实质量，以及卖方的人品、信誉等信息，从而减少卖方凭借自己的信息优势而可能采取的讹诈等机会主义行为。这就相当于将以往直接交易中的"信息流"通过中介，从商品中分离出来，通过与买卖双方无直接利益相关的第三方，来保障真实有效的信息传递，从而解决了买卖双方的信息不对称问题。

其次，是票据、银行信用卡等，将"货币流"从信息流、商品流中分离出来，在买卖双方之间进行传递的货币中介。

与货币支付不同，在票据支付过程中，买方根据卖方的商品信息流决定是否参与交易，如参与，则在有效的票据上填写好支付金额，然后将票据交给卖方。这时候虽然还没有发生真正的货币转移，但有效的票据支付工具已经提供了资金转移的担保信息，因此卖方可以在没有发生货币转移的情况下，将商品交付买方。最终，会由银行根据票据支付信息将货币资金从买方银行账户转移至卖方银行账户。

后来随着技术的发达，票据逐渐被信用卡等新型工具取代；不变的是，在这一交易过程中，支付工具传递了资金流。资金中介的参与，使得交易不依赖于货币的大额转移，安全性和便捷性大幅提升，满足了工业经济对交易效率的需求。

再次，是商品的中介。经销商、中间商以先买后卖的代理，解决了直接交易中的跨时间供需错配、远距离交易和匹配性不足的问题。

中间商通过建立物理交易场所，或者借助自己的信息优势，帮助买家和卖家找到适合自己的交易伙伴。在商品的中介出现之前，卖家需要花费大量的人力物力，向各种潜在的买方群体推销自己的产品，买方也需要四处打听哪里能够买到合适的商品。而通过构建广为覆盖的经销商体系，改变了原有较为分散、孤立的市场里，买卖双方各自为战的局面，降低了买卖双方各自寻找彼此的搜寻和匹配成本，增加了市场多方的利益。

同时，中间商先买后卖的过程，将买卖双方之间的"一对一"的一次性交易行为，拆分为"中间商从卖者处收购"的"多对一"交易，以及"买者从中间商处购买"的"一对多"交易。经销商先买后卖，有利于平滑供给和解决需求的时间错配问题，也有利于连接跨区域的供需。

间接交易的这三种中介彼此之间可以叠加出现，有可能一桩交易中只借助了信息中介,有可能两两组合,也有可能三种中介参与了同一桩交易。买卖双方借助第三方进行交易,成功实现了货币流、商品流和信息流的分离——有了信息中介的参与,隔行不足惧,有懂行的第三方就好;"想买"和"想卖"不必同时同地产生,有卖的有买的,由中间商来经销和代理足矣;买者和卖者不再只依赖"一手交钱一手交货",由票据或者信用卡等资金中介做担保,即可保障安全。

然而,成也萧何,败也萧何,虽然中介在间接交易中发挥了巨大的作用,但其存在也带来许多问题。具体来说,中介的负面作用体现在如下几点。

首先,随着中介企业自己的交易规模、市场势力不断扩大,为了在有限时间内最大化自己的收益,它们会选择那些能够一次性带来丰厚回报的大客户,怠慢小客户。大银行从来不屑于做小微贷款,体现的就是"店大欺客"的道理。即使只为特定的大客户服务,中介企业中也不乏倚仗自己强大的市场地位,出现服务态度差、售后无保障等现象。

其次,中介企业可以利用自己对信息流、资金流或商品流的垄断,欺诈客户,获取不正当收益。古时就有"车船店脚牙,无罪也该杀"的说法,指的是车夫、船夫、店小二、脚夫(古代类似搬家公司的角色)和牙行讹诈客户以谋利。货真价实、童叟无欺往往是人们对中介企业美好却无力抗争的期许。

更有甚者,某些中介"囤积居奇"以谋取暴利。总有一些中间商、经销商"冒天下之大不韪",需求旺盛的时候进一步进行囤积,减少供应以抬高价格;当需求不足的时候,继续卖出,进一步压低价格;最后再抄底买入,高价卖出——价格波动越大,中介企业越赚钱。

最后,中介企业存在操纵市场价格的可能。由于中介比单独的买卖者掌握更全面的市场供求信息,因而中介是合适的市场价格的制定者。一般情况下,为了避免交易双方脱离中介企业直接进行交易,中介企业必须确保交易价格的合理性,不能随意改变交易价格。但是,如果在某些交易中,双方直接达成的难度较大,那么中介企业就可以操纵价格,扩大自己的收益。房产中介便是典型的例子,凭借自己的信息优势,同时向买卖双方捏造和传递危言耸听的信息,诱导房东低价卖房的同时,欺骗购房者高价买房。

由此可见,中介的出现使信息流、商品流和资金流实现了"三流分离",虽然减少了许多阻碍直接交易的流动性问题,但同时带来了新的问题,特别是信息的传递问题。因此,人们需要寻求新的交易机制。

平台交易

电子商务的兴起

1999年是中国线上交易平台的元年。这一年,8848网、易趣网、阿里巴巴和当当网相继上线；一年后，聪慧商务网和卓越网分别率先进入B2B（企业对企业）和B2C（企业对消费者）市场；自此，当当网对决卓越网，艺龙对垒携程，各个领域的交易平台竞争硝烟不断。

国内交易平台刚刚萌芽，便遭遇美国互联网泡沫经济的破灭，很多正处起步阶段的平台遭到重大打击，好些我们早已记不住它们的名字。不仅是交易平台，连网易、新浪这样的互联网领军者，股票都一度跌破发行价。而此时恰逢中国网民数量迅速增长，诸多平台公司看到了国内市场的曙光。

2003年以来，几大交易平台在B2C、B2B和C2C（消费者对消费者）各领域激战沉浮。阿里巴巴推出淘宝网，在B2C和B2B的核心地带，率先进击C2C领域，eBay、腾讯打造的拍拍网虽后知后觉，却也铸就了2005年前后C2C产品交易市场的三足鼎立。随后，战局逐日升温，京东在B2C的道路上不甘示弱，亚马逊于2004年收购了卓越网，其在中国B2C市场上的本土化却并没有成功；淘宝依托着支付宝的后盾担保，完虐C2C在线市场包括当当等在内的大多数后进者后，立马雄心勃勃地转入B2C和B2B的战场，而聪慧商务网在与阿里的擂战之后，便几乎一战不起。

2008年到来的金融危机摧垮了众多传统线下公司，却同时使得低成本、高效率的线上交易更受青睐。越来越多的线下产品销售企业转攻线上，如苏宁、国美、中粮的"我买网"等。除去产品交易市场的群雄之争，交易内容也逐渐服务化，外卖团购平台、P2P金融平台、教育医疗平台、出行租住平台[①]等全都如同雨后春笋，以惊人的速度涌现，群雄争霸的时代已然到来。

2011年后，交易平台大举进军移动手机市场，随后扫码支付、消费贷受到追捧，而分享经济、二手交易也开始层出不穷地进入视野。e袋洗、陆金所、蚂蚁短租、春雨医生、51Talk、京东拍拍、淘宝闲鱼、58转转……即便微小如芝麻的交易，无论是二手产品还是难以度量的家务劳务，无论是高新技术还是不起眼的小贷微贷，都可以成规模地进入线上市场。

于是，淘宝一次次刷新"双11"销售额，蚂蚁金服、京东白条狼烟四起，优步、滴滴、快的展开血拼，美团、糯米、大众点评竞相烧钱，去哪儿、携程相爱相杀，ofo、摩拜、小明单车挤满了街道，AI（人工智能）大数据云计算企业即将成为技术交易平台新宠……交易平台经济无处不在，而但凡我们有所耳闻的巨鳌企业或者极富潜力的新生企业，无不或多或少依赖平台交易，甚至其企业核心业务就是交易平台。据国家发改委发布的《2016年中国大众创业万众创新发展报告》指出，2016年我国有71家公司估值超过10亿美元，进入"2016年独角兽俱乐部"。其中蚂蚁金服估值750亿美元，荣居榜首；阿里云估值390亿美元，进入前三甲；而入榜名单中，商品交易平台占21.37%，互联网金

[①] 相关资料见电子商务研究中心发布的《盘点：中国电子商务发展的五个阶段历程梳理》。相关链接：http://b2b.toocle.com/detail--6341630.html。

融交易平台占12.3%，交通出行等服务平台亦占据多数席位。

平台经济已俨然成为推动我们经济发展的新引擎，成为主要的商业模式；与此同时，绝大多数传统交易中介举步维艰，它们要么转投线上，要么只能被新兴的线上交易平台蚕食。那么交易平台为什么如此迅速地取代传统中介交易机构，它们是否可以解决中介交易中三流分离带来的问题呢？

三流的再度"合一"

进入21世纪，数字技术和网络技术的发展为平台交易提供了充裕和廉价的赛博空间（cyber space）/数字空间，人类绝大多数传统生活场景都来了番"乾坤大挪移"。人们把越来越多的经济活动搬到数字空间进行，因而出现了线上市场（online market）——在线商品交易平台淘宝网、二手物品交易平台闲鱼、出行服务领域的滴滴出行、房屋出租平台爱彼迎（Airbnb）、餐饮服务平台大众点评、旅行出游服务平台携程网，以及在线教育平台慕课（MOOC）、出行分享平台ofo和摩拜……这些耳熟能详的名字，都是以平台交易的形式组织交易的典型代表。

当然平台交易并非在数字经济中第一次出现，传统经济中也有平台交易。

证券交易活动是依托实体交易场所展开平台交易的典型代表。以全球最大的证券交易所之一纽约证券交易所为例，它共设有4个实体交易场所，3个股票交易厅，1个债券交易厅。由于交易柜台数量有限，大多数投资者只能通过委托场内拥有交易席位的交易员代为买卖。交易员们每天奔波于16英寸、布满现代化办公设备和通信设施的交易柜台之间，代客寻找买方或者卖方，完成交易。作为组织平台交易，纽约证券交易所通过收取交易佣金和席位费等方式维持日常经营。

传统媒体行业则依托报纸版面开展平台交易。传媒企业为有宣传需求的个人或者企业提供发布广告的版面位置，有产品或者服务需求的客户群体通过阅读相关信息，找到符合自己需求的商品或者服务提供方。作为平台交易的搭建方，传媒企业通过向信息发布者收取版面费或者向读者收取费用的方式赢利。

但与传统中介的交易成本相比，线上交易平台拥有无与伦比的优势。

首先，为买卖双方搭建互动场所的物理载体的购置成本相对较高，这限制了平台交易活动的大面积、多行业发展。而互联网时代的零边际成本（zero marginal cost）和长尾效应（long tail effect）使得在数字空间搭建平台的成本大幅度降低。换句话说，平台交易低廉的成本和易扩张的属性，使其成为线上市场的不二选择（徐恪、王勇和李沁，2016），很多平台甚至提供免费的店面网页。

同时，间接交易中，中介企业的费用，额外增加了双方的交易成本和壁垒。商品从制造商生产出来之后，得经过一系列的中间商的流转，才能最终到达用户手中；而在这众多的商品流通环节中，每一个经手的中介的参与都必须要求一定的利润收入，于是便带来流通、运输、存贮、经销代理等诸多环节的中介费用增加。有一段医患关系矛盾频发之时，网上曾有资料称，医药用品的出厂价和零售价之间的价格差可以达到几十倍。

中介收取高额费用，提高了交易成本，这不仅使得出厂价和零售价差距拉大，增加消费者的成本，最终还降低了交易流动性。另外，由于中介缺乏有效力的外在约束，存在大量欺诈等机会主义行为，导致买卖方在交易里总倾向于处在劣势地位，扰乱了良好的市场交易氛围。很重要的一点还在于，巨额的交易成本使得许多单笔交易利润很少、交易相对困难，但潜在市场巨大的小本生意望而却步，甚至根本无力开展，这使得许多本来有利可图的交易被扼杀在摇篮之中。

借助电子化技术，生产者和消费者可以在平台上实现线上交易：平台提供场所和渠道展示商品/服务的质量信息、商家和用户的信息，用户通过这些公开信息决定是否消费，此时平台承担了传递信息流的职能；用户下单后，将资金支付给平台，平台此时并不直接将这笔资金支付给商家，而是将顾客资金已付的下单信息传递给商家，此时它承担着资金信息传递和资金担保的功能；商家见信息后，安排发货/提供服务，之后用户可以随时随地在平台上查询物流信息和反馈服务使用意见；当用户向平台确认收到商品/享受完服务之后，平台才将用户先付的资金转交给商家，至此形成一次闭环的交易。就这样，将传统的交易场景完完全全地被搬到了线上的交易平台。

由此可见，在一定程度上，数字经济下的线上平台交易就是传统平台交易在数字空间中的延伸，是交易过程的线上虚拟化。平台经济把交易前的准备、交易的供需信息、交易的协商、合同的签订与执行等系列交易程序、手续等整个迁移到了网络上。

但与间接交易的三流分离不同，线上交易通过平台实现了信息流、货币流和商品流的再度统一。通过良好的平台治理，要求在线商家企业或者个人如实披露商品/服务信息，建立完善的第三方支付结算体系、运输物流体系、实时的交易全程监管系统、第三方担保机制等，使得信息流、商品流和货币流再度实现合一。实质上，平台处于确保信息流、资金流和商品流三流合一的担保位置。

比如，信息流的分离引发了逆向选择问题，由于无法在购买时亲自品鉴，顾客更可能遇到假冒或劣等商品，或者支付高价等问题；而平台可以通过提高平台治理技术和能力，对商家和用户的信息披露进行合理合法的规范和要求。比如京东商城，便通过严格的质量把控、商家信誉评分、售后反馈等机制，极大地透明化买卖双方之间的信息，给予了用户良好的使用体验。

其次，由于无法一手交钱一手提货，资金流和商品流的分离带来了道德风险问题；而平台通过引入第三方，详细记录了交易过程，不仅保证了货物的质量以及退换货的正常进行，也有效地防止了双方可能发生的抵赖行为，为可能出现的纠纷提供相应的证据，从而有利于解决货到而款不到损害商家利益，或者款到而货不发损害消费者利益的问题。以网贷平台陆金所来说，平台为投资者提供网贷投资服务，为了增强投资者在网上投资的安全感，陆金所与平安银行进行资金存管合作，实现自身资金与出借人和借款人资金的隔离管理，投资者可以不必担心资金被平台挪为他用。

信息流、资金流和商品流在平台上的再度合一，为平台交易带来了众多优势。

首先，三流合一有利于确保交易过程中资金、商品、信息传递和交接的安全。平台企业为交易提供支付担保机制，同时保障了买卖双方的利益，买方不会担心收到货物与卖家描述不符而追款无门，卖家也不必担心买家收到货物不付款的情况出现，减少买卖双方之间的机会主义行为。此外，平台企业通过维护市场秩序，也增强了交易双方交易时的参与意愿和安全感。

其次，平台交易的流动性更强。在中介交易模式中，中介企业可能会通过"囤积居奇"的方式，破坏市场供求关系以发横财。而平台交易模式下，平台企业仅仅为交易双方提供一个交易平台，买卖双方可以自主选择交易对象、协商交易价格。而平台以线上交易为主的特征，使得世界各地的卖家和买家都有机会参与交易并达成交易。大规模的供给和需求在平台上聚集，交易的流动性自然会大幅提升。

最后，平台交易的匹配性更好，促进分享经济、二手交易的发展。传统经济中，由于大量搜索和中介等交易成本的存在，生产商和中介企业往往选择标准化的、符合大多数人偏好的产品，而不愿意制造和经销个性化的产品。平台交易空间容量的低扩张成本、压缩的交易环节、较低的交易费用，不仅有助于增强需求和供给的规模，也有助于增加产品的品类，很多小众的产品和服务都能够在平台上找到，很好地实现了需求和供给的长尾覆盖。同时，以往受制于成本的交易，如家务劳动、二手产品交易等得以实施，带来了分享经济、二手交易平台的兴盛。平台交易使得一切可以交易的物品、服务都能进行交易，促进交易无所不在地发生。

平台交易存在的问题

当然，任何新生事物都不是十全十美的，平台交易弥补了过往直接交易和线下间接交易中的许多劣势，但我们也应当注意到，平台交易的许多功能和优势都要求平台具有较高的治理能力和水平，否则会引发不少问题。

首先，平台交易可能存在假货盛行的情况。作为交易平台搭建方的平台企业，由于仅仅是提供信息交流的平台，难免疏于严格把控平台上销售产品的质量。尤其是在平台发展初期，个别平台企业为了扩大交易规模，甚至故意放任假货交易，以活跃市场气氛。

其次，虽然平台想通过信誉评级等手段（后文我们将详细讲解"声誉机制")协助消费者，筛选服务质量高、销量高、信誉好的卖家作为自己的交易选择，但卖家并非"等闲之辈"，它们往往通过各种刷假销量、假信誉、假好评来增加自己的受关注程度。而一旦疏于监管此类现象，平台交易的受欢迎程度就会大打折扣，不仅损害消费者利益，更会对平台企业和卖家的长远发展造成伤害。

另外，平台交易纠纷追责难。由于网络市场覆盖面大、受众群体广，经营主体易伪装和逃匿等特点，平台交易也呈现出交易双方信息不对称、地位不平等的状态。[①]侵权方很容易利用信息的不易追查性，逃脱责任和政府监管，从事商业欺诈和不正当竞争等违法活动。诸如误导消费和虚假宣传、诋毁商家信誉，侵犯知识产权等。

以上仅仅是平台交易存在的主要问题，在平台交易发展过程中，大大小小的问题层出不穷。平台交易虽然是在直接和间接交易模式基础上的革新，但要想真正实现"诗意地栖居"，这些问题必须得到充分的重视，并加以修正。

本章小结

从直接交易中的物物交换到钱货交换，到间接交易中的中

---

① 鲁敏芳. 工商行政管理部门对网络商品交易的监管研究——以浙江省为例[D]. 上海交通大学, 2013.

介交易,再到买卖双方直接互动的间接交易——平台交易,交易机制经历了相应的四个阶段:商品流和信息流的合一,商品流、信息流和货币流"三流合一",商品流、货币流和信息流"三流分离",最后又通过平台交易实现了"三流合一"的过程。交易模式的发展变化体现了人类开展交易活动以来,对交易的安全性、匹配性和流动性的不断追求。

  交易机制发展演进到今天,虽然步步完善,但即便是最新阶段的平台交易,也难免会遇到诸多新的挑战。比如,平台交易颠覆传统的企业经营战略,定价模式的改变给平台企业收入带来不稳定性,平台交易声誉机制的失真对市场交易产生影响,平台交易如雨后春笋般的出现对政府监管产生冲击……本书接下来就将对上述问题做深入剖析,并提出可行的应对策略。

第二章
从单边市场到多边市场

如前文所述,越来越多的交易通过网络交易平台来完成。其实,交易平台往往是由一些企业来运行的,比如,淘宝、天猫和闲鱼是由阿里公司运营,京东商城的隶属京东集团,滴滴出行的背后是北京小桔公司。这些运营平台企业和传统企业最大的区别在于,传统企业面对的是单边市场(single-side market),而平台企业面对的是多边市场(multi-side markets)。

那么,单边市场和多边市场都有哪些特征?后者会给前者带来多大的冲击?这些问题就是我们接下来要讨论的。

单边市场的特征

所谓单边市场,对企业来说,它本身作为一个供给方,用其产品或服务来满足客户的同类需求,这些客户的同类需求就是其所面对的主要市场。比如,某家传统的出版社,它把出版的图书卖给消费者,不管消费者是个人还是图书馆,其实需求都是相同的,都是出版社本身出版的图书,该出版社面对的就是单边市场。实际上,传统经济中,大部分企业面对的都是单边市场。制造业如此,服务业也是如此:前者如汽车公司的市场,面对的是准备买车的家庭和企业,后者如酒店的市场,面对的是那些出门旅行的人。

单边市场的结构依赖于买卖双方的数量、产品差别、单个厂商对市场价格的控制程度,以及进入障碍等因素,一般来说可分为完全竞争市场、垄断竞争市场、寡头垄断市场和完全垄断市场四种类型,其划分及特征可概括为表2-1。

完全竞争市场是一个非个性化市场,需要满足4个条件。第一,市场上有大量的买家与卖家。在这样的市场中,单个买家或是卖家对市场价格都没有任何的控制力量,都只能作为价格接受者。第二,市场上每一个厂商提供的商品都是完全同质的。商品同质即是商品无差异,不仅指质量、规格、商标等完全相同,还包括购物环境、售后等也相同。这保证了买家购买任何一家的商品都是一样的,同时也强化了单个买家或是卖家都只能作为价格接受者条件。第三,所有资源都具有完全的流动性。这不仅意味着资源流动无障碍,也意味着所有厂商进退自由。第四,信息是完全的,任何一个交易者都不具备信息优势。完全竞争市场必须符合以上4个条件,因此,在这种环境下也不存在交易者的个性,所有的买家和卖家都是无足轻重的,相互之间意识不到竞争。

表2-1 单边市场类型的划分与特征

市场类型		厂商数目	产品差异程度	对价格的控制程度	进退市场的难度	最接近的市场
完全竞争		很多	完全无差异	没有	很容易	农产品市场,如玉米、小麦等
不完全竞争	垄断竞争	很多	有差异	有一点	比较容易	一些轻工业、零售业,如理发店、香烟、啤酒等行业
	寡头垄断	几个	有一定的差别或完全无差异	相当程度	比较困难	钢铁、汽车、石油等行业
	完全垄断	一个	产品唯一,无替代品	很大程度,但常受到管制	极为困难	水、电、烟草等行业

垄断竞争市场、寡头垄断市场和完全垄断市场三类市场或多或少带有一定的垄断因素,其中,垄断竞争市场的垄断程度最低,寡头垄断市场居中,完全垄断市场最高。因此,这三类市场

也都统称为不完全竞争的市场。

垄断竞争市场中,存在着许多厂商生产和销售有差别的同种产品。主要有三个特点:第一,各厂商的产品都是非常接近的替代品;第二,厂商数量众多,单个厂商的行为不会引起对手的注意和反应;第三,厂商生产规模较小,进入行业比较容易。

寡头垄断市场中,少数几家厂商控制整个市场的产品和生产销售。主要有以下几种:一是某些产品必须在较大的生产规模上运行才有经济效益;二是行业中少数几家企业对生产所需的基本资源拥有控制权;三是政府的支持与补贴等。因此,在寡头垄断市场中,厂商也拥有着部分价格操纵权。

完全垄断市场中,整个行业中只有唯一的一个厂商的市场组织。主要有三个特点:第一,只有唯一的厂商生产和销售产品;第二,产品无相近的替代品;第三,其他厂商进入行业极为困难,或者不可能。[1]因此,在这种市场环境下,不存在任何的竞争因素,垄断厂商可以完全地控制和操纵市场价格。

根据上述分析可以发现,在单边市场中,通常企业的垄断程度越高,对价格的控制力也越强,进而利润也越高。即企业数量的减少可以使行业的竞争程度下降,留存下来的企业的利润也会随之增加。因此,在单边市场中,每个企业都会努力提高自己

---

[1] 刘客. 基于市场集中度的中国煤炭产业非平衡态分析[J]. 河北经贸大学学报, 2014, v.35;No.187(6):104-107.

产品的垄断地位。

多边市场的特征

多边市场，早期的研究一般称为"双边市场"，[1]对企业来说，它本身不一定是供给方，而是通过搭建交易平台，为供给方和需求方的交易提供服务。它同时服务于至少两类不同的客户，满足不同的需求，这些不同类型的客户的需求就构成了它面对的不同市场。与传统出版社相似，但又决然不同的有报社杂志，它们一方面把报纸和杂志出售给读者，同时也把报纸和杂志上的广告位卖给企业。这使得它面对两种具有不同需求的客户，因此，和出版社相比，报社和杂志社面对的就是多边市场。

多边市场（双边市场）的特征，可以分别从交叉网络外部性（cross-group network externalities）、价格结构以及关系形态的角度来进行分析。

交叉网络外部性是指在多边市场中存在多类不同的客户群体，其中一类客户参与市场交易所获的收益会受其他几类客户数量或质量的影响。比如，在出行的多边市场中，参与该市场的司机越多，乘客打车就会越方便；同时，用网约车的乘客越多，对

---

[1] 代表性文献如Caillaud 和 Jullien B（2003），Rochet和Tirole（2003、2006），Armstrong等（2006、2007a、2007b），Evans等（2003、2007），Hagiu等（2009、2015），Roson（2005），Weyl（2010）。

于司机来说，其收入也会越多。阿姆斯特朗（Armstrong, 2006）认为，双边市场中存在两个群体通过平台互相影响，一方的获益取决于平台中另一方的规模。哈久（Hagiu, 2009）则根据交叉网络外部性对连接了消费者和第三方生产商的双边市场做了明确的定义：消费者和第三方生产商进入一个平台并能互动，且对双方来说，另一方成员的数量越多，进入平台的价值越高，这就是双边市场。

获得2014年诺贝尔经济学奖的法国经济学家让·梯若尔（Jean Tirole）认为，多边市场的关键特征是它的价格结构更重要，而价格水平相对不重要。价格结构是指多边市场中，平台企业向市场参与各方所收取的费用。比如，出行平台滴滴公司，既会向打车人收费，也会向司机收费。这两种收费之和即价格水平，每一种收费占价格水平之比则为价格结构。

在单边市场中，卖方所能实现的交易规模往往受价格水平和消费者对价格水平的敏感度影响。当用户对价格水平敏感时，则价格水平越低，所能实现的交易规模越大；当消费者对价格不敏感时，则价格水平越高，所能实现的交易规模越大。

而在多边市场中，卖方所能实现的交易规模不仅受价格水平的影响，更受平台企业制定的价格结构的影响。比如，出行平台企业如果向消费者收费过高，则打车人会减少，司机的收入就会下降，司机流失，最后平台的交易规模缩小；反过来，如果向司机收费过高，则司机会流失，导致顾客不好打车，顾客也会流失，最终平台的交易规模也会缩小。

对于交叉网络外部性和价格结构非中性两点，哈久和赖特（Hagiu & Wright, 2015）提出，这两者用来刻画多边市场的特征都不是很精确，或者内涵不足，或者外延过度。对于交叉网络外部性，网络外部性有可能是单向的，如在杂志中，广告商关注读者数量，但读者并不关注广告的数量，这就造成了定义的内涵不足；如果网络外部性是双向的，如生产商关注零售商能够吸引多少消费者，而消费者也关注零售商能够提供多少种类的商品，但零售商并不能构成多边市场，这就会造成定义的外延过度。对于价格结构的定义方式也存在外延过度的弊端，典型的，如沃尔玛，虽然具有价格结构非中性的特征，但并不是多边市场。

基于上述批驳，哈久和赖特两位学者从多边市场关系形态的角度，提出多边市场的关键特征是顾客之间能直接互动。简单来说，一个平台拥有不同类型的顾客，且不同类型的顾客间可以直接互动，而平台主要从其互动中赚取利润，这样的平台就是多边市场。这种定义缩小了平台概念的范围，提出了多边平台的说法，避免了定义内涵不足或外延多度的问题，但依旧不能根据定义直观地对现实中的多边市场进行判别。

以上几种描述平台不足之处的观点都是仅靠现有的经济学概念进行定义，难以精确体现其特征。实际上，多边市场最大的特点是形成了一种网络结构。我们可以采用网络科学的有关概念来定义其特征：在平台结构中，任一点通过特定的平台节点，即可找到另一个点从而形成"三元闭包"结构，具有这样网络结构的平台即为多边市场。不是所有的平台都是多边市场，有些平台只是中介。多边市场与中介的区别在于，中介未能促使不同类型的用户进行直接的联系，其网络结构模型中也未能形成三元闭包的结构。平台和中介的网络结构模型分别如图2-1与图2-2所示。

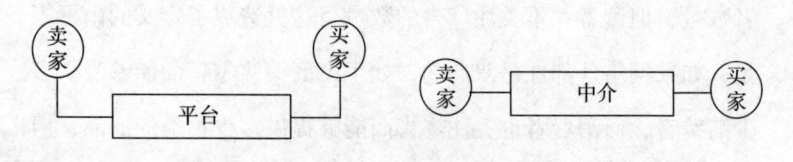

图2-1　平台的网络模型　　图2-2　中介的网络模型

正是由于多边市场具有的这种三元闭包的网络结构，使得平台中不同客户间相互影响，产生了网络的外部性。这种从结构进行定义的方式，避免了由性质引起的模糊不清，进而也避免了定义的内涵不足与外延过度问题。

目前，学者们从多边市场平台的行为功能、竞争情况、组成结构等多个角度将多边市场划分为不同的类型。

埃文斯（Evans, 2003）根据平台的功能性质把平台分为市场创造型（market-makers）、受众创造型（audience-makers）和需求协调型（demand-coordinators）三类。市场创造型的平台主要是为了促进不同类型客户间的交易，当市场流动性不足时，参与交易，如闲鱼当中的既买又卖的人和陆金所等，其他人不买的时候又可以卖给平台；受众创造型的平台主要完成广告商和其受众的匹配，如报纸、杂志以及免费电视频道等；需求协调型的平台能够引起不同类型用户的间接网络外部性，自己不直接促进双边终端用户的交易，也不参与交易，而是主要满足匹配和撮合问题，类似的平台如婚姻介绍所、广交会（广州交易博览会）、百合网、淘宝网、58同城等。

阿姆斯特朗（2006）根据平台所处市场的环境以及竞争结构，将平台分为垄断平台和竞争平台。垄断平台是指该市场中只有一个平台可供两边的用户使用；反之则为竞争性平台。而竞争平台又可从归属的角度，根据某边单个用户是否可同时接入多个平台，将竞争平台分为单归属平台（single-homing platform）和多归属平台（multi-homing platform）。典型的单归属平台如苹果iOS与安卓两个手机系统的平台，用户只能使用iOS或安卓其中一个系统，无法跨平台使用。典型的多归属平台如电商平台，买家和卖家可以同时在诸如淘宝、京东、当当等多个平台中进行交易。[①]

多边市场的线上化

传统经济中，只有特定行业中的企业才会面对多边市场。典型的传统多边市场除上一节开头提到的报社等传媒行业外，还有卖场行业、园区模式和信用卡行业。卖场行业是指经营各类商

---

① 李煜,吕廷杰,郝晓烨.双边市场理论与应用研究现状综述[J].首都经济贸易大学学报,2013,15(2):92-97.

品交易场所的公司和企业，如经营家居建材的居然之家、红星美凯龙等；经营购物中心的"万达广场""中粮大悦城"等。对于这些经营卖场的企业来说，卖场中的商户是其客户，而前来卖场消费的消费者是其客户，到卖场里张贴广告的企业也是其客户。因此，经营卖场的企业面对的也是多边市场。园区模式和信用卡行业将在后文进行详细分析。

而在赛博经济[①]中，越来越多的企业都开始借助网络来建立多边市场。阿里、京东构建起商品交易的多边市场；滴滴、优步面对的是出行的多边市场；爱彼迎、途家网、小猪短租针对民宿的多边市场进行交易；58同城连接着同城服务的多边市场，陆金所、Lendingclub（以下简称LC）打造资金借贷的多边市场。我们发现，由于线下建立、扩张多边成本较高，而线上建立、扩张多边市场相对比较容易，各行各业中线上的多边市场数量已经远超线下，甚至可以说，多边市场正在线上化。

传统媒体与网络媒体

报刊、广播、电视等是较早出现的传媒类线下多边市场。报社看似是卖报纸给读者，而读者购买报纸却只需花费少量的钱

---

① 赛博经济，即与互联网相关的新经济，指以信息和知识为主导资源，以信息和网络产业为主导产业，以计算机信息技术为基础，依托网络平台形成经济关系并进行经济活动。

甚至不花钱；同样，广播电视看似是将节目卖给观众，而实际上大多数的节目却不需要观众掏腰包。传统媒体虽然也是多边市场，但与园区经济类似，其建立和扩张的成本是较高的。传统媒体作为平台方，连接了读者/观众等受众用户和广告商用户，然后采用"二次售卖"的模式，先将信息卖给受众，基于受众的数量以及质量获得相应的注意力资源；而后再将注意力资源转卖给广告商，完成注意力交易，使整个模式形成闭环。当售卖注意力资源的价值远高于售卖信息所带来的价值时，信息资源的供给更多地不是为了赢利而是为了获取更多注意力资源，此时就可能出现购买信息只需少量的费用甚至免费的现象。

随着用户与资源的多元化，媒体平台的多边用户也逐渐丰富起来，可售卖的形式与种类随之变得多种多样，可提供的服务也向多元化的方向发展，这使平台具备了较强的网络外部性。借助网络外部性，平台也就满足了快速成长、迅速扩张的条件。较具代表性的应属默多克的传媒帝国——当今世界上规模最大、国际化程度最高的综合性传媒公司新闻集团。

1952年，21岁的默多克接手了父亲掌管的两份报纸——《星期日邮报》(*Sunday Mail*)和《新闻报》(*The News*)。12年内，默多克收购了《每日镜报》和多家印刷厂，并创办了澳大利亚第一家全国性报纸《澳大利亚人报》。1968年，默多克冲出澳大利亚进军世界，收购全球最畅销的报纸《世界新闻报》。在随后的几十年中，默多克又收购、创办了诸如《泰晤士报》《纽约邮报》

《先驱美国人报》《美国国家地理》等多家知名的报刊，巩固了自己在出版界的龙头位置。

当然，默多克所涉及的领域并不限于出版业。在澳大利亚报业立足的同时，他就已经取得了阿德莱德TV-9电视台的经营权和伦敦一家卫星电视公司69%的股权。在进军美国时，默多克也收购了都市媒体公司的7家电视台以及美国娱乐业的代表——二十世纪福克斯。1989年，默多克还在英国创办了拥有4个频道的天空卫星电视台。1993年，默多克又收购了香港的星空传媒，而后便诞生了我们熟知的凤凰卫视以及旗下的凤凰网、《凤凰周刊》等。短短三四十年间，默多克已经跨越欧、美、亚、澳几大洲，足迹遍布报业、广播、影视，甚至石油钻探与牧羊业等诸多领域，将自己的新闻集团打造成了名副其实的媒体帝国。

默多克的策略就是通过收购多家报纸积累读者，然后用读者去吸引更多的广告商进行投资，再利用广告的收入进一步扩展自己的市场，直至涉足电视和卫星领域。然后进一步，他再利用掌握电视和卫星后所获得新的观众去吸引更多的广告商，再通过广告收入扩大多边市场的"边数"……就是这样，默多克多边借力，通过多边市场所产生的网络外部性，像滚雪球一样不断地扩张，直至跨出澳洲，走向全世界；跨出传媒行业，延伸到石油钻探与牧羊业等诸多领域。

然而，面对网络在传媒行业所产生的线上多边市场，默多克的媒体帝国开始面临危机。网络媒体与传统媒体都具有多边市场的属性，但与传统的线下媒体"二次售卖"的模式不同，网络媒体主要采取"免费+收费"的模式，通过免费来扩大用户的基数，而后从愿意付费的用户处收取费用。新浪、网易等门户网站或百度、谷歌等搜索引擎，作为信息平台，连接了网民和广告商。一方面，网民从网站中获取信息是免费的，因此吸引了大量的网民在此聚集。网民的聚集也形成了注意力资源的聚集，进而吸引广告商的付费广告投放；另一方面，网络媒体具有精准投放广告的优势，点击或者下载才收费的方式，使得广告投放更加有效。除此以外，对于有特殊需求的用户，大多数网络媒体还会给予付费的个性化服务。由于上述三种原因，网络媒体迅速获得了广告主的青睐，大量的广告主也由线下媒体转移到了网络媒体，这使得线下媒体的广告收入骤减，受到了巨大的影响。

"Let the battle begin！"（让我们开战吧！）

2010年4月26日，默多克给《纽约时报》董事长亚瑟·苏兹贝格发邮件时，指责谷歌是盗版的领导者，并向其宣战。

互联网的飞速发展给传统媒体带来了不小的冲击，默多克的新闻集团更是如此。对于纸质媒体，读者只需通过搜索引擎点击相关链接便可免费阅读其内容，由此带来的是纸质媒体的读者减少、广告收入下降、发行量减少等一系列循环的恶性影响。就拿默多克旗下唯一的电子版收费订阅报纸《华尔街日报》来说，若从官方渠道，未订阅的读者只能浏览文章的第一段，而谷歌的出现使得读者只需简单搜索，打开相关链接便可免费阅读全文。这种发展趋势及其影响对默多克的传统媒体是致命的,他不能接受纸质媒体的衰退,更不能接受自己媒体帝国的衰落。因此,推动付费新闻,维护自身利益成为默多克向谷歌宣战的导火索。

但市场和时代不会同情默多克的努力,线下媒体线上化的浪潮势不可挡。默多克的一辈子,早年生逢其时书写了传统媒体时代的传奇,当世势变迁,谁也无力阻挡新兴网络媒体的狂澜。究其原因,依旧如前文所提到的,默多克的线下多边市场建立与扩张,都附有巨大的成本,有再多的默多克希望再建立一个同样的媒体帝国,都几乎不可能。但是,线上多边市场的建立成本较低,传播成本更低,扩张起来也相对容易。因此,媒体行业率先开启了多边市场的线上化。

实体信用卡与虚拟信用卡

信用卡主要是为消费者和商家提供简单的信贷服务,是实现非现金交易的一种付款方式。信用卡交易的过程中存在着五方参与者,分别为消费者及其发卡银行、商户及其收单银行、信用卡组织。其中,发卡银行为消费者提供服务,组成发卡市场;收单银行为商户提供服务,组成收单市场;而信用卡组织搭建平台连接发卡银行与收单银行。目前,国际上有6大信用卡组织,分别是威士国际组织(VISA International)及万事达卡国际组织(MasterCard International)两大组织及美国运通国际股份有限公司（America Express）、中国银联股份有限公司（China UnionPay Co.,Ltd.）、大来信用卡有限公司（Diners Club）、JCB日本国际信用卡公司（JCB）4家专业信用卡公司，我们通常可以在信用卡的角落处看到相应的标识。

图2-3 中国银行VISA信用卡与中国建设银行银联信用卡

信用卡交易的过程可分为付账授权与清算结算两个步骤。付账授权这一过程由商家的刷卡机启动，当消费者购买商品时，刷卡机读出信用卡磁条或芯片中的信息，将其发送至商家所属收单银行并要求付账授权，收单银行将信息传送至信用卡组织，而后再由信用卡组织转送至信用卡的发卡银行。清算结算是交易系统内部交换信息和账款的过程，一般会同时进行。在每天商家营业结束后，系统会自动把当天收款的总额结算出来，通报商家银行并入账商家账户（通常，入账款额会小于销售款额，差值称为"商家折扣"）。而后，商家银行将当天的结算总额报给信用卡组织，由信用卡组织将信息转发给消费者的发卡银行。当消费者信用卡账户的支付累计一个月后，发卡银行便会发送账单给消费者，由消费者完成还款。其过程如图2-4所示。

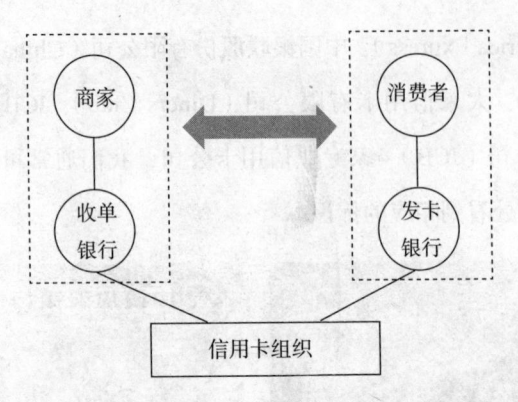

```
        ┌──────────────┐              ┌──────────────┐
        │   商家        │  ←──────→   │  消费者       │
        │    │         │              │    │         │
        │   收单        │              │   发卡        │
        │   银行        │              │   银行        │
        └──────┬───────┘              └──────┬───────┘
               └──────────┬──────────────────┘
                    ┌─────┴─────┐
                    │ 信用卡组织 │
                    └───────────┘
```

图2-4　信用卡的多边市场结构示意图

信用卡行业也属于典型的多边市场。一方面，发卡银行联合信用卡组织通过推出各种不同的信用卡产品及活动，吸引更多的消费者持有、使用信用卡，从而使更多的商家能够受理信用卡；另一方面，收单银行与信用卡组织也会不断提高支付结算效率，完善结算体系的安全性，推动更多商户受理信用卡，从而激发更多消费者持有、使用信用卡。

信用卡一般是由发卡机构根据申请人的社会地位、经济实力、信用等级等标准来发放，因此，除了消费结算功能以外，信用卡在很多场合也成为持卡人身份地位的象征。这也驱使着许多具有资质的消费者争相申请，甚至有着"越是有钱人越要办信用卡"的说法。相应地，白金卡、金卡等级的信用卡通常具有银行VIP服务、特约商户折扣乃至全球机场贵宾礼遇等高级别的附加值服务。迄今为止，最具身份的信用卡当属被业内人士称为"卡中之王"的黑金信用卡，即美国运通公司百夫长信用卡。

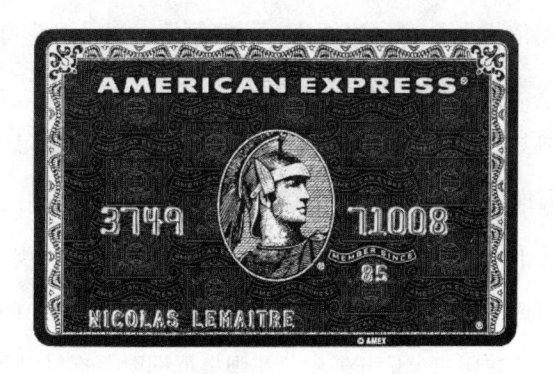

图2-5 美国运通公司百夫长信用卡

近年来，依托互联网而出现的虚拟信用卡发展得如火如荼，蚂蚁花呗、京东白条等更是方兴未艾。虚拟信用卡也是多边市场，但相比实体信用卡，虚拟信用卡在支付流程中省去了发卡银行与收单银行两个角色。消费者消费后，虚拟信用卡组织发送账单给消费者，同时通报商家并入账商家账户。参与方的减少，意味着交易效率的提升和交易成本的降低，以及虚拟信用卡流程中各环节灵活性的增加。

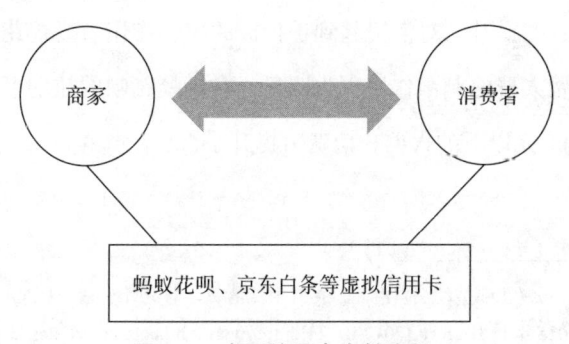

图2-6 虚拟信用卡支付流程

第二章 从单边市场到多边市场

虚拟信用卡具有申请便捷、消费便捷，以及可享有更多的优惠与收益等优点，对传统的实体银行信用卡造成了一定的冲击。以蚂蚁花呗为例，2014年12月27日，蚂蚁微贷联合淘宝、天猫共同推出名为"花呗"的赊购服务，属于虚拟信用卡。申请方面，几乎所有实名验证后的成年人均可申请蚂蚁花呗，且3秒就可以完成开通，兼顾到了无稳定收入无法办理信用卡的群体，如学生等。在用户申请开通后，花呗根据网购、支付以及风险等数据，可直接授予用户500~50000元的消费额度，免去了实体信用卡繁杂的开卡及审批手续。消费时，花呗会自动成为支付宝一个支付选项，无须再次绑定。此外，花呗可以设置余额宝自动还款，获取比银行活期存款更高的收益。

蚂蚁花呗上线仅半个月，天猫和淘宝已有超过150万户商户开通花呗。2015年"双11"期间，蚂蚁花呗充分发挥了其无忧支付的产品能力，全天共计支付6048万笔，占支付宝整体交易的8.5%。据统计，用户在使用蚂蚁花呗后，消费能力较此前有10%左右的提升，对消费起到了积极的拉动作用。蚂蚁花呗对于中低消费人群的刺激作用更为明显，在蚂蚁花呗的拉动下，月均消费1000元以下的人群，消费力提升了50%。①

---

① 视裕.蚂蚁花呗撬动消费潜能，提升中低消费人群50%消费力[N/OL].每日经济新闻.2015年11月26日.[2017-07-24].http://www.nbd.com.cn/articles/2015-11-26/965410.html.

蚂蚁花呗
ANT CHECK LATER

白条
baitiao.com
京东金融旗下

图2-7 国内主要的虚拟信用卡品牌——蚂蚁花呗和京东白条

京东白条的功能与蚂蚁花呗类似。稍有不同的是，在2014年2月上线后，白条所具有的信用卡还款服务吸引了大批的用户，即消费者使用白条消费后，在还款时仍可使用商业银行信用卡偿还白条的欠款。商业银行的信用卡免息期通常可以达到53~56天，而京东白条可以提供30天免息，如果操作得当，两者叠加，持卡人可以有长达80余天的免息期。这对于许多用户来说是一项不错的福利。该服务虽具有争议，但还是持续了两年多的时间，直到2016年7月，京东才开始逐步暂停信用卡还款服务。

当然，虚拟信用卡也有着自身的弊端，如支付场景有限。[1]但是，虚拟信用卡的出现也在事实上对实体信用卡造成了冲击。线上信用卡市场借助互联网与大数据，得以快速地扩张。2017

---

[1] 蚂蚁花呗主要用于淘宝与天猫上的购物，京东白条主要用于京东商城上的购物。虽然二者都在不断地拓展支付场景，努力覆盖医疗、教育、公共缴费等多个领域，不过，相比实体信用卡，虚拟信用卡的支付场景还是较为局限。

年，线上信用卡还参与到共享单车的热潮中，信用积分满足一定条件后即可免押金，即线上信用卡这个多边市场又迅速地扩展了一条边。虽然不能说信用卡市场即将线上化，但是，线上多边市场的势头依然不可挡，有卡时代终将成为过去。

多边市场对单边市场的冲击

在单边市场中，产品所在的市场就是企业最重要的、唯一的市场。多边市场出现后，企业可以拥有多个收入来源，进而借助交叉网络外部性，避免单边市场中出现的死磕现象——价格战。加之多边市场更容易扩张，形成跨界经营的体系，这就给单边市场模式带来了巨大的冲击。

万科模式和万达模式

国内的房地产企业大都开展了多项业务，但并非所有的房地产企业都属于多边市场或是适合多边市场的发展模式。比如万科与万达两个地产巨头就是一个很好的对比。万科是产品模式，万达是平台模式；万科对应单边市场，万达对应多边市场。这二者的经营模式对各自的企业产生了什么影响？彼此又有何关联？

1984年成立的万科在1993年确立了以城市住宅开发为主要业务的专业化经营战略，之后的20多年中，万科专注于住宅产品本身的提升，依靠强大的专业技术，打造了市场认可的优质品牌。2015年，万科披露未来10年的发展目标为"三好住宅+城市配套服务商"，将专业化进行纵深扩展，在原有的住宅体系之上做深层次的挖掘。

图2-8 万科与万达，两种不同经营模式

无论是过去20年还是未来的10年，万科都是专注于自己的产品，打造精品住宅并将其销售给购房者，属于以核心竞争力为战略的单边市场经营模式。在这个市场中，只存在购房者一类用户群体，万科作为卖方，将产品直接销售给购房者。这整个过程只是一个直接交易的过程，并未形成平台。虽然万科也将物业管理作为房地产开发的一项售后服务保障措施，成立了万科物业，但这本质上依然是产品的销售，而不是对单边市场经营模式的改变。

这一章讲多边市场，不能说企业是一个多边市场，只能说是一个平台型的企业。万科单边市场中的生产性企业，现在也想转型轨道和物业。万科盖了这么多楼，再提供物业和万链中心，给同一批客户提供多种服务，一鱼多吃。但真相是，万科很难发展成多边市场。由于万科的核心竞争力战略主要的目标群体就是购房者这一类用户，万科与购房者的关系是简单的买卖双方关系，不存在平台的构建。而发展为双边市场的最基本条件是市场上需要存在两个或多个不同性质的用户群体，并在平台中相互作用。因此，万科不满足发展成为多边市场的条件。

"万达广场就是城市中心"，万达采取了平台战略的多边市场经营模式。1992年成立的万达，从单一的住宅开发向多元化的道路探索，最终确定了以商业地产为核心的集中多元化发展模式。万达围绕其商业地产的主体，跨界发展了文化、百货、旅游以及金融等诸多产业，并形成了完整的产业链。在我们所熟知的万达广场中，我们可以看到万达院线、购物中心、百货超市、高档酒店等众多品牌商业，娱乐、购物、休闲、餐饮等功能一应俱全，加之公寓和写字楼，万达广场真正成为城市中心、投资中心、财富中心和生活中心。

万达跨界经营，打造了一个平台，并至少汇聚了商户与购物者两类用户群体。不同的用户群体在平台中产生交叉网络外部性，相互作用，相互依存，相互促进，形成了多边市场。比如，观影者就是万达这个多边市场中的一边，入驻万达的餐饮商家是一边，万达中的商店也是一边。顾客来看电影的时候很可能还会有诸如餐饮或百货的消费，电影院便为整个多边市场起到了引流的作用，使得其他边的顾客增多，这也即是外部性——不同群体在平台中相互作用，构成多边市场。

良好的多边市场成就了万达。多边市场相对单边市场更易于扩大边数，形成跨界经营。而万达正是将人流、物流、商业有机地聚集，利用跨界所带来的网络外部性迅速扩张。与此同时，繁荣发展提升了土地的价值，放大了利润空间，带动了当地的经济发展，也拉动了人口的就业与消费。因此，这种发展模式在很多地方都得到了市场的认可，更得到了地方政府的青睐，这使万达在土地获取方面具有了相当的竞争优势，进而也成就了万达。

"1个亿的赌局"，电商能否取代传统零售

2012年中国经济年度人物颁奖典礼的现场，阿里巴巴董事长马云与万达集团董事长王健林就"电商能否取代传统的店铺经营"展开辩论。王健林提到，中国电商只有马云的阿里巴巴这一个集团在赢利，而且占了中国电商市场95%的份额。因此，王健林并不认为电商的出现会对传统零售渠道有致命的影响。相反，马云认为，虽然电商不能完全取代传统零售行业，但是将会基本取代整个传统零售行业。对于这一问题，马云与王健林立下了一个豪赌：2022年，如果电商所占中国零售市场的份额未超过50%，马云则给王健林"1个亿"，否则，王健林给马云"1个亿"。

在这个看似是二人意气用事开玩笑似的赌约的背后，其实

是电子商务与传统行业之间的对垒。电子商务的迅猛发展对传统行业形成了巨大的冲击。

图2-9 马云与王健林豪赌现场

"尊敬的顾客,晨曦百货将于2015年9月5日闭店,感谢您长久的支持和厚爱。"——继晨曦百货关闭富力广场店、国贸店和双子座大厦店后,位于东方新天地的最后一家店——东方广场店也关闭了。晨曦百货经过了15年的风风雨雨,最终,全面结束了线下的业务。

2016年7月22日,经营了17年的中关村海龙电子城正式停止对外营业,这个一直处于中关村IT卖场领军位置的商城的没落,也标志着中关村"电子一条街"地位的彻底衰败。形成于20世纪80年代的北京中关村,经历了30年的繁荣,曾一度被称为"中国的硅谷"。而随着电商的发展,竟在几年内迅速衰落,曾经纷至沓来的商城如今却人去楼空，使得政府不得不对中关村进行重新规划，转型为创业大街。

号称中国千年商都的广州也出现了倒闭关店潮。流行前线的商铺大面积空置、待转让；地王广场门可罗雀，店员睡大觉；动漫星城逛的人少，买的更少；广州旧城区的老牌商场面临着前所未有的压力。与此同患难的，还有中国曾经最繁华的长江三角洲地带的商圈，而今一片惨淡，一半以上的店铺相继关门，"义乌神话"也成了历史……

目前，国内大多电子商务平台都是多边市场，而在零售方面，多边市场的电商平台相对单边市场的商店有着较大的优势，如淘宝网就可以出售各类的产品，从服饰、家电、影视产品到服务行业……也因此，淘宝网可以聚集各类消费者，而众多的消费者会吸引更多的商家入驻，进而跨界增加多边市场的边数，覆盖更多的行业，最后竟能达到"只有想不到没有买不到"的程度！

相比品类单一的商店，淘宝网更容易扩张品类，更容易聚集买卖双方，加之可以通过广告等业务对买卖双方进行补贴，使买卖双方能够更多地获利；网上多边市场的优势吸引更多的消费者和商家"转战"线上，这也就给单边市场的商店带来了致命的打击。2015年3月，唐山市一个老板所经营的鞋店门可罗雀，他将自己越来越难做的生意归咎于近年来电商对实体店铺的冲击，在甩卖清仓的同时，还在自家鞋店挂上了"马云我恨你"这五个醒目的大字。

网约车能否取代出租车

传统的出租车市场有不同的经营模式，既存在多边市场也存在单边市场。出租车是指出租汽车运营服务的车辆，主要以小型营运客车和驾驶劳务为乘客提供出行服务，并按乘客意愿行驶，根据行驶里程和行驶时间计费。以中国出租车市场为例，目前，北京的承包经营、上海的公车公营和温州的个体经营，被视为国内三种出租车经营模式的代表：[1]北京模式采取产权和经营权分离的模式，出租车公司从政府部门获取经营权，而司机则负责出资购车，承担运营费用并缴纳管理费（俗称"份子钱"）；上海模式是将产权和经营权统一由公司进行规模经营，公司与司机属于纯粹的雇用关系；温州模式是将产权和经营权统一由个体经营，个体经营者在具有产权的基础上，可直接从政府部门获取经营权。

采取挂靠经营的出租车市场属于多边市场，主要包括北京模式与温州模式下的部分市场（由于车辆调配等经营问题，部分个体经营者会选择挂靠公司，向出租车公司缴纳少量管理费）。其中，出租车公司作为平台，同时连接司机与乘客两方，构成多边市场。反之，采取非挂靠经营，由公司经营的出租车市场一般属于单边市场，如上海模式。

---

[1] 张月友,刘志彪,叶林祥. 出租车运营模式之争:北京模式或温州模式[J]. 上海经济研究,2012,(12):101-109.

大多数网约车模式属于多边市场，且是线上多边市场。与出租车市场类似，车辆产权属于司机个人的网约车市场[①]也是多边市场。网约车是网络预约出租汽车的简称，包含快车、顺风车、专车等多种形式。在这个市场中，同样包含司机、乘客以及平台三个角色。通常是一个公司搭建网络平台，聚集司机与乘客并对双方进行有效规范，促使司机为乘客提供优质的在线用车服务。

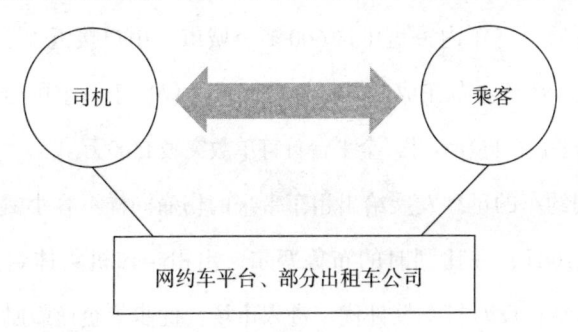

图2-10 出租车与网约车的多边市场结构图

网约车对出租车的冲击可理解为线上多边市场对单边市场、线下多边市场的冲击。线上多边市场相较单边市场有着易扩张的优势，而相较线下多边市场有着低成本的优势。一方面，网约车利用交叉网络外部性聚集众多的司机与乘客，迅速扩张；另一方面，网约车利用互联网的优势搭建平台，降低搭建成本与运营成本。一个线下的出租车公司通常只能对一个城市或周边少数几个城市的出租车进行管理运营，而线上的网约车平台则可以快速

[①] 目前网约车市场中大多是运营车辆产权归属个人，如滴滴出行、优步等。同时也存在公车公营的模式，网约车平台与司机个人属于雇用关系，如神州专车。

地进行模式复制，扩张至全球。美国的优步与中国的滴滴出行是网约车平台的代表。2010年10月，优步在美国旧金山推出首版App（计算机应用程序），14个月后便冲出美国，在法国巴黎上线。之后的两年更是火速占领五大洲，在全球迅速发展扩张，截至2016年6月，优步已经覆盖70个国家和地区的400余座城市。中国滴滴出行公司的扩张速度也同样惊人：自2012年推出在线叫车服务后，三年内覆盖中国600多个城市，用户接近3亿；2015年1月，滴滴宣布完成14.3亿订单，成为仅次于淘宝的全球第二大交易平台；同年6月，全平台日订单数突破1500万。

网约车的迅猛发展给出租车带来的伤痛同样不容小觑。2015年9月16日，在比利时的布鲁塞尔，出租车司机集体封路举行抗议活动，反对打车软件优步进入市场。优步等企业鼓励私家车加入平台提供出行服务，这种模式使得整个出行市场变得活跃起来，但也迅速削减了原本具有垄断性质的出租车行业所占的市场份额。

而类似事件在世界各地都有发生，中国也不例外。2015年12月8日，滴滴出行北京总部遭大量出租车围堵"抗议"，反对滴滴等软件以"专车"等形式鼓励私家车进行运营，破坏现有市场秩序，损害出租车车主的利益。虽然部分国家和地区的政府迫于压力，对优步/滴滴等网约车表态不支持，甚至下令关停，但这并不能阻挡网约车占领市场的步伐。

网约车利用互联网的优势，打破了传统的规则与秩序，虽然受到出租车等各方面的大力抵制，却依然仍在快速扩张中。网约车充分利用网络的优势，为乘客带来了较强的便利性和较好的体验，降低了司机运营的成本，以及某些时候给予乘客和司机双方不少的补贴，受到了各国用户的好评。目前，包括中国在内的众多国家和地区开始逐步放松对网约车的限制，承认其合法性。

本章小结

线上多边市场与线下多边市场本质上并无不同，线上多边市场的低成本与易扩张性获得了更多企业的青睐，进而使多边市场在各行各业建立，也加速了部分企业的跨界经营。相比单边市场，多边市场所具有的网络外部性，可以使其成长得更为迅速，也更易扩张。随着多边市场数量的增多与规模的壮大，不可避免地会对单边市场带来冲击。

除了本章所讨论的内容外，多边市场还在其他行业以众多的方式发展着。如缤客（Booking）、爱彼迎等住宿预订网站以及携程服务等正在不断地改变着旅游业；慕课、小站教育等也在逐步刷新我们对教育行业的认知；这些衣食住行以及教育等行业同样多是在以线上多边市场的模式开展。

未来，线上的多边市场将成为我们生活中的主导形态，无论是作为消费者，还是作为企业的一员，都要及时调整自己的规划与战略，为这种形态的全面到来做好准备。

第三章
从产品战略到平台战略

如上一章所述,在传统经济中,企业所面对的主要是单边市场,其战略主要是产品战略,以打造产品的核心竞争力为重点;而在数字经济中,企业可以借助数字和网络技术以非常低的成本构建交易平台、搭建和扩展市场,从之前经营产品转向经营平台。因此,企业发展战略也应该从产品战略转向平台战略。那么,如何打造和构建富有黏性、易于扩展的交易平台?特别是,如何从经营产品转向经营平台?这不仅是实业界关心的重要的实践问题,也是非常值得研究的学术问题。

接下来,我们先简单回顾一下产品战略的相关理论和实践,再来讨论如何打造平台战略。

产品战略面临调整

产品战略是指企业围绕产品所采取的战略。在单边市场上，企业的战略管理理论以产品战略为主，侧重考虑如何提高企业的核心竞争力，生产出更受市场欢迎的产品，进而从激烈的市场竞争中脱颖而出。

其中最具代表性的是由哈佛大学教授、著名的管理学家迈克·波特（Michael E.Porter）提出的"企业核心竞争力"理论。该理论认为，企业最重要的任务是打造自己的核心竞争力，为此，可以制定和实施总成本领先、差异化和专一化三种战略。

总成本领先战略：成本领先要求坚决地建立起高效规模的生产设施，在经验的基础上全力以赴降低成本，控制成本与管理费用，最大限度地减少研究开发、服务、推销、广告等方面的成本费用。为了达到这些目标，就要在管理方面对成本给予高度的重视。尽管质量、服务以及其他方面也不容忽视，但贯穿于整个战略之中的是使成本低于竞争对手。

差异化战略：差异化战略是指将产品或公司提供的服务差异化，树立起一些全产业范围中具有独特性的东西。实现差异化战略可以有许多方式，包括设计品牌形象、技术运用、性能特点、顾客服务、商业网络及其他方面的独特性。

专一化战略：专一化战略是主攻某个特殊的顾客群、某条产品线上的一个细分区段或某一地区市场。正如差别化战略一样，专一化战略可以具有许多形式。与低成本与差别化战略有所不同，前两者需要在全产业范围内实现其目标，而专一化战略是围绕着很好地为某一特殊目标服务这一中心建立的，它所开发推行的每一项职能化方针都要考虑这一中心思想。①

1983年，波特与其他数位在美国哈佛大学商学院执教或从事研究工作的创始人一起，在美国马萨诸塞州波士顿的剑桥市，成立了摩立特集团咨询公司（Monitor Group）。摩立特集团将波特教授的竞争战略理论应用于实践，以提高客户企业的竞争力为首要任务。公司凭借自身强大的理论资源和独特优势，迅速跻身全球知名咨询公司之列。曾位列Vault"咨询公司排行榜"的前五之列（其他4家分别为贝恩、麦肯锡、波士顿、德勤）。巅峰时期，摩立特在全球17个国家和地区设立了28家分公司，拥有约1200名专业咨询顾问，客户包括全球各地的知名企业，其中很多为《财富》"世界500强"企业，而且超过80%为长期客户。

诺基亚就是践行核心竞争力理论的代表。其实20世纪90年代中期，诺基亚曾一度因为涉及产业过多而濒临破产。早在60年代，诺基亚已经发展成为一家产业涵盖造纸、化工、橡胶、电缆、制药、天然气、石油、军事等多个领域的大型跨产业公司。然而该阶段，诺基亚的业务范围并不聚焦，涉及领域行业十分广泛，而多元化的经营并没有帮助诺基亚在各个行业形成自己的核

---

① Porter M. E. 1980. *Competitive Sstrategy: Techniques for Analyzing Industries and Competitors*[M]. New York: Free Press.

心竞争力。恰巧，当时正值波特的核心竞争力理论盛行，诺基亚管理团队受到启发，放弃了盲目的产业扩张和产品多元化战略，大刀阔斧舍弃鸡肋甚至部分核心产业，并拆分了传统产业，只保留下了电子部门，走向了产业专一和产品的差异化。

早期，诺基亚所采取的产品战略主要专注于硬件研发投入和工艺设计，大到如何生产出硬件更耐用、相机像素更高的移动通信设备，小到如何创作出深入人心的手机铃声，都是诺基亚研发团队的主攻点。为此，诺基亚团队极其重视研发领域。整个公司有5万多名员工，其中三分之一在从事技术开发工作，他们分布在包括中国在内的全球12个国家和地区的44个研究与开发中心。这些研发中心形成了一个全球合作网络，从而保证了诺基亚对技术发展的快速反应。为了进行这些研发，诺基亚投入的经费数额巨大。早在1998年，诺基亚用于研发的经费就占全年销售额的8.6%，即135亿美元；1999年又以50%的比例递增。[1]有一个业界趣闻，说诺基亚的研发中心1996年就在开发2005年才上市的产品。由此足见诺基亚对保持产品核心竞争力的重视。

后来，行业竞争日益激烈，为了进一步优化终端使用体验，诺基亚的产品战略不再单纯局限于硬件革新，软件的使用体验也逐渐成为诺基亚的主要关注点。塞班（Symbian）操作系统的推

---

[1] 李月佳, 袁满. 诺基亚在思考和创新中前行[J]. 东方企业文化, 2009(8):30-31.

出就是其中的典型代表。

1998年，诺基亚与Psion、爱立信和摩托罗拉等联合组建了塞班公司，致力于为移动通信设备提供一个安全可靠的操作系统和完整的软件及通信平台。凭借塞班优质、稳定的手控操作体验，到2004年第一季度末，塞班系统的客户几乎囊括了全球所有重量级的手机制造商。同时，诺基亚为了巩固自己在移动手机市场的绝对霸主地位，先后从摩托罗拉和Psion手中取得塞班公司的股份，进而独享了塞班系统使用授权带来的丰厚回报。

图3-1 诺基亚经典"爆款"之N97

塞班系统不仅帮助诺基亚赚取了大量的授权收入，也帮助诺基亚在移动手机终端市场迅速构建起自己的优势。从1996年开始，诺基亚手机连续15年占据手机市场份额第一的位置。2010年第二季度，诺基亚在移动终端市场的份额约为35%，领先当时其他手机市场占有率20.6%，公司的利润也达到了前所未有的高度。

"一心一意"的诺基亚一度成为手机行业的佼佼者。对于大多数人来讲,诺基亚承载了他们关于手机的最初记忆。在传统手机时代,诺基亚从"大板砖"到"微型机",一路发展起来,独自占有大半个手机市场,可谓盛极一时。

诺基亚坚守产品战略为自己带来的丰厚的市场回报的同时,也为自身发展埋下了隐患。塞班仅仅把自己定位于一个服务于诺基亚手机的底层支持,其所有一切研发都仅仅是为了实现诺基亚手机这一硬件产品的更好销售。在互联网时代,塞班受到iOS和安卓两大后起之秀的角逐,后两者更强调为移动互联网发展提供终端接口的作用。基于iOS和安卓的开发设计获得了更多的消费者和开发者的喜爱:苹果手机和安卓手机为用户带来简单便捷的操作体验和丰富的手机应用服务;开发者也逐渐告别代码数量一样多、API接口不开放等开发环境极差的塞班系统,转向对开发者更加友好的iOS和安卓系统编写应用程序。

2011年,诺基亚在智能手机市场份额的霸主地位被苹果公司夺去,标志着诺基亚开始没落。2013年9月3日,微软宣布将以54.4亿欧元(约合72亿美元)收购诺基亚手机制造、设备和服务业务,Lumia、Asha品牌,以及10年期的非独占专利许可证。然而即便有了业界大佬微软的扶持,微软治下的诺基亚沿着原有的远不及iOS和安卓的Windows Phone的生态体系越走越艰难,仍无奈陷入独木难支的境地。2016年5月,迫于业绩压力,微软官方宣布将其(从诺基亚收购而来的)入门级功能手机业务出售给富士康旗下子公司，价格为3.5亿美元。

对此，风险资本公司Andreessen Horowitz的合伙人班尼迪克·埃文斯（Benedict Evans）在推特上发帖感叹："诺基亚曾经价值3000亿美元。如今，微软转手同一块业务的价格是3.5亿美元。"

2013年，诺基亚被微软收购时，时任CEO约玛·奥利拉在新闻发布会上说了这样一句话："我们并没做错什么，但不知为什么，我们输了。"

在我们看来，诺基亚错在和输在没能及时从产品战略转向平台战略。所谓成也产品战略，败也产品战略。2009年之前，诺基亚依靠具有"核心竞争力"的产品战略，打败各种竞争对手，独孤求败。但随着移动互联网时代的到来，没有及时转向开放和兼容的平台战略，固守塞班保守封闭的体系，给了安卓和iOS可乘之机。

和诺基亚实践上失败的同时，波特教授的理论也受到了这个时代的挑战。虽然波特的企业竞争战略理论在单边市场上获得很大成功，但是随着时代的发展，市场形态不再是单边市场，波特的理论也就自然暴露出很多不足，以核心竞争力为主的产品战略就不再适用，诺基亚的成功与衰落就是典型的例证。在此背景下，波特创办的管理顾问公司摩立特在全球各地的子公司接二连三地破产，最终陷入资不抵债的困境。2012年11月，在纽约的最后一家摩立特公司被迫申请破产保护，最后以被德勤咨询收购而告终。

诺基亚的失败和苹果的成功昭示着数字经济中变革战略的重要性。摆脱单边市场的产品战略思维，面向多边市场打造平台战略，就成了所有企业在网络时代中的关键命题。

如何打造平台战略

平台战略带来了独角兽

随着数字和网络技术的发展，搭建交易平台变得极其容易，这使得越来越多的企业从经营产品逐渐转向经营市场，平台战略成为主导企业发展的关键。可以说，平台战略推动了工业革命以来最深刻的企业经营行为的变革，各行各业的企业纷纷放弃原先的产品战略，通过拥抱平台战略捕捉新的增长机会。与互联网技术相伴发展壮大的亚马逊、谷歌和阿里巴巴等世界瞩目的企业都是平台战略的先行者。它们的成功并不是由于在产品或服务上取得了突破性的创新，而是采用平台战略搭建了获取产品或服务的平台。

根据埃森哲2016年的研究报告《埃森哲技术展望（2016）》显示，2015年，以平台战略为主要支撑的数字经济的整体规模在全球经济总量的占比达到22%。全球排名前15位的平台企业的总估值已经达到2.6万亿美元。伴随着平台战略走进更多创业者的视野。预计到2020年，数字经济的占比将提高到25%，这个数字与2005年相比，足足提高了15个百分点。

(单位：百万美元)

互联网企业	1995年	2015年	科技公司和原生数字公司
Apple			阿里巴巴
Axel Springer			字母表
Copart			亚马逊
Fox Communications			苹果公司
IAC/InterActive Corp			百度
iLive			eBay
iStart Internet			脸书
Live Microsystems			京东
Netcom Online			领英
Netscape			网飞
PSINet			Priceline.com
RentPath		$16752	Salesforce
Storage Computer Corp			腾讯
Wave Corporation			推特
Web.com			雅虎

增幅 15187.1% $2560902 $MM

互联网企业　平台企业

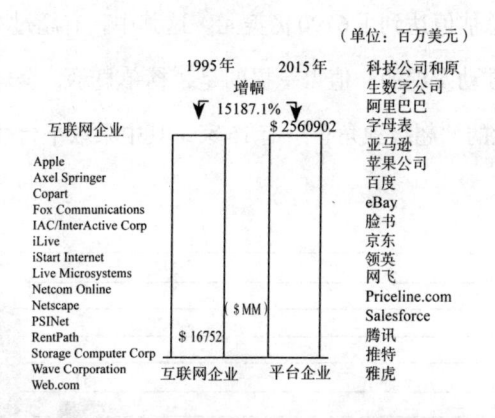

图3-2　1995年和2015年世界排名前15位的互联网企业和平台企业的市场估值对比

资料来源：《埃森哲技术展望（2016）》

由于数字交易平台很容易实现低成本扩张，因此实施平台战略给企业带来的突出业绩表现就是"高速成长"，此时就出现了前所未有的"独角兽类型"的企业。独角兽企业这个词最初是由风险投资家艾琳·李（Aileen Le）提出的，她是一家位于加州帕洛阿尔托的种子阶段风险投资基金的创始人。其文章《欢迎来到独角兽俱乐部：从价值数十亿美元的创业公司中学习》提到，2000年以后成立的软件创业公司只有7%达到了10亿美元的估值规模，那些同时10亿美元大关的企业是如此罕见，以致像找到一只"独角兽"一样困难。因此，这些优质的初创企业就被称为独角兽企业。但到了2017年6月,据美国风投数据公司CB Insights最新公布的独角兽企业榜单,全球共有225家独角兽公司上榜,总估值达到了6790亿美元。这其中,有超过140家是由平台战略推动发展的。值得一提的是,榜单显示,全球估值超过100亿美元的"超级独角兽"有15家,其中采取平台战略的就超过了10家。①

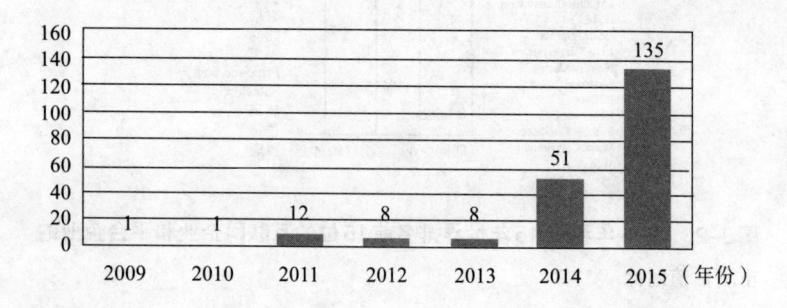

年份	2009	2010	2011	2012	2013	2014	2015
数量	1	1	12	8	8	51	135

图3-3　2009—2015年全球独角兽企业数量呈现指数级增长

数据来源:根据Fortune、CB Insights、Tech Crunch、IT桔子等公开数据整理

　　如何采用平台战略来打造独角兽企业,成为所有企业家都非常关注的战略问题。下一节,我们就介绍如何制定合理有效的平台战略,助力企业发展。

---

① 这15家分别为:优步(680亿美元)、滴滴出行(500亿美元)、小米(460亿美元)、爱彼迎(290亿美元)、Palantir(200亿美元)、陆金所(185亿美元)、美团网(180亿美元)、WeWork(169亿美元)、SpaceX(120亿美元)、Pinterest(110亿美元)、今日头条(110亿美元)、Flipkart(100亿美元)、DropBox(100亿美元)、Infor(100亿美元)、大疆创新(100亿美元)。

平台战略的制定

搭建和嵌入

制定平台战略首先需要搭建所在行业的交易平台。采取补贴措施吸引买卖双方到交易平台来参与交易是平台战略的第一步。企业应该把重心放在如何制定合理的价格结构上，以吸引尽可能多的顾客群体加入平台，繁荣平台交易。只有实现了交易规模的扩大，才能为平台企业维持长久的利润奠定基础，即使在某些发展阶段，可能会以牺牲企业短期利润为代价。

苹果公司于2001年推出iTunes（在线音乐商店）音乐播放器。苹果将它标榜为"世界上从未有过的、最令人惊讶的音乐播放软件"，它能让用户将CD翻录成MP3文件，并在一个易于使用的界面下将他们的音乐整理归类。iTunes给用户带来了极强的音乐体验，用户能制作自己的混合CD并将它们重新烧录成新CD，口号"Rip. Mix. Burn."就源于此。在第一个版本的iTunes发布一周过后，苹果就宣布有超过27.5万的iMac（苹果个人电脑）用户进行了下载。

虽然iTunes推出第一年亏损严重，直到第三年音乐销量才勉强实现账面持平。但是，通过搭建在线音乐服务平台，iTunes帮助苹果吸引了大量拥趸，实现了以服务带动硬件的模式，为随后iPod（苹果多媒体音乐播放器）、iPad（苹果平板电脑）和MacBook（苹果个人电脑）推出后的热销打下坚实基础。iTunes

从最初的音乐播放器发展到今天，已经成为一个绑定支付方式、内容/应用和各种终端设备的整体数字内容消费平台，成为苹果用户必不可少的选择。

图3-4　可以与苹果多种终端实现融合的iTunes

成长期：采用利基策略

利基策略（niche strategy）是指企业在面对激烈的市场竞争时，需要能够在某一细分领域实现深耕，进而在复杂的市场环境下找到得以生存、发展、壮大的途径。企业在初创时，羽翼未满，尚不具备与行业巨头抗衡的能力，平台企业必须要有自己的定位，拥有自己的利基市场，先在市场上站稳脚跟。此外，随着多边市场边界越来越模糊，平台企业面临合围和跨界竞争的风险会变得更大。在利基市场构建起自己的优势，也可以在变化莫测的跨界竞争中体现自己的不可替代性。

苹果公司一直以来推出的各类移动终端主要面向具有较强消费能力的白领阶层，各类产品的客单价都处于同类产品中的前列。长期以来，苹果公司践行针对高端用户开发产品的利基策略并极力为用户提供优质服务，久而久之，苹果的产品给人一种性能佳、体验好、印象深的观感。而这帮助苹果手机形成了较为巩固的行业壁垒和用户认知，也因而使其能够自如地面对其他手机厂商的竞争。以智能手机市场为例，oppo、vivo、小米等众多手机厂商在中低端智能手机市场上竞争激烈，大打价格战。而苹果推出的iPhone系列智能手机则主要面向高端用户，虽然出货量不如oppo、vivo、小米，但是利润水平远远高于后者。然而，我们也应认识到，利基策略是在平台企业初创的首选。企业通过利基策略奠定了自己的市场地位后，就可以扩大自己的目标客户。苹果于2016年发布的iPhone SE即是如此。iPhone SE不是一款旗舰定位的产品，它主要瞄准的是发展中国家市场，既可以满足用户的差异化需求，又能痛击逐渐抬头的安卓品牌。

成熟期：扩展市场边数

多边市场的特点决定了多边市场平台企业的服务范围具有极强的延展性。当平台企业发展到一定程度、积累起足够数量的用户的时候，就可以尝试推出更多针对现有顾客的其他类型的产品或服务，以实现对顾客群体资源利用价值的充分挖掘。

有了iTunes的成功经验，苹果公司不断尝试推出类似的平台。2008年，苹果推出App Store，用户可以在App Store下载安装自己喜欢的应用程序，丰富iPhone的使用体验。App Store将应用程序开发者与应用程序用户联系起来。随着开发人员数量的增加，用户的数量也在增加。这就产生了"网络效应"——在这个过程中，应用程序开发者带来的价值越大，就越能吸引更多的消费，而更多的消费会导致更多的生产，如此往复，以滚雪球的形式为苹果带来源源不断的利润。亚马逊创始人兼首席执行官杰夫·贝佐斯，将这种强化的良性互动称为"亚马逊飞轮"。卖出更多iPhone—更多用户下载App—更多的开发者来开发App—更加智能的生态系统—吸引消费者，卖出更多iPhone……这个良性循环带来的是苹果收入的稳步增长。目前全球的活跃iOS设备总价值已经超过10亿美元，凭借其强大的硬件、软件和服务生态系统，苹果公司形成了极其稳固的竞争壁垒。

根据苹果公司公布的数据，2016年App Store营收达到285亿美元，为开发者带来了超过200亿美元的收入。苹果从中获得了30%的分成，即约85亿美元。相较于2015年，增长率高达40%。目前，App Store中的应用总数约为220万，这反过来又提升了iPhone产品的吸引力。

除了满足主流消费者需求的App Store，苹果相继推出了iPad、iBook、Wallet、Apple Watch等多种不同终端和平台市场，满足不同用户的差异化需求。这些不同平台市场之间的交叉网络外部性，使得不同类型的服务之间形成了很好的互补，增强了消费者对苹果产品的依赖程度。

图3-5　苹果应用商店界面

通过对平台战略的主要内容进行梳理，我们可以发现由产品战略向平台战略转变，主要体现在以下几个方面。

第一，从资源控制到资源整合。在产品战略中，核心资产是有形资产，如矿山、土地等；而在平台战略中，平台企业需要拥有的核心价值是知识产权和社交人群，社交活动产生的交易需求和数据资源是平台企业最有价值的资产。

第二，从内部优化到外部交互。产品战略强调通过对劳动力和技术资源等的优化配置来提高生产效率，增强核心竞争力；平台战略则更加注重如何更好地促进生产者和消费者之间的频繁互动，实现企业外部参与各方的高质量交互。

第三，注重构造生态系统而非围绕单个客户。平台战略关注的不是单个客户的价值，而是一个循环的、迭代的、反馈驱动的延展性极强的生态系统的价值。进而可以发现，度量企业成功与否的标准在产品战略和平台战略下也不尽相同。在产品战略下，以核心产品的竞争力为衡量依据；在平台战略下，以生态系统的健康、多样为衡量依据。

平台战略虽好，但也不是所有的企业都适合采用。企业如果要发展平台战略也必须满足一定的条件。以下我们就对什么样的企业适合发展平台战略进行解答。

发展平台战略的必要条件

虽然平台战略逐渐成为市场主流，但也并非所有企业都适合采取平台战略。一般而言，企业发展平台战略要满足以下几点条件（Evans, 2003）。

存在两个或多个不同性质的用户群体

存在两个或者多个不同性质的用户群体，是指企业在该市场中至少面对两类性质不同的市场需求，需要同时为两类或者多类顾客群体提供服务，并且这些不同类别的顾客之间也会产生互动和交易。

正是由于面对的用户群体不同，希尔顿和爱彼迎采取了不同的经营策略。

希尔顿全球控股有限公司（Hilton Worldwide Holdings Inc.）的前身为希尔顿酒店集团公司（Hilton Hotels Corporation），乃黑石集团旗下附属公司，是一家跨国酒店管理公司。截至2013年12月，希尔顿品牌在84个国家和地区拥有4080家酒店，拥有超过67.2万间客房。希尔顿酒店集团公司2010年在《福布斯》之"全球最大的私人企业"（The Largest Private Companies）榜单中名列第38位。[①]希尔顿作为酒店服务行业的佼佼者，只能够从房客这一类客户群体赢利，所以希尔顿是典型的单边市场企业。同时它只能采取产品战略来打造自己的核心竞争力，强化自己的市场地位。

爱彼迎成立于2008年8月，总部设在美国加州旧金山市。爱彼迎是一个旅行房屋租赁社区，用户可通过网络或手机应用程序发布、搜索度假房屋租赁信息并完成在线预定。截至2017年8月，爱彼迎用户超过2亿人，遍布191个国家和地区的近6.5万个城市。爱彼迎被《时代周刊》称为"住房中的eBay"。爱彼迎作为租房服务平台，同时面对房东、房客和广告商等多方客户群体，可以同时从多方客户群体获利。所以爱彼迎是典型的多边市场企业，它可以通过平台战略，实现客户群体在爱彼迎的大规模聚集。

---

① 何豆莎. 平衡计分卡在酒店经营管理中的运用——以希尔顿酒店为例[J]. 经贸实践, 2015(13).

图3-6　希尔顿和爱彼迎，两种发展战略

不同用户群体之间存在正的交叉网络外部性

前文我们提到，交叉网络外部性是指，一类用户群体的增加对其他类别用户群体聚集产生影响。如果一类用户群体规模的增加会促进另一类用户群体的增加，我们称这两类用户群体之间存在正的交叉网络外部性；反之，如果一类用户群体规模的增加会减少另一类用户群体的数量，我们则称这两类用户群体之间存在负的交叉网络外部性。交叉网络效应能够对平台的出现做出很好的解释，游戏平台即为一个很好的例证。游戏玩家希望能够有尽可能多的游戏种类选择，游戏开发者也希望有尽可能多的游戏玩家，平台的出现不仅能够满足双方的这种需求，而且随着游戏玩家在平台上越来越多地聚集，游戏开发者也会越来越多；同时随着游戏开发者越来越多地涌入平台，游戏玩家也会越来越多。平台的出现可以帮助各市场参与方更好地产生联系，提高了市场效率。这一点对于婚介市场同样适用，随着男方和女方的人数增加，婚介市场也会变得越来越有价值。

单纯存在两个或者多个不同性质的用户群体是决定企业能否发展多边市场的先决条件，至于开展什么样的业务，就需要关注企业想要吸引的不同用户群体之间是否存在正的交叉网络外部性。

企业能够内部化市场参与者之间产生的外部性

在真实的交易活动中，受限于诸多交易成本，不少商业活动难以开展。此时，如果没有平台企业的存在，两类不同的用户群体之间即使存在交叉网络外部性，也难以实现有效聚集并达成交易；平台企业的出现，为协调双方的交易活动提供了保障。此时，平台企业就实现了市场参与者之间外部性的内部化。

微软在创办早期正是通过内部化市场参与者之间的外部性这一途径，成功突破了发展的瓶颈。最开始微软在推广自己的Windows操作系统时，需要逐个拜访软件开发商，希望软件开发商能够帮助微软开发出适合Windows操作系统的应用程序。但是，软件开发商要么要价高，要么根本不愿意与微软合作。比尔·盖茨最终下定决心，放弃与软件开发商合作，自己独自开发与Windows操作系统相匹配的应用程序。近些年来，伴随着Internet Explorer、Office、Bing、Windows Phone等产品先后推出，微软成功完成了多种应用程序和终端的内部化过程，实现了不同业务板块外部性的内部化，推动了微软的跨越式发展。

图3-7 微软主要的内部化产品

本章小结

正如世间万物都在发展变化，人类不能两次踏进同一条河流，对于企业而言，在不同的市场环境下，也应采取不同的发展战略。诺基亚是单边市场上通过采用产品战略成为巨无霸企业的行业王者；以苹果公司为代表的多边市场企业则通过采用平台战略改变了行业格局。

苹果的成功和诺基亚的衰落告诉我们，在互联网时代，伴随着平台的搭建成本越来越低，销售产品不再单单是销售产品本身，而是在经营和销售一个平台市场。无法创建平台、不了解平台战略的公司势必不会具备长久的市场竞争力。

平台战略既然成了市场的新宠儿，那么如何实现平台的有效治理就成了决定企业发展成败和高度的关键。第二部分，我们就从价格结构、声誉机制和大数据分析三个方面阐述如何实现平台的优化和增效。

第二部分　平台运营与治理

第四章

价格结构及调整

在传统经济中,如果你教会一只鹦鹉说"供给"和"需求",那它基本上就是半个经济学家了;但到了平台经济时代,如果你想让鹦鹉继续充当半个经济学家,恐怕你要教会它说"价格结构"(price structure)这个词了。

价格结构是指平台企业向参与在线市场交易的买卖双方分别收取的费用之间的关系。比如,目前网约车平台向乘车人收取一定的费用,还要向司机收取超过20%的抽成,这就形成了双向收费的价格结构;但这些网约车平台刚开始出现时,既对消费者提供补贴,也向司机进行补贴,是双向补贴的价格结构。这中间也还出现过仅对卖方收费,不对买方收费的单向收费的价格结构。

为何平台企业在平台发展的不同阶段会有不同的价格结构?

其实质是在线市场的特点决定的。在线下市场中,企业在经营过程中，会向上游供应商采购商品，支付"进价"，然后向下游顾客销售，收取"卖价"。通过二者之间的价格差来获取收益，往往是价格差越大越好。因此，传统企业往往关心"进价""卖价"之间的价格水平高低问题。但对于在线市场中的平台企业来说，买卖双方是直接交易，买方把货款直接付给卖方，平台企业是根据交易额来提成获取收入，且买卖双方的规模相互影响。这时，如果把买方的"买价"提高，在市场需求富有弹性的情形下，买方的购买量就会下降，交易额就会减少，且买方减少可能带来卖方的流失，从而导致平台企业收入下降。反过来，如果把卖方的"卖价"降低，则会使得部分卖家流失，供给减少，从而使得买方减少，交易额也可能会下降，最终导致平台收入减少。因此，平台企业往往需要根据市场需求和供给的综合状况，来考虑"买价"和"卖价"之间的结构关系。这种由平台企业来确定的"买价"和"卖价"之间的结构关系，我们称之为"价格结构"。

根据2012年诺贝尔经济学奖得主埃尔文·罗斯的观点，市场的运行需要满足稠密性和非拥堵性的要求：既要有足够的买家和卖家，以产生足够的交易；同时买卖双方也不能太多，因为那会导致搜寻匹配成本太高，影响交易效率。这两种要求其实是对立的，解决之道就在于制定合理的价格结构。

一般来说，在平台构建的初期，平台企业需要制定补贴性的价格结构，合理协调交易中各方之间的关系，吸引用户进入平台，并增强市场的稠密性；进入平台成熟期，则需要动态调整价格结构，协调平台和各交易方之间的关系，减少非拥堵性，保持平台在长期经营中的营利性和良好的平台交易环境。下文我们分别进行考察。

"羊毛"出在"猪"身上

多边市场中价格结构能够发挥重大作用，关键在于多边市场中存在网络外部性。

多边市场中的网络外部性具有独特的"交叉"性质。网络外部性可按照不同的属性分类，既有直接网络外部性，又有间接网络外部性；同样，既有正的网络外部性，也有负的外部性。而多边市场经常存在交叉网络外部性的情况。以视频网站这一典型的多边市场中的广告商和观众为例：观众数量越多，广告商会从中受益越多，这是一种正的外部性；而广告数量越多，观众的效用随之下降，这是一种负的网络外部性，两种网络外部性交叉存在。

一般而言，在价格结构中，选取交易中的一方作为多边市场中的补贴方（subsidy side），通过补贴的方式来吸引多边市场中其他方的加入，且补贴方的规模对多边市场的发展有很大的影响。价格结构是倾向于买方还是卖方，往往也是由交叉网络外部性中双方的黏性大小所决定。如果卖方对于买方更具吸引力，即卖方更具黏性，则平台的价格结构中往往会对卖方进行补贴；反之,如果买方更具黏性,则平台在制定价格结构中会补贴买方。

阿姆斯特朗提出,平台企业宜采用倾斜定价的策略,可以对需求价格弹性较大的一方进行低于边际成本的定价,甚至补贴（Armstrong, 2006）。希夫认为,当两边市场在平台上的收益相差较大时,平台企业会对收益较少一方设定较低价格,以便积累市场规模,由此也就产生了补贴（Schiff, 2003）。

补贴卖方

微软,作为游戏机行业的后进者,正是由于恰当地运用了补贴卖方的手段,成功在已有的两大游戏机巨头的夹击下成为业界新秀。

在微软之前,游戏机行业一向由日本企业主导。任天堂、索尼都是游戏机行业大名鼎鼎的巨头,前者有简单易玩的wii游戏机,占据低端市场；后者有强大的PS游戏机,盘踞高端市场。但微软决心挺进这一利润丰厚的行业。但面对实力强劲的对手,微软该如何顺利进入这一行业呢?

游戏机行业其实属于典型的多边市场。一边是游戏玩家,另一边是游戏开发商,游戏机制造商实际上通过游戏主机构建了一个双边市场的交易平台。通过交叉网络性的作用,这一市场将会迅速成长,而且发展空间巨大。比尔·盖茨在解释为何要进入游戏机行业时,就说道:"Xbox是一台通用型PC。如果只是一台游戏机，我们就不会费力去做了，而且根本就不会涉及这一领域。"

与比尔·盖茨的洞察力形成对比的是日本的游戏机巨头任天堂。任天堂作为游戏机巨头，一直都是靠自己开发的精品游戏来吸引玩家购买游戏主机和游戏。这其实是把游戏市场看作单边市场，把自己当作游戏产品（包括主机和软件）的提供者。和其他企业的区别在于，任天堂提供的是两种互补产品，买了游戏主机还要购买游戏软件。这种策略类似于经营剃须刀的企业吉列，买了它的剃须刀还要买它的刀片，甚至还要买剃须泡沫，否则就无法使用。这种借助互补产品来进行捆绑销售的方式可以给企业较大的利润，但也会带来很大的风险——互补产品中一个产品出了问题，就会导致另一个也出现问题。

果然，2001年，任天堂推出了新一代游戏机NGC，尽管主机性能强劲，但其软件部门开发的软件跟不上硬件的性能，很多游戏运行过程中出现死机等各种问题，游戏玩家怨声载道，极大地影响了主机的销售。

微软抓住这一难得的机会。2001年，微软推出了它的第一代游戏主机Xbox。为这台主机开发游戏软件的是那些曾为Windows系统开发游戏的软件企业。为了鼓励这些软件企业开发出更好的游戏产品来吸引玩家，微软针对游戏开发商，制定了比较有吸引力的补贴政策。比如专门设了一个非常有名的"GreenShoots"项目，旨在为英国一些独立视频游戏开发工作室提供资助，这些资助金额从5万到50万英镑不等，另外还为他们提供企业管理、市场营销等培训课程。

为了进一步调动游戏开发商的积极性,微软还取消了"补丁更新费用"。微软Xbox360上的补丁更新费用一直都由游戏开发商承担,这对独立游戏开发商是很重的负担。有一款动作解谜游戏"菲斯"的开发商曾因为高昂的补丁更新费用而放弃对Xbox360平台上"菲斯"的更新。2016年4月,微软取消了Xbox360上的补丁更新收费。现在,除了认证费用,所有的游戏更新均免费——游戏开发商在不用每次都缴费的情况下能够增加新的游戏内容,例如bug(系统漏洞)修正、人物升级等。这项政策明显扶持了小型游戏开发团队,鼓励游戏开发商更积极和更轻松地开发和完善精品游戏,从而增加游戏玩家对微软Xbox平台的黏性。

简而言之,微软Xbox正是通过对游戏开发商的补贴,使游戏玩家能够在其平台上体验更多样、更稳定的游戏产品,进而为游戏开发商的长期赢利提供了用户保障,从而提高了平台的收益,并迅速成长为游戏机行业的巨头。

补贴买方

补贴买方的例子在社交平台和电商平台运用得比较多,此时,买方数量相对于卖方具有更大的吸引力,也就是买方更具黏性。平台非常需要增加用户流量,以此来增加从其他边收取的费用或分成。

其中一种非常具有互联网特色的补贴就是"流量"补贴，通过手机"流量"换取用户"流量"。从2016年年底起，阿里、腾讯、京东及百度等几大平台巨头纷纷和中国联通合作推出流量补贴手机卡，它们分别是腾讯王卡、蚂蚁宝卡、京东强卡和百度神卡，被网友合称为"王宝强神"卡。"王宝强神"卡的特点是流量多且便宜，并且流量与平台紧密结合。它们的流量价格基本在15元/GB左右，有的甚至低到10元/GB（联通等电信运营商正常的流量加油包价格则为10元100MB）。具体的资费详情参照表4-1。

表4-1 联通与各大平台手机合作卡资费对比

合作方	名称	月费（元）	套餐内流量	套餐内语音时长（分钟）	套餐外流量收费标准	套餐外语音收费标准	免流量范围
腾讯	天王卡	59	/	500	省内日租1元/500M，省外日租2元/500M	0.1元/分钟	腾讯系App
	大王卡	19	/	/			
	小王卡	9	/	/			QQ音乐、腾讯视频
京东	大强卡	56	全国3GB	300	全国10元/GB	0.1元/分钟	无（购物送流量，每单送50M）
	小强卡	16	全国1GB	/	全国15元/GB	0.15元/分钟	

(续表)

合作方	名称	月费（元）	套餐内流量	套餐内语音时长（分钟）	套餐外流量收费标准	套餐外语音收费标准	免流量范围
支付宝	大宝卡	36	全国2GB	100	全国10元/GB	0.1元/分钟	无
	小宝卡	6	/	/	全国20元/GB	0.15元/分钟	
百度	大神卡	198	全国20GB	1000	10元/GB	0.1元/分钟	无（百度地图每连续签到3天送50M，每月500M封顶）
	小神卡	28	全国1GB	100	15元/GB	0.1元/分钟	

资料来源：科技美学测评团队等

　　同时，某些平台发行的手机卡采用后向流量的计费模式，使用某项互联网业务时流量免费，比如腾讯大王卡套餐中，腾讯系的App流量全部免费，或者是像京东采取的每单购物送50M流量，百度采取的百度地图连续签到3天送50M流量等，它们对买方用户进行力度相当大的定向流量补贴。

　　平台企业发行手机卡，给用户提供定向流量补贴，是为了吸引更多的用户使用平台，虽然流量补贴需要一定的成本，但用户规模的增长也给平台创造了更多的赢利空间。比如当用户使用腾讯王卡后，因为腾讯系App流量免费的优惠，必定会增加对腾讯系App的使用频次和依赖程度。腾讯作为一个典型的多边市场，一旦用户增多且黏性增强后，腾讯从广告商、视频提供方等其他边市场赢利的机会将增多。另一方面，从平台间的竞争来看，一旦某个平台采取这种发行手机卡进行流量补贴的策略，其他平台将不得不跟风发行相应的手机卡，否则将面临用户流失的风险。

市面上除了腾讯王卡、蚂蚁宝卡、京东强卡、百度神卡之外，又相继出现了哔哩哔哩2233卡、滴滴橙卡、米粉卡等各种平台企业和中国联通合作推出的手机卡。平台企业推出自己专属的手机卡，这既是平台通过"流量"补贴买方，吸引用户"流量"，增加营收的机会，也是各大平台争夺用户的一场竞争，未来也不排除会有更多平台相继加入流量补贴的队伍。

双向收费与动态调整

在平台进入稳定运营期，特别是缺乏其他平台竞争的情况下，平台往往开始进行双向收费，并根据市场运行的需要做出动态调整。

平台企业主要的收费方式有接入费（access fee，也称membership fee，会员费）和使用费（usage）两种。接入费是指用户进入平台所被收取的固定费用，对用户规模影响较大；使用费是指两边用户产生交易时平台所提取的费用，对交易量影响较大。根据多边市场类型的不同，二者可单独或同时使用。例如平台银联构建的多边市场，对买家收取卡费，同时，又对卖家收取卡费和手续费。再如单身俱乐部作为一个平台，对男士收取入场费而对女士免费。

以滴滴、优步等乘车出行平台来看，交易平台的价格结构会随着平台在市场中地位的演变、平台用户黏性及特点的转变而进行动态调整。但出行交易平台只是众多交易平台中的一种，而不同交易平台之间的性质特点各有不同，用户对平台的黏性和用户特点也可能不同，这使得它们采取的价格结构的动态调整的形式和力度可能会略有差异。

出行交易平台和商品/服务交易平台有显著区别的一点在于，出行的司机端情况与乘客的生命安全紧密相关，而其他交易平台则更多地涉及商品/服务的质量，与人身安全并无强烈的直接相关性。这要求出行平台不能局限在一般程度的"信息/资金/商品流的担保"角色里，而需要更多更深入地介入出行交易过程中，包括司机的准入审核、乘车交易程序、交易过程反馈和结束后的服务处理等。

比如在淘宝等商品交易平台上，虽然卖家准入和商品质量都会受到平台的监管，但除非涉及不可私下调解的纠纷，买卖双方之间是可以独立地进行选择和交流沟通的，且商家对自家商品或服务的价格拥有较高的自主权。但网约车平台不一样，乘客的叫车、司机的接单行为都受到平台的调度或者直接指派，司机和乘客的评级制度不仅会影响彼此的选择，也与平台—司机的收入分成直接挂钩，且网约车司机的平台接入费和使用费，都是在平台严密的计算和控制之下的，平台享有较高程度的收入提成比例和权力。

也就是说，与普通交易平台相较而言，网约车平台对市场有更高的控制能力和话语权，更接近于"平台中心"，因此，网约车交易平台下，价格结构的动态调整力度会更强，调整空间也会更大。

网约车早期采取的价格结构补贴手段，培养起了用户对平台的高度黏性。高补贴不仅吸引原有以地铁、公交为代步工具的人群，逐渐转向线上打车，同时也不断强化了人们的网约车消费习惯。

当网约车平台经过资本血拼、合并收购，进入市场垄断阶段之后，这时用户黏性已经很高，它没有必要再亏本进行补贴，因而逐步转向一种可赢利的商业模式。出于赢利目的，网约车平台目前已全面取消了补贴政策，同时对司机和乘客端都收取相应的费用，甚至于上调服务价格，推出"动态定价"这一机制。

网约车平台的动态定价模式源自优步。2014年，优步开始采用动态定价（surge pricing）策略，"当许多人同时预约车辆，优步平台上的车辆无法满足大量的需求时，将提升费率来确保您用车的需要"。①优步结合"时间—空间"双维度，对用户实施动态定价，比如在早高峰、下雨天、商业中心等场景中，系统会自动生成不同涨幅的车费，用高价格吸引司机前来载人，同时减少彼时彼地的乘客数量。

然而，网约车采取动态定价之后，打车难、打车贵的问题却越发明显。公众大举讨伐其"下雨天加价、近路加价……它不加价的时候，基本是你根本不需要车的时候"，用户的普遍反感，导致优步陷入"过街老鼠，人人喊打"的局面，此前甚至惨遭20多万名用户卸载平台软件。

2012年，美国纽约遭遇飓风袭击时，优步将打车价格提高了1倍；2014年，澳大利亚悉尼市劫持案件发生时，优步价格瞬间涨到之前的4倍左右；2016年新年之夜，在美国迈阿密海滩等人群聚集的地方，高峰时期的打车费用居然达到了平时的9.9倍……而优步最近一次因动态定价引发不满发生在英国。2017年6月3日，伦敦桥附近和博罗市场发生了恐怖袭击事件，到6月7日，这起袭击已造成8人死亡，并有多人受伤。袭击事件发生时，由于优步的订单数量剧增，达到了用车的高峰期，优步的动态定价算法就自动将价格涨到之前的两倍多。对此网上有人评论说，"比恐怖袭击更让人寒心的是优步的趁火打劫"，各大新闻媒体和社交网站也极力谴责优步发横财的行为。

---

① 数据来源：搜狐网，《与其免费，不如按"场景"定价》。相关链接：http://www.sohu.com/a/126182732_505841。

在中国，动态定价同样引起了用户的反感。2015年滴滴快的合并，2016年滴滴收购了优步中国，在国内一家独大。滴滴和优步一样使用了动态定价，由于用车高峰期网约车涨价幅度剧增，大家纷纷抱怨和指责滴滴利用垄断地位收取高价，违背了交易的公平原则，损害了消费者利益。知名作家六六曾专门发文，直指滴滴"垄断抢钱"，23公里左右的路程车费高达162.6元，调价上浮高达50%。对此，尽管滴滴进行了解释，但仍然很难得到消费者的谅解。

当然动态定价也有其经济合理性的基础，比如可以按供需关系调节价格，是更市场化的方式。即便司机有故意延迟接单以诱导加价的动机，但受时间等成本因素的影响，将限制司机的操作空间，因而不需要人为干预。另外也有媒体指出，网约车前期竞争"惯坏"了乘客和司机，以致他们将非常态的便宜、补贴当作常态，才会在后期管理收口、价格恢复正常水平时，心理落差巨大。

那么，究竟该如何认识动态定价？我们在下一章展开具体分析。

本章小结

多边市场价格结构非中性的特征和交叉网络外部性，决定了价格结构策略对于平台治理的重要性。价格结构主要体现在两个方面：一是选择补贴卖方还是买方；二是不同时期采取什么策略。

在价格结构策略中，补贴买方还是卖方往往是由交叉网络外部性中双方的黏性大小决定的，不同的平台会根据自己的用户特征进行决策。同时，平台在不同阶段会通过不同的价格结构策略，来实现不同的阶段性目标。如滴滴打车平台在初始发展时期为了推广平台，积累双边用户，采取了双边补贴策略；到成熟运营期，积累了一定客户群后，只需通过单边补贴策略来保持用户黏性和竞争优势；再到现在的垄断阶段，用户黏性已经足够，此时，滴滴基于收益成本的核算便采取了双边不补贴的策略。但与一般交易平台相比，网约车出行平台对市场具有更强的控制权，因而在价格结构的动态调整中，平台拥有更大的话语权。

综上，平台可以灵活、充分地运用价格结构策略，实现自己的战略发展目标及利润最大化目标。

第五章
动态定价的效率与公平

动态定价策略

什么是动态定价？

网约车平台称，算法将通过用户所在区域内车辆和打车需求的实时比例（需求/供给），计算出运能的紧缺程度；再结合用户订单自身的属性，得出该订单的成交概率。如果订单的成交概率过低，系统就会根据历史数据和当下情况计算出一个建议的价格，作为标准车费之外的溢价，通过这个溢价来调节供需矛盾。[1]

---

[1] 相关报道：中国青年网，《对网约车高溢价应有包容之心》。相关链接：http://pinglun.youth.cn/wztt/201607/t20160723_8329501.htm。

在实际操作过程中，网约车平台的动态定价更多地表现为"动态加价"，当某区域的某个时间段，用车需求大于供给时，系统将根据供需之间不匹配的程度，进行自动加价、确定加价幅度。

在过去，受到数据获取的高成本和技术的限制，实现产品动态定价很困难，企业只能根据问卷调查等方式预测市场的需求，这类方法既效率低又不够精确。而现在，有了大数据技术，平台可以利用联机分析和云计算实现计算集群，并通过聚类、K值等数据处理手段过滤无效信息，再对数以万亿计的数据量和数据模型进行不同的分析。通过对数据的分析，平台上能够根据市场需求和供应能力，以不同的价格适时销售给不同的消费者或不同的细分市场，最优化平台的利益，实现利润最大化。

除了网约车外，其他商品和服务的动态定价策略主要有以下几种：

1.基于时间的动态定价策略

基于时间的动态定价策略是指根据时间段对购买人群进行分类，再实施差异化定价。该策略在传统单边市场中很常见。比如，同一部电影在黄金时间比午夜场次的价格贵了将近一倍；酒店服务行业在周末和节假日的价格要普遍高于平时。基于时间的动态定价策略又可以细分为高峰负荷定价和清理定价等策略，其实施的关键在于区分好用户在不同的时间点愿意支付的价格水平。

如果平台能精准地预测未来需求的变动情况，并且该产品或者服务的供给缺乏足够的弹性，那么高峰负荷定价不失为一种很好的定价方法。通过对不同时段的需求收取不同的费用，能实现收益的最大化。航空旅游业在淡旺季实行的价格策略正是基于人们出行的数量变化进行调整，毕竟飞机停着也在花钱。

如果产品贬值速度快，需求较难确定，那么平台最好采用清理定价的策略。我们经常看到，新款受欢迎的电子产品在刚出品时价格最高，以获取产品的最大利润水平，随着时间的推移，客户对产品追捧热度下滑到一定程度后，这时候再逐渐降价销售。苹果公司就是采用这样的策略，在每次推出新版苹果手机时都会对之前的版本进行降价促销。还有一些平台网站，如淘宝天天特价和易迅等，则通过设立专门的商品区，减少库存积压，加快资金回笼速度。

以往的清仓价格都是根据成本或者抽样调查结果而定，这很大程度上要依靠决策者的经验，而移动互联网时代能让消费者"永远在线"。平台通过服务器采集大数据，让用户数据规模大幅度扩张，然后建立大数据分析模型。将不同的影响因子纳入，能更好地模拟预测实时需求。有了大数据技术，平台可以对市场需求进行更多维、更精准的把握，对竞争对手（市场供给）也可以进行更全面而连续的估计，这将为平台动态定价策略提供更充分的信息。

2. 基于市场细分的动态定价策略

基于市场细分的动态定价策略通过分析客户的具体消费行

为、消费心理和消费习惯等信息，将不同类型的客户加以区分，开发有差异的产品和服务，并根据产品和服务的不同进行区别定价。利用大数据技术，可以通过检索相关网页、语义分析以及用户画像刻画等方法，将目标客户群锁定，进行有针对性的市场营销，实现动态定价。

以京东为例，该平台存在不同种类的优惠券，从优惠券的形式来看，可以分为账户电子券和实体密码券；从使用限额的角度，优惠券可以分为京券和东券；根据商品品类和销售主体的不同，京券还可以进一步划分成全品类京券、限品类京券和店铺京券，东券也是如此。[①]

京东可以根据用户购买商品的种类、付款金额等历史购物信息和个人基本信息等划分不同的用户群，并根据用户群的不同提供不同的优惠券。用户在得到这些优惠券之后，是否使用以及怎么使用都能让京东对用户特征进行更精细化的描述，进而提供更有效的优惠券。比如，同样是一张需要凑单才能使用的优惠券，用户A的消费习惯是尽可能凑齐商品来获取优惠，那么京东在激励用户A消费的时候，就可以多提供此类有凑单限制的优惠券；而用户B觉得使用此优惠券特别麻烦，于是很少使用这种优惠券，而且用户B每次消费金额相对较大，那么京东就可以给他提供有金额限制的优惠券。

---

① 相关资料见"京东优惠券规则"。网址 http://help.jd.com/user/issue/169-1077.html。

图5-1 京东优惠券举例

图片来源：京东用户账户中心

3.基于搜索优化（SEO）的动态定价策略

用户每次在平台登录、搜索和浏览相关产品服务时，都会在系统中留下记录，并形成数据信息。基于搜索优化的动态定价策略就是通过分析用户的搜索行为、历史购买记录和个人信息等，更好地了解每个用户的具体需求，进而提供合适的产品和可接受的价格。有了大数据技术，实现这一功能几乎不会给平台增加太多的成本，同时又可以大范围地将产品以合适的价格推送给合适的用户，实现最大范围的推送覆盖。

在亚马逊平台上，个人账户中存在着"我的浏览记录""我的心愿单""我的订单"等信息，在购买页面还有"经常一起购买的商品""购买此商品的顾客也同时购买""查找其他相似商品"等内容。当用户登录亚马逊网上书店时，平台会根据用户的搜索消费记录和历史浏览情况，判断用户的兴趣所在，从而有针对性地推荐书籍。亚马逊正是利用20亿用户在该平台的行为所产生的大数据信息,预测分析140万台服务器上10亿GB的数据来促进销量的增长。①

☆ 与您浏览过的商品相关的推荐

¥28.70　　¥50.00　　¥27.80　　¥31.90　　¥42.50

图5-2　亚马逊上相关商品推荐举例

图片来源:亚马逊网站

动态定价的高效性

为什么要动态定价?

简单来看,这出自芝加哥学派,其代表人物——不管是斯蒂格勒、弗里德曼,还是哈耶克——都强调自由竞争在经济活动中的作用。他们认为,价格是最灵敏的因素,可以迅速调节供给和需求使其达到均衡,促进市场出清,实现资源配置效率的最大化;产品应该交给市场定价,企业采取价格歧视能使资源往更高

---

① 启泓霖.雅虎、谷歌都退出了中国,亚马逊凭什么成为幸存者?[J/OL].中 国 企 业 家.2016年12月.[2017-05-20].http://money.163.com/16/1226/10/C97361CN002580T4.html#from=biz_index.

效率的方向重新分配，促进市场竞争。

按照上述经济学原理，网约车平台根据车辆供需的实时数据情况，动态地调整出行价格，按照出价的高低配置资源，是高效的市场手段。概括而言，动态定价的高效性主要体现在两点：

一是在供不应求之时，通过溢价减少或转换需求并增加供给：如果用车需求增加而没有提高价格水平，那么很多用户会等了很久仍然打不到车，可能会产生对优步的抱怨，甚至投诉、卸载等举动。而动态定价能更好地解决这个问题，在高峰时段或者周围司机较少、司机距离乘客较远等情况下，通过加价激励更多的司机克服拥堵、恶劣天气等困难接送乘客，同时引导部分乘客错峰叫车，或者转而选择公交、地铁、共享单车等，从而缓解区域和时段性的供需不平衡压力，使得二者趋向于相对平衡的状态。

二是将有限的供给配给最紧迫的需求：动态定价机制希望可以通过调节乘车价格，来获得消费者的乘车需求紧迫性信息，需求越紧迫往往就越愿意支付更高的价格。理性消费者如果觉得涨价幅度超过了自己的消费者剩余，可以选择等会儿叫车，或者通过其他交通方式出行，那么这部分乘车需求便可以实现让渡或者暂缓。如此一来，有限的供给便配给到了最需要乘车的需求端，即"价格是最有效的市场调节手段"。

那么问题来了——为什么本具有经济学合理性的、市场化的动态定价，运用到网约车平台上却导致群情如此激愤，以致本无须重视个体使用者感受、只须对后台数据变动情况负责的平台公司也不得不重视呢？

按下来我们会做进一步分析。

动态定价与交易公平性

如上所言，动态定价的效率之一主要体现在其价格机制筛选出了"紧迫性"的静态需求，一般而言，这些必需性的静态需求可分为两种场景：高支付意愿需求（价格不敏感、时间/品质敏感型需求）和应急但支付能力不足型需求。以下我们将分析在这两种场景下，动态定价如何违背了交易的公平性，从而使得自身背上了不道德之嫌。

1.压缩消费者剩余

大数据算法技术发展到高阶，动态定价不仅实现了供需匹配的因"地"和因"时"制宜，还能实现因"人"制宜。换句话说，平台在了解乘客个人的乘车习惯和消费能力等之后，拥有更大的优势去制定既能使乘车交易达成，又对平台更有利的成交价格。

在交易中，拥有私人信息意味着享有其对应的信息租金，掌握信息的交易方拥有潜在利得；信息是权力的来源，实际有效的权力掌握在信息优势者的手中，而非那些具有法定正式控制权的人（所有者），因为后者可能会遵从前者的建议（Aghion & Tirole, 1997）。平台根据掌握的乘客私人信息，因"人"实施动态定价，这意味着平台成为拥有实际有效权力的一方，它们可以制定出消费者可以接受的、较高的价位。

在"前网约车时代"，由于平台无法识别乘客的大量私人信息，价格不敏感型和敏感型乘客、需求黏性和弹性乘客被一视同仁，他们都只需要支付按照统一收费标准制定的一般价格，而乘车交易依然能够达成。在信息不对称的情况下，有高支付意愿乘客的这些私人信息，是他们的"信息租金"，使他们实际支付的价格可以低于自己的需求价格，从而拥有了获取消费者剩余的权力和空间。

当下，大数据技术大大降低了网约车平台搜寻、分析消费者私人信息的成本，它们可以根据每个人每次乘车的数据刻画出精准的消费者人物画像，比如通过独立消费者打车起止点和时间判断乘车是否刚需，根据打赏行为、加价后拒绝情况了解其消费水平和支付意愿，而这些在大数据技术和平台黏性形成之前都属于消费者的私人信息。如今，平台和司机不仅掌握旅途的成本信息（消费者不一定有），还使得消费者"非自愿"披露了自我的私人信息，从而使得在交易中，平台处在完全的信息优势一方。

对于网约车交易而言，平台获取了大量消费者的私人信息，相当于掌握了乘客的效用函数和预算约束，从而得到对应的需求函数，这意味着平台有能力根据每个消费者所愿意支付的最高价格实现"动态定价"。与之相对,在单次交易中,处于信息劣势的消费者丧失了凭借原有私人信息而本该享有的议价能力,消费者更可能遵从平台建议的定价(因为平台针对单个消费者的定价虽然比统一定价高,但也在其支付意愿之内)——平台的信息优势使其得以在定价中拥有实际有效的权力,平台每一单生意的最终定价,都能无限接近消费者的需求价格;平台几乎可以获得每个消费者的全部消费者剩余,这意味着平台动态定价机制实质上更接近一级价格歧视。

大部分消费者因私人信息而本该享有的信息租金被平台于无形中获取,即便交易依然可以达成,但消费者剩余一再被压缩,一定程度上有违交易的公平性。

2. 紧迫性挟持

虽然价格高低可以自动筛选出紧迫性需求,但动态定价的价格决策由数据决定,不能简单适用于某些应急/无支付能力等特殊性需求,且动态定价的局部均衡性加剧了特殊需求定价的不公平,导致出现利用紧迫性来挟持顾客的情况。

目前的网约车算法完全依赖数据,通过宏观的总供给和总需求数据来确定一个加价倍率,考虑的是彼时、彼地、彼种商品服务(乘车服务)的供需和沿线返程的需求量等工具性的、数据可视的影响因素,是一个供给方(司机)和需求方(乘客)都无法调整的价格,运用到急迫程度/支付能力低等特殊需求时,极容易发生意外。

在现实中，每个具体的需求和供给都是有人情温度的。比如某些紧急情况下需求价格弹性非常缺乏，出租车需求不能快速地转换成自行车或者公交等其他需求，钱的重要性也远远低于运输服务本身的重要性：例如，2017年6月伦敦遭遇恐怖袭击期间，人们来不及通过骑自行车等方式逃躲避难，而优步却在当地自动大幅加价，对本就惊恐不已的市民而言，造成了极大的不便；或者某些场景下消费者对乘车服务尤其急需，但支付能力有限或者未必够得上动态定价后的数额，下雨天、生病急需送医院，都可能遇见临时没带/缺少足额货币的情况……

所有这些特殊的、紧迫的、弱势的需求，不能由价格来简单衡量。单一的供需大数据也无力将其反映出来，而如果给予司机与乘客一个互动的渠道，比如可选择性地固定加价，让双方有迅速协商的余地，那么面对这些特殊需求，司机愿意提供服务的价格未必需要动态加价那么高，只要乘车供给者的生产者成本能得到补偿甚至不需要被满足，交易也能够达成。

在面对这些弱势需求时，如果是传统出租车，乘客可以与司机直接进行商谈，这加大了弱势的乘车需求被满足的概率。相形之下，动态定价仅仅依靠价格手段，乘客与司机事前无法沟通，且网约车的价格决策权只取决于供需数据，缺失了供给者和需求者互动决策这一层，使得特殊情况下，达成交易几乎不可能，抹杀了交易中协商的社会价值，动态定价便显得不近人情了。

另外，网约车动态定价是一个局部均衡价格，加深了特殊弱势需求的不公平性。精细化的系统算法可以仅在每个乘客或无奈或犹豫的一念之间，就调整和提供数次不同的动态加价参数，这说明网约车的算法得出的是一个由打开App叫车时的局部供求均衡所决定的价格。然而这个局部均衡溢价倍率，却要乘上该乘客此次整个旅程的每秒每米，这又使得上述特殊性需求定价的不公平性加大。此时，倘若换一种加价方式，比如提供一些便利的固定加价选项，而不是随着里程数倍乘，需求的紧迫性和特殊性都能被考虑进去，更公平也不失效率。

从公平博弈看"动态定价"的"非动态"

前文从静态角度分析了动态定价的不公平性，行为经济学的公平博弈模型道出了动态定价失效之谜的另一个玄机。

动态定价虽号称"动态"，实际上仍是静态思维，其"动态"只考虑了某个时点/区域、一次性交易中的最优配置，忽略了平台的乘车生意是一个长期性的重复多次博弈。有道是"买卖不成仁义在"，做生意讲究的是礼尚往来、源远流长。网约车平台作为数据公司，经营的不只是产品服务，更是口碑。因而，消费者某次乘车的体验，不仅影响其在本次博弈中的合作或不合作行为，继而还将产生连锁反应，影响口碑和后续交易等，这些都需要纳入动态过程中去考虑。

心理学的证据表明，人不仅有自利的偏好，还有公平动机偏好，人的行为依赖对他人动机的判断。如果认为对方行为是善意的，那么就"投桃报李"；相反，如果认为自己受到恶意的行为对待，那么就"以牙还牙"，哪怕会损害自己的利益。纳什均衡在自利偏好的基础上博弈产生，而罗宾（Rabin, 1993）在经典博弈模型里加入了一个"善意函数"，代表在人们行为决策的均衡过程中，除去受物质效用的影响，也会受公平动机（也称互惠动机）的影响。在重复博弈中，人们会基于以往与对方打交道的经历和情绪体验，判断和决定自己今后采取的行为，去报答他人的善意（公正）行为或报复他人的敌意（非公正）对待。

消费者在消费过程中，不仅关心物品或服务本身所产生的效应，也在意消费的过程中是不是得到了公平的对待。对于短途打车这种日常高频消费行为（相对于看电影、坐飞机、住酒店等，出租车消费频率更高），人们对相同里程的价格在一段时间内保持固定的公平感知更强。也就是说，消费者对交易公平的感知和情绪体验，要求网约车的定价保持一定的价格黏性。

消费者在交易中的公平感知，不仅体现在对网约车定价的价格黏性上，现实生活中有许多其他的类似案例。2007年，苹果公司销售iPhone的最初版本时，由于第一批上架的货物数量有限，而有购买意愿的消费者相当多。于是，苹果公司曾在消费者排队购买期间，临时涨价，以600美元的价格出售；半个月后，由中国装配的iPhone大批抵达美国市场，公司于是将价格下调至400美元。按照供需均衡定价的原理来说,这是完全没有问题的,然而这次降价却成了苹果公司的公关噩梦。因为它惹怒了不久前高价购入的顾客,最后公司向每位先前购买的顾客补贴100美元,才勉强平息临时涨价又降价带来的风波。

使用网约车时,具有"公平动机"的乘客,在仅考虑原有物质效用的均衡基础上,会额外受到"善意函数"的影响。如果大数据所定的价格偏离了消费者公平感知的范围,就会让消费者认为自己受到了不公正的对待,会对"加价"这种违背价格黏性公平感知的、非善意行为产生不满,从而采取防卫或者报复行为泄愤,即便多付出成本也在所不惜。比如投诉,向外界传播平台恶劣行为的言论,或者注销账户,拒绝该平台今后提供的服务。

数据显示,在网约车动态加价期间,乘客的恶意拒单率大大上升。试想,一个辛辛苦苦刚下班的、非有生死攸关乘车需求的乘客,看到滴滴动态"加价倍率n倍",个人修养再好也很难说服自己,此乃周瑜打黄盖而心悦诚服、心如止水。多数乘客的第一反应还是被宰了,反过来也可能不惮以"最大的恶意"揣度、报复司机和平台,这些乘客往往选择在平台派单后、司机快接到乘客时取消行程,司机则成了最直接的受害者。

另外,有些乘客急需用车,不得已接受动态定价,其受"非善意涨价"行为而减小的乘车效用,最终可能会通过给司机差评、对平台发表不满言论来实现平衡。车到终点,面对比平时贵数倍的价格,乘客不免会猜测司机绕远道,再加上认为平台恶意涨价，又对它无可奈何等负面情绪，乘客对司机和平台服务的挑剔度增高，乘车体验更倾向于变差，甚至故意给司机差评，或者卸载平台。

根据网约车平台现行对司机的管理制度，司机的收益与司机的级别紧密相关，而司机级别直接受到乘客评级的影响。乘客的差评意味着司机接单优先权和提成率的下降，部分拥有好车的司机甚至从"专车级别"被降级为"快车级别"。姑且不论诸如社会地位、个人尊严等隐性资本的损耗，司机自己的劳动收入提成被剥削，连同自有车辆的资本收入也一并被剥削。当司机所得的动态溢价收入难以弥补提成减少的损益，再加上被剥削感经"降级"在心理上不断放大，哪怕动态加价分给司机，其实也起了政策制定者意料之外的反作用。

动态加价的公平博弈结果，消耗了用户的情感价值，降低了网约车企业的品牌和口碑价值，增加消费者转投其他平台的概率；乘客的流失进一步减少司机的生意，再加上司机积分和提成减少，当司机觉得使用该网约车平台不划算时也会选择离开；司机的流失进一步加剧供给的不足，而这导致算法的加价幅度更大，从而形成了"加价—用户体验差—司机受损流失—再加价"的恶性循环，因而网约车平台和动态定价也一直在舆论的风口浪尖居高不下。

对于我国网约车企业来说，需要以优步的动态定价为前车之鉴。动态定价是需要的，但不能完全只考虑经济因素，还需要顾及用户的心理感受及其所带来的重复博弈影响。经历2017年春节涨价带来波涛汹涌的抗议舆论之后，滴滴公司进行紧急公关，宣布限制涨价的幅度，涨幅最高为3成，加价的具体金额不超过58元。

非价格机制的运用

综上所述，采取单一的动态定价手段来调节供需矛盾，虽简单快捷却未必长效，具有很大的局限性。值得注意的是，首汽约车、易到用车等专车平台并未面向乘客端"动态加价"（虽然易到用车曾受到乐视集团"窒息"梦想的影响而举步维艰），且首汽约车的用户规模同期增速曾一度高达1173%，这表明它们可能采取了更合理的调控司机接单的方式。

根据诺贝尔经济学奖获得者罗斯教授的观点，类似网约车这样的企业和机构，它们实际上是在运行一个出行交易的在线市场。相对于采取单一制定价格的模式，"设计市场"远为关键得多（2016）。而关于网约车企业是否具有定价权的讨论，还停留于过去产品市场的思维，并不适用于平台企业。设计合理的交易机制，综合运用价格激励和非价格手段，如结合热点区位标注和潮汐定价、运用积分制激励司机来调度区域性的运能，及运用信用分免单、声誉反馈机制、排队机制与固定加价相结合等措施引导和回馈需求；兼顾快速增加、调度区域间的运能，以及消费者的消费体验、公平感，同时保障在线交易的效率和公平，经营在线市场良好的声誉口碑和交易环境，才是真正的出路。

对于高峰热点区域的供给运能的调度，可采取热点区位标注显示、与司机绩效挂钩的方式。利用大数据实时检测区域的供需情况，并在App上显示高峰热点区位；与此同时，增加司机在热点区域的工作量的回报率。如在高峰时段、热点区域减少平台提成，增加司机提成，或者增加司机的绩效评价，以此来激励司机扩大在热点区位的供给（不考虑短期资本回报，长远来看，平台提成20%~26%的调控空间还是很大的，另外平台还有接入费）。

热点区位的运能调度，还可结合潮汐定价机制，合理利用该时段、该区域乘车需求产生的正外部性，动态性地创造需求来增加供给，促进运能资源更有效地配置。驶向热点的行程，会增加该区域的司机供给，譬如放学前后的小段时间，叫车前往学校附近的需求，就可以产生本次交易以外的效用——补给该区域此刻的乘车供给。因而，可以采取降价补贴，鼓励那些恰好有赴热点区域需求的乘客，使用网约车的消费行为。从而促进前后交易之间、供需之间的动态补给和相互推动，减轻区域性的供需矛盾压力（潮汐定价这一点，我们将在另一篇文章中单独做详细分析）。

除此，平台可建立更完善的积分制度助力司机供给和运能调度。

一是利用奖励优质单的策略，补贴司机接短程单/应急单的损失，从而减少特殊性、弱势需求被忽略或耽误的可能性。在高峰热点区域或时段，短距离服务单和应急性单子数量相应增多，而司机可赚取的利润相对不足，可以承诺司机如果累计接到一定数量的短程单/应急单，平台派单时补偿一定比例的优质服务单，从而减少司机歧视性拒载、挑单等行为。二是综合考虑"数目+额度"的绩效评价方式，通过接单数目的限制，增加司机等待动态定价期间的机会成本，减少司机延迟载客增加溢价的策略性行为。

网约车平台在需求端同样大有可为。

首先，针对紧急/应急性需求，可利用大数据的信用评估机制（甚至是其他平台的信用信息），允许信用较好的乘客享有有限次数地申请"免费/不溢价"权利。如此一来，则可以为紧迫性但暂时性支付能力不足的需求，提供省时、高效的解决途径，体现了企业的社会责任感和人性关怀；同时也是对信誉良好的消费者一种正向的反馈。

其次，关于动态溢价的额度，也可以结合采取选择性的固定加价，而非乘上整体行程的固定加价倍率；或者另行设计简单的互动渠道，让司机和乘客之间能迅速沟通当下的具体情况。这既保障了乘客和司机在交易中的自主协商权利，体现了交易的公平性；而且在遭遇紧急情况时，快速协商相比动态定价，能创造更多的社会价值，给予了司机照顾弱势需求的人性关怀空间；另外，相对于完全敞开式的讨价还价，固定加价选项少，也有利于减少协商过程的时间成本、潜在交易失败等社会福利性损失。

再次，继续完善声誉反馈机制，回馈乘车需求刚性或长期黏性消费者（虽然企业一般不愿为这部分消费者提供折扣）。他们往往因为固定上下班、经常短途出行等原因，乘车需求频率很高，也最容易受到网约车动态调价的影响。以滴滴专车的"白金会员"为例，当消费者积累到一定的消费额度或上升到一定的级别，可以享有相匹配的特权，如高峰期不加价、溢价倍率降低等，回馈忠诚消费者的同时，进一步增加消费者对平台的忠诚度和黏性，刺激长期需求的增长。

尤其值得注意的一点在于引入排队机制，其与动态定价互为补充，以解决高峰期供不应求的问题。从表面上看，这只是以等待的时间成本代替加价的经济成本，实质上，"先到先得"尊重了社会习俗和人心的公平感知。排队机制在整个人类经济社会发展过程中，都扮演了十分重要的角色。国家的领土辖域即遵照了"先占"原则，而那些插队的人通常会被谴责为"缺乏社会公德"，这反映出"排队"是一种人们公认的分配稀有资源的合理合情的方式。

丹尼尔·卡尼曼（1986）在他的一篇研究中指出，尽管临时性大涨价会导致消费者的公平感失衡，排队却不会。由于对商品/服务的评价（消费效用）受支付能力的制约，故消费的效用和社会福利并不能简单地由支付意愿来刻画，而每个人的等待时间成本都不一样，因此"时间"是一个比"价格"更能公平地衡量消费者福利的指标。透明的"排队叫号"的方式，为那些对商品/

服务评价高，但预算约束相对有限的消费者，提供了另一种达成交易、满足消费效用的途径——支付不变价格、花费更多的等待时间。

当然，排队叫号并不能区分出需求的紧迫性，因而可以结合排队与价格手段，共同配置稀缺期的乘车供给资源。在排队机制的基础上，加入紧急通道，比如支付固定额度的加价，可以实现插队使用网约车服务，这样某些紧迫性的需求也能被有效覆盖，兼顾了效率与公平。但是，紧急通道的"固定加价"数额应谨慎斟酌，过低会导致过多人插队，排队机制被破坏；而过高也可能形同虚设，或者有杀鸡取卵之嫌。

作为一种交通出行方式的革新，网约车和整个现代化历程本身一样，在市场中孕育，也在市场中面对质疑，接受挑战。网约车平台欲以更成熟的姿态参与到时代进程之中，它所要汲取的既是民间的智慧，也要尊重市场运行、人情社会的基本规律。动态定价风波只是网约车的挑战之一，其改革不能停留在头痛医头，或者依赖公关围堵舆论，而需企业面向未来，舍小利做大事业。网约车的未来需要我们拭目以待。

本章小结

动态定价符合供需定价的原理，能够快速调节供需达到平衡，具备一定的效率性。但在价格一刀切的情形下，高支付意愿需求（价格不敏感、时间/品质敏感型需求）和应急但支付能力不足型需求，都在乘车交易中受到了不公平的对待。而且，由于网约车乘车是长期性的重复多次博弈，动态定价触发了消费者在公平博弈中的"公平动机"，乘客会采取投诉、差评或者卸载平台等报复行为，加剧了"加价—用户体验差—司机受损流失—再加价"的恶性循环。

  平台创业者和决策者要以更长远的目光，构建新的在线交易市场，设计合理的交易机制，尊重用户体验，合理运用价格激励和非价格手段，如结合热点区位标注和潮汐定价、利用积分制激励司机等措施，来调度区域性的运能；通过信用分免单、声誉反馈机制、排队机制与固定加价相结合等措施引导和回馈需求，兼顾在线市场交易的效率和公平。

第六章
网络声誉机制

"网络上，没有人关心你是不是一条狗。"人们曾经把这句话作为笑谈，描述网络上充满了真假莫辨的人和事。这些虚假的信息在互联网的早期阶段或许无所谓，因为彼时网络只占人们生活中的一小部分，很少的经济活动在网络上进行。但随着平台经济时代的到来，网络成了人们经济活动主要场所后，一个人是什么样的变得格外重要了。

人无信不立，这句话是说声誉对个人发展的重要性，其实，声誉对于企业的发展更加重要。"金杯、银杯，不如消费者的口碑"说的就是，对企业来说，如果声誉不佳，即使获得一些奖项和认证，产品的销售也可能会不佳。声誉之所以重要，是因为它能够帮助消费者克服信息不对称的问题，口碑的好坏关系到企业最终的消费群体的规模，很大程度上决定卖家的利润与回报。

在传统经济中，形成声誉的机制主要是靠消费者口口相传，即口碑机制。所谓"好酒不怕巷子深"就是指人们会通过口碑机制形成有关产品的声誉，从而为产品带来很好的销路。但口碑机制存在一个明显的问题，人们对于传播产品好消息的积极性远小于传播坏消息的积极性，这导致关于产品的坏消息的传播速度和影响范围总是大于好消息，所谓"好事不出门，坏事传千里"讲的就是这个道理。这样一来，其实"好酒也怕巷子深"，从而使得口碑机制无法更好地发挥作用。

平台声誉机制的特殊性

声誉在经济生活中随处可见，可能是对于一个人、一件商品，或者一个企业。在网络尚不发达的传统经济中，人与人之间通过口口相传来交流经验和看法，而这往往受到地域、人际关系的限制，所以"口口相传"只局限在一些小圈子内。大多数企业会通过广告，选择代言人等来为自身树立形象，以引导大众对该企业或该商品的认识。

在多边市场的交易中，由于信息不对称、不签署交易合同以及跨区域交易等因素，消费者在遭遇欺诈的情况下很难通过法律维权，特别是交易金额较小时，多数受骗方都会"不得已而忍之"。而平台要管理众多的客户，成本也相当大；可若不管理，平台就会逐步变为"柠檬市场"（the market for lemons, 也称次品市场），这样也就经营失败了。正是在这种维权及管理成本较高的情况下，声誉机制才成为一个成本较低且有效的方法。用户可以根据平台以往的消费者口碑，依靠自己的判断进行交易的选择。由此，声誉管理机制的重要性也就日益凸显。

而相比于线下，声誉机制对线上交易平台更加重要。当你去百货大楼购物时，你能仔细感受衣服的质感和料子并试穿衣服看它是否真的适合你，如果当你亲眼见到并体验了一件商品的时候，别人的评价就没有那么重要了。试想你在京东购物，只看那些卖家在网上呈现的对商品语言或图片的描述，足够让你判断吗？俗话说得好，眼见为实，网络先天缺乏线下直接体验的优势，所以只看卖家对商品的描述，买家肯定是会存疑的。不过呢，耳听未必为虚。当线上购物平台引入评价机制，潜在买家能够看到其他买家的评论后，信息变得更加充分，消费者也就能更果断地做出购买决策。这不仅弥补了网络缺乏体验性的劣势，而且放大了声誉机制的作用，产生了意想不到的效果。

值得注意的是，多边市场与单边市场在声誉机制的形成方式上有很大的不同。在单边市场的声誉机制研究中，克雷普斯等人创建了标准的声誉模型，解决了"囚徒困境"和"连锁店悖论"难题，并对有限次重复博弈中的合作行为做了说明（Kreps & Wilson, 1982; Kreps, Milgrom, Roberts & Wilson, 1982）。之后，克雷普斯再次应用重复博弈的思想，研究了交易中的声誉问题，提出企业的声誉可以作为企业交易的一项无形资产（Kreps, 1990）。

而在多边市场的研究中，巴尔和泰迪里斯（Bar-Isaac & Tadelis）分析了市场上存在的声誉机制，讨论了带有反馈机制的声誉对市场的影响。他指出，在电子交易中，声誉主要来源于买家对卖家的定量以及定性的反馈，设计一套较好的声誉机制可以减少商品信息的不确定性，降低由于信息不对称带来的交易风险（Bar-Isaac & Tadelis, 2008）。诺斯科和泰迪里斯（Nosko & Tadelis）指出了声誉机制在平台市场中的重要性，并用eBay的数据建模，以其具有反馈的声誉机制来找出优质商家（Nosko & Tadelis, 2014）。

综上，我们发现，单边市场中的声誉机制主要通过重复博弈形成，而多边市场当中的声誉机制是以信息的反馈和传导为主。在单边市场中，酒香不怕巷子深，只要有好的产品，通过重复博弈，很容易将客户群稳定下来并发展壮大；但在平台经济中，买卖双方数量庞大，客户的需求和偏好日新月异，买家和卖家之间很少存在重复博弈的关系，有好的产品未必能带来回头客。想克服平台经济中"酒香也怕巷子深"的问题，通过用户的评价反馈来形成声誉机制可能是最好的解决方案。例如在天猫购物平台中，有着系列的评价反馈机制，消费者购买商品后即可对店家的服务、商品质量以及送货情况等进行评分反馈。而在线下的多边市场中，也会通过电话、互联网等方式，对用户随机发送评价调查，以此得到反馈。相比单边市场的声誉机制，在双边市场中，客户基本可以通过声誉来判断是否需要进行此项交易，这不仅能够保证交易的顺利开展，更有助于良好交易环境的形成。

平台治理中声誉机制的作用

降低买家受欺诈的风险

线上交易面临的最大问题就是信息不对称。当买家只能在电脑上看到商品的图片或者对商品及服务的描述时，买家根本无法判断图片是否造假，描述是否有虚假夸大的成分，更无法判断是否适合、喜欢该项商品或服务。"买家秀"也被一些网友专门用来形容网购到的与网上图片描述相差甚远的商品或服务。

引入声誉机制，能够减轻买卖双方之间信息不对称的程度，降低买家受欺诈的风险，并且能帮助买家能找到适合自己的产品。评价与反馈反映了商品或服务的声誉，弥补了官方描绘商品或服务存在的不足。排除商家自身过度美化与虚假宣传的情况，商品本身可能质量、设计都不错，但是并不适合每一个买家，而此时已经有购买经历的买家的评价描述会更具有实际的参考意义。针对不同产品，平台在设计评价机制时会加入买家特征这一要素，比如护肤品这一类商品，天猫会鼓励买家在填写评价的同时，留下年龄与肤质情况说明；服装类的，会鼓励大家留下身高、体重信息，并且鼓励买家晒试穿照片等，潜在买家在搜寻商品时更容易对号入座，找到适合自己的商品。

增加卖家的销售回报

声誉机制可以将卖家的产品质量与诚信情况量化成多个指标，这些指标成为绝大多数买家做购买决策时的参考对象。假如淘宝上两个店铺卖一样的商品，一家店是皇冠卖家，而另一家则无冠无钻，你会怎么选？除了价格的因素，作为买家的你肯定会优先选择信用好的卖家。

平台可以通过设计搜索排名规则，令高声誉卖家的产品能够更大概率地被潜在买家搜索到，这样就可以达到主动激励卖家提供诚信服务的目的。淘宝的默认搜索排名由很多因素决定，主要包括动态评分、消费者保障服务、是否作弊、是否降权、宝贝点击列表、停留时间、旺旺平均第一响应时间等，这些因素或直接或间接地都与卖家的声誉有一定的关系，而且排名中有一类就是根据信用排名。另外，淘宝排序的算法每年都会有较大的变动，不断实现优化，令诚信的卖家能够得到更多的回报，从而激励卖家有更大的动力进行诚信经营。

声誉不仅能增加卖家的销售机会，而且可能提高卖家的产品销售价格。通常，买家愿意给诚信度高的卖家支付更高的价格，也即存在一定的"声誉溢价"。2016年，马云说阿里最骄傲的工作，是证明了诚信值多少钱。在交易的平台中，诚信能够折现对卖家来说意义重大，卖家会更有动力诚信地提供好产品和好服务。

综上，声誉通过增加卖家的销售机会，以及可能提高卖家的产品销售价格，同时促进声誉机制和诚信服务间的良性互动，增加卖家的销售回报。

增加平台的吸引力

声誉机制还能降低平台运营成本。为什么呢？首先，买家受欺诈的风险减少，买卖双方之间的纠纷就会减少，平台接收到的买家投诉比例会降低，从而平台这方面的管理成本会降低。其次，通过声誉机制，卖家之间能够形成公平的竞争，自发地往诚信交易的方向发展，平台对卖方资格的审查程序会更加简洁，且平台对卖方的监督由直接变为间接，即通过声誉机制来监督卖家。最后，对买卖双方不诚实行为的惩罚，通过声誉机制就可以自动实现，而无须平台投入过多的时间和精力用于惩罚买卖双方。

当平台的声誉机制能较好地发挥作用时，买家对平台会更加信任，黏性更高；当卖家在平台上慢慢建立起声誉时，也不会轻易放弃已有的声誉，所以会继续在平台中诚实地交易。平台双边的用户对平台的依赖性逐渐增加，当双边的客户群体趋于稳定时，该平台会吸引更多的人或企业加入该平台，不断走向繁荣。

减少政府不必要的干预

关于平台中买家与卖家之间的纠纷，关于是由政府行政部门出面管理还是由平台出面管理好，没有一个定论。但是根据现状，平台中的纠纷太多，较轻微的尽量在平台内部处理，而侵权较严重的，则需要行政部门出面，通过法律或行政手段解决。深圳市2013年年度投诉量排名前十的电商平台中，淘宝网涉及的"黑商家"最多，但调解成功率最低，仅为24.6%。

相对于探讨平台管理和行政管理的边界，声誉机制管理显然是一个更好且双方都能接受的方案。声誉机制的出现，减少了买卖双方的纠纷，同样能实现自动奖励和惩罚的功能，因此政府就没有必要过多地干预。这样一来，既节省了政府的管理成本，又更好地发挥了市场的作用，符合我国目前的市场管理理念。

平台声誉的操纵

正是由于声誉机制有着上述重要的作用，是很多参与在线交易的商家和个人就希望对声誉进行操纵，诱导消费者做出对自己有利的选择。

现实中，主要的对声誉进行操纵的手段可以分为两类，一是向第三方购买刷单、刷评、刷钻的服务，也包括收买平台管理人员删除用户提交的差评；二是通过红包或骚扰手段让买家给予好评或删除差评。

通过第三方来刷单和刷评

通过第三方来刷单或刷评是最常见的操纵声誉的手段。刷单，是通过虚假下单来提高商品的成交量；刷评，是安排人来对商品做出虚假评价。由于需求巨大，目前，刷单已经基本上成为一个"行业"了。该"行业"中，有具有刷单需求的店家，有专门负责汇聚需求的刷单平台，以及进行刷单的"刷手"，甚至还有负责送虚假包裹的公司。

2016年5月，阿里联手重庆市工商局查获一起巨额刷单案，涉案的刷单炒信平台名称为"蓝天店主网"，该平台运营5年，刷单流水金额达上亿元。平台老板杨某夫妇通过购买百度关键词、QQ群等推广方式公开招揽生意，为此付出的广告费高达每月上万元，截至案发日，已经有多个电商平台和数千卖家参与，累计参与的刷手达到18万人。为了躲过平台的监管，刷单的方式越来越高明，甚至可以以假乱真。卖家与刷手通过暗语沟通，比如"11522"，这就是要求刷手货比两家，每家停留1分钟，刷单卖家的主宝贝浏览5分钟，两个打掩护的宝贝各浏览2分钟，有的甚至还要"假聊"，不断逼近真实购物场景。对刷手来说，完成一单不到20分钟，6元左右的"工资"

就到手了。①

如今在淘宝搜索商品时，会出现比如"回头客爱买店铺""金钻买家爱买店铺"等字样，就催生了"老客户刷单"这样的应对方案。例如一网店老板，平时搜集好老客户QQ，新款上架的时候就邀请老客户来买，收货评价后再把钱全额退还。当然这样的刷单方式只适合单位成本较低的商品，损失几件商品的成本价，来换取更安全、更有效的声誉。

亚马逊同样存在虚假评价的问题，有一些人注册了各式各样的评价服务网站，在亚马逊上给商品写虚假评价，以此换取大堆免费或低价商品。曾有一位用户说，她用虚假评价换来了多种商品：自拍杆、瑜伽柱、护发坚果油、花色羊毛衫、蓝牙耳机等。她把这些东西都标记为"评价换购品"，并且为想注册评价服务网站的其他人提供推荐码。

亚马逊网站的公告是这样说的："亚马逊评价体系的唯一漏洞，就是当出现实体商品是以免费或折扣价提供给消费者这一情况的时候。出现这种情况时，作为商家，如果你以特定的评价作为交换条件，给消费者提供免费或打折的商品，你就必须明白，你将得到的反馈既会有积极的，也会有消极的。而作为消费者，如果你以写虚假评价换到免费或折扣商品，你必须做的，就是大胆地揭发这个内幕。"当然，有一些评价服务公司会把消费者写

---

① 相关报道：凤凰财经，《阿里联手工商破获重庆亿元刷单案》。相关链接：http://finance.ifeng.com/a/20160530/14441044_0.shtml。

下的差评删掉，只保留好的评价。

平台针对层出不穷的刷单方式，会对评价体系做出更多元化、防造假的升级改造，不过，这同样会促使刷单方式不断推陈出新，平台与刷单者们之间的博弈似乎是无穷无尽的。对于卖家而言，刷单有的时候只是被动的行为，一家店主表示"刷单可能会死，但不刷只有等死"，在大家都刷单的情况下，不刷单就会在淘宝海量的商品中消失殆尽。好好做生意的人比不过低成本刷来的钻，不刷钻就成了下策，刷钻在卖家之间逐渐演化成无穷无尽的军备竞赛，如何打破这一格局，正是平台声誉机制需要解决的问题。

卖家诱惑买家提供虚假评价

目前，绝大多数平台在涉及声誉机制这一环节的措施力度都较弱，尤其是对消费者参与评价的激励普遍很低。一般是以经验值、积分等形式发放，比如淘宝的评价与买家的等级息息相关，目前淘宝的规则是给出一定数量的有效评价，才能实现信用升级，有效评价是指，买家评价后得到卖家给出回评才能生效。所以，买家给出评价能获得的直接效用并不高。另一方面，买家给出真实评价能获得一些间接效用，比如说，助人为乐的快乐、分享的快乐，以及与淘友之间的社交等。整体来说，淘宝上有一大批买家购物之后并不会留下任何评价，而是任由系统默认给出好评。

卖家面临评价不足，尤其是翔实评价不足的情形，可能会带来后续生意规模扩大的瓶颈。所以卖家会倾向于自己给买家一定的好评激励，以得到更多积极、翔实的评价，进而吸引更多的潜在用户。

例如在淘宝、天猫等平台上，经常有卖家主动给买家好评激励。这些好评激励或者明目张胆地出现在商品介绍里，一方面作为一种潜在折扣激励潜在买家购买，另一方面作为好评激励能够激发买家事后给出好评；又或者在寄出商品时附带一张好评激励说明，绕过平台的监管，在买家拿到商品的第一时间，让他得知好评激励的规则。

同时，好评激励的具体形式也是多种多样。首先，卖家会设立一定的条件，比如说五星好评、带图好评、10字以上好评等，无外乎是想通过好评激励获得积极、翔实的买家评价。其次，好评激励给出的方式也有多种，比如店铺优惠券或者直接通过支付宝或微信的形式进行现金转账等。

虽然卖家给出的激励会引导买家给出好评，从而给单个卖家带来福利，但是虚假好评以及卖家之间"不得已"的虚假好评竞争，从一定程度上，会降低整个平台评价体系的有效性。所以卖家的好评激励对于平台来说，并非是一件好事。

平台的声誉管理模式

这里需要更加清楚地定义声誉。声誉并非单纯取决于指商品质量好坏。一个平台建立声誉机制,并不一定是想达到所有卖家都提供高质量商品的目的,这取决于平台的定位。如果是专门做高品质这一块市场的平台,声誉机制则会更关注质量;而一些超大规模的平台往往是对所有人开放的,所以在商品优质和商品多样化二者中需要维持平衡。声誉更倾向于指卖家的诚信程度,诚信指的是卖家提供的商品和所定的价格是相匹配的,或者说买家收到的商品和卖家提供的商品描述是相匹配的。在各大电商平台实践过程中,会将声誉细化成更多的指标,比如购买的商品与描述相符程度、卖家服务、物流等,除了一些可量化的指标,还有无固定格式的评价,给了买家较多自由发挥的空间。

在面临平台声誉真实性不断遭到质疑的情况下,来看看各大平台是怎么进行声誉管理的。下面就以 eBay、亚马逊、京东和淘宝四大平台的典型的声誉管理模式为例进行解析。

eBay 的模式

当买家在 eBay 完成一项交易时,它可以选择留下积极的、消极的或者中立的评价分数,或者什么评价都不留。大约有 65% 的买家会留下评价,eBay 会利用这些信息为买家提供一些可以观察的卖家的声誉测度。第一是好评率（pp），即卖家收到的好评数占所有评价数的比例；第二是评价分数，好评数减去差评数，得出这样一个数值；第三是一种标记，将卖家认证为"eBay顶级卖家"（etrs）。当买家浏览一件商品时，这些指标都会起作用。

图6–1和图6–2是两张eBay网页上的截图，我们可以看到，网页右边就是卖家声誉的指标，第一个卖家的好评率是96.9%，评价分数是317；第二个卖家的好评率是99.5%，评价分数是44949，并且被认证为"top rated plus"，也就是"eBay顶级卖家"。

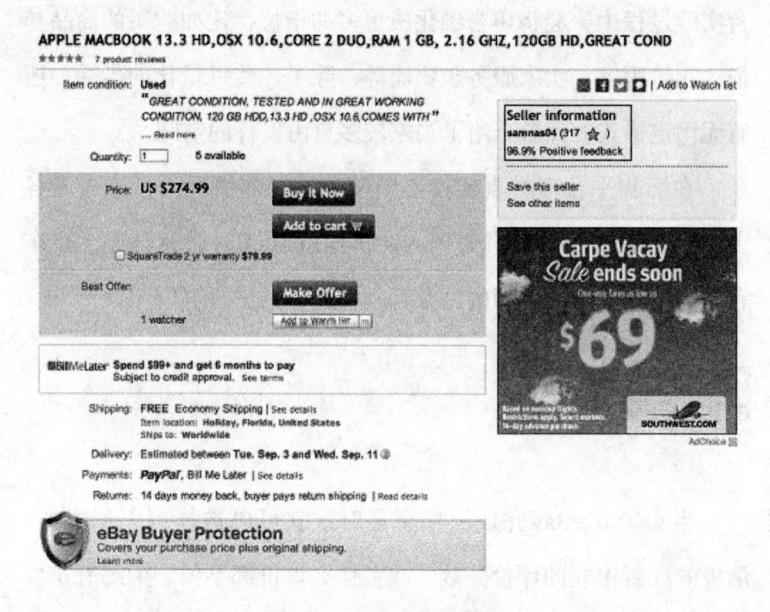

图6–1　eBay商品案例1

图6-2 eBay商品案例2

eBay在2008年以前采取买家和卖家双向评价模式，后来为了防止出现卖家因收到差评而报复买家的现象，改成了买家单向评价的模式，以保障评价的真实性。

亚马逊的模式

亚马逊采用的评价模式是"再评价已有评价"的模式，以此来衡量评价的有用性。图6-3是亚马逊一款产品排名第一的评价，该评价被置顶的原因就是有15684个人发现此评论有用，而且还有196个人回应。点评"评论"是否有用是更便捷的功能，而当买家较有心时，可以对评价进行"回应"，也就是对评价再评价,这相比点击是否有用,信息量会更充分一些。进一步地说,这两个功能都是节省时间的捷径,这样对于时间充裕和时间紧张的人,提供了不同的评价模式,时间充裕的人可以选择详细写评价,时间紧张的人可以对已有评价进行再评价;并且能够因此帮助其他潜在买家识别评论的真实性和有用性,可谓一举两得。

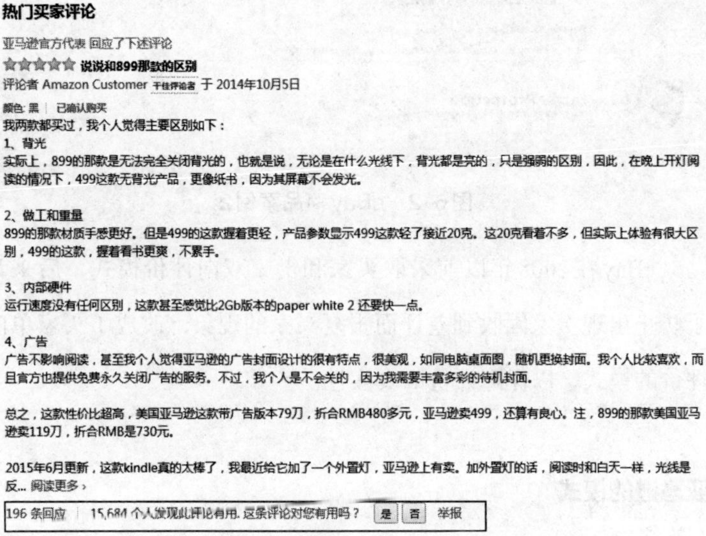

图6-3 亚马逊某款产品排名第一的评价

点出"所有评价"后的页面如图6-4所示,首先会有等级分布柱状图,接下来分别是"最有帮助的好评"和"最有帮助的差评",再下面就是所有的评价,人们可以选择不同的排序依据和筛选依据,更快速地找到对自己有用的评价。

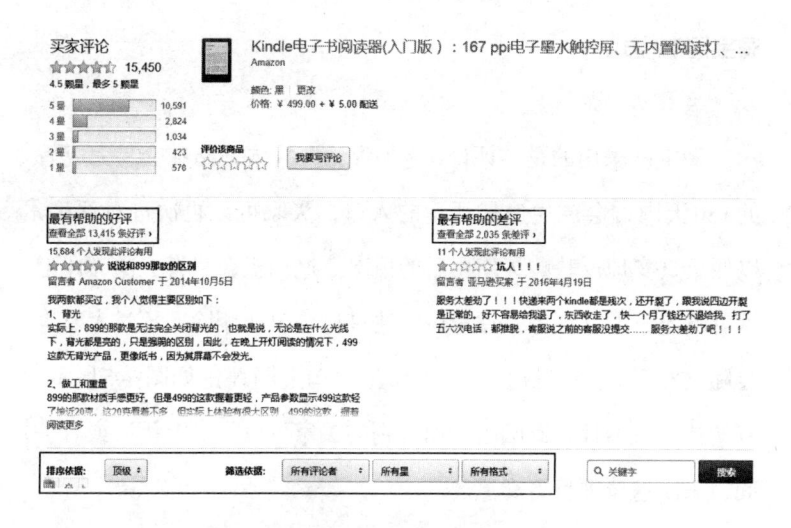

图6-4　亚马逊某款产品的评价详情

另外亚马逊将商品所获评论与商家所获评价分开：针对商品，有着图文评论功能，且评论可修改，同时还开设用户论坛，使用户可针对商品进行分享讨论；对于商家，亚马逊采用投诉建议的模式，用户可直接将内容反馈至亚马逊。

2015年6月，亚马逊对美国用户评价系统做出重大变革，利用亚马逊自身研发的机器学习平台，将新评价、有用的评价置顶。这一机器学习平台能够辨识出哪些评价对用户是最有用的，比如说会给新评论、认证评价、被顶评价以更高的权重。

不过亚马逊只允许买家评价卖家，卖家无法评价买家。

第六章　网络声誉机制　|141

淘宝网的模式

淘宝网采用的是"评论+追加评论"模式,指在交易完成后的180天内,会产生追加评论的入口,买家可以再次进行评论,以便更真实地反映购买使用后的情况。追加机会只有一次,评论不影响卖家的好评率,评论后无法进行修改或删除,不过卖家也会随之多一次解释机会。一个典型的淘宝网评论如图6–5所示,有初评,有追评,有晒图,而且别的买家可以点"有用"或者提问,来跟这位评价者交流。

图6–5 淘宝网某款产品的评价之一

淘宝网买家的评价按照一定的规则排序呈现出来。评价排序的权重主要有以下几个维度:评论内容的丰富程度,比如评论的字数、是否为追评、是否带图、评论内容越丰富的会越靠前;评论者的信誉等级,即买家的等级,等级越高者的评价越可信,就会排名越靠前;评论时间,时间越接近于当天,会越靠前;评论是否为广告、是否是作弊行为，这是扣分项。根据这么几个维度，以一定的量化模型，最终得出评论的呈现排序。

另外，淘宝网具有独特的声誉显示机制。(1)卖家信用评价。淘宝网会员在使用支付宝服务成功完成每一笔交易后的15天内，双方均有权对与对方交易的情况进行评价。淘宝网会对会员的评价进行积分累积，并在网页上显示。卖家根据累积的评价积分，获取的信用度从低到高分为心、钻石、皇冠等20个级别。(2)卖家店铺评分。在使用支付宝交易成功后的15天内，买家可以对本次交易的卖家店铺就"宝贝与描述相符""卖家服务态度""卖家发货速度""物流公司服务"4项内容对卖家进行店铺评分。(3)对恶意炒作信用的信息披露：为了防止交易一方或双方虚构交易事实或实施其他足以影响他人"会员积累信用"的行为，淘宝网对恶意炒作信用的行为依据情节的轻重程度进行30~90天的"公示警告"处罚。

卖家信用评价、店铺评分和相关处罚措施三个方面作为公共信息在交易的网页公布，成为一种公共知识。同时网络平台提供了高效率的信息传递机制，能够及时揭露各种欺骗和不诚信行为。[①]

淘宝网的评价体系也给了卖家一定的保护，淘宝网卖家可以对不合理评价进行举报，包括买家胁迫、同行或第三方诈骗、不合理要求、泄露信息或辱骂5种情形。

---

① 钱炳.声誉、重复博弈与双边市场合作均衡——以淘宝在线交易平台企业为例[J].电子科技大学学报(社会科学版), 2010(4):23-26.

从2015年11月开始，淘宝网会自动筛选一批评论显示出来，而筛选的依据就是评论的翔实程度和可参照程度。

京东的模式

京东一个典型的商品评价如图6-6所示，这些评价都会成为潜在买家做购买决策时的参照，重要的量化指标有好评率、评价总数、好评数、差评数，以及买家印象这些描述性指标，也有一些买家会详细翻看下面具体的评价。

图6-6　京东某款产品的评价详情

京东商城而对于店铺的评分，绝大部分的影响来自客户评价，也结合了一部分京东对店铺的运营指标的考核，具体店铺综合评分的构成如表6-1所示。

表6-1 京东商城店铺综合评分的构成

综合 （1项）	方面 （3项）	商家指标（12项）			商家 数据 说明
:::	:::	指标名称	指标 属性	商家单项指标数据来源及 内容说明	:::
店铺综合评分	商品评分	商品质量满意度	客户评价	订单完成后的《商品评价》问卷，根据客户评价结果赋分	越高越好
		商品描述满意度	客户评价	订单完成后的《满意度评价》问卷之"商品描述相符"一项，根据客户评价结果赋分	越高越好
		退换货/返修率	运营指标	退换货及返修的服务单量/已完成订单的商品件数	越低越好
	服务评分	卖家服务态度满意度	客户评价	订单完成后的《满意度评价》问卷之"卖家服务态度"一项，根据客户评价结果赋分	越高越好
		配送人员态度满意度	客户评价	订单完成后的《满意度评价》问卷之"配送人员态度"一项，根据客户评价结果赋分	越高越好
		退换货处理满意度	客户评价	退换货/返修服务单完成后的《京东商城售后服务满意度调查》问卷，根据客户评价结果赋分	越高越好
		在线客服满意度	客户评价	客户进行在线咨询后对客服服务满意度的评价，根据客户评价结果赋分	越高越好
		工单回复率	运营指标	工单回复率=1－（3H超时量/工单量）	越高越好

第六章 网络声誉机制 | 145

（续表）

综合 （1项）	方面 （3项）	商家指标（12项）			
^	^	指标名称	指标属性	商家单项指标数据来源及内容说明	商家数据说明
店铺综合评分	时效评分	物流速度满意度	客户评价	订单完成后的《满意度评价》问卷之"物流发货速度"一项，根据客户评价结果赋分	越高越好
^	^	发货及时率	运营指标	订单发货和揽件及时率：24小时内订单出库及时率和48小时内订单揽件及时率	越高越好
^	^	退换货处理时长	运营指标	售后服务单处理时间：操作收货至给出相应处理意见（如退款、原返、换新、线下换新等）之间的处理时长（小时）	越短越好
^	^	在线客服响应时长	运营指标	已接待在线会话中的客服响应时间：客服第一条人工发送的有效消息时间与顾客接入咨询时间之间的店铺差值（秒）	越短越好

①店铺综合评分＝（商品评分+服务评分+时效评分）/3
②12个指标→3个方面→1个综合，由指标到综合每一层通过加权汇总得到上一级的得分

资料来源：电商学院

平台声誉机制的改进

前文提到，平台声誉机制的目的在于通过声誉机制，提高买卖双方之间的信息完全程度，约束卖家的机会主义行为，避免买卖双方交易过程中出现道德风险或者逆向选择的问题，从而使平台的交易能够有序进行下去。而平台声誉机制要想真正发挥作用，必须要有买家积极参与给出真实且翔实的评价，真实的评价可以反映卖家的诚信程度，而翔实的评价则能更完全地将关于卖家的信息公开化、透明化。所以，平台设计的声誉机制需要满足两方面的要求。一方面，对于卖家而言，平台的声誉机制能够激励卖家参与其中，且诚实行为的收益高于机会主义行为的收益；另一方面，对于买家而言，平台的声誉机制能够吸引买家参与到评价中来，并且能够激励他们给出更加真实、翔实的评价。

由平台激励买家做出评价

声誉机制要起作用，就一定要使买家参与到评价中来，并且要说实话。在前面提到，由卖家给出评价激励，容易使评价有偏，解决方案可以是平台自身给出激励。

除了目前现有的积分、信用积累等形式，可以令激励的形式更加有趣或直观一些，使买家能从其中获得真正的收益。而且需要根据买家给出评价的翔实、有效程度给出不同的激励。比如说，带上买家秀的评价、多少字以上的评价能够获得额外的激励等。从另一方面来说，声誉机制的设计，要强化买家购物时的分享动机，可以试着建立买家社区，增强买家之间的互动和联系。

监控卖家声誉操纵行为

首先，平台的声誉机制需要鼓励卖家诚信经营和公平竞争。要让诚信经营的卖家的收益高于投机者。一方面增强对诚信卖家的激励，通过搜索排序、推荐、信用升级等方式给予诚信卖家激励，令它们能够享受到遵守声誉机制带来的益处；另一方面，要增加投机行为的成本。

卖家的投机行为，可能是针对买家的，比如说商品描述与实际相差甚远，篡改买家评价等；可能是针对卖家竞争对手的，比如说恶意抹黑对手；也可能是针对平台声誉机制的，比如说刷单，破坏整个声誉系统的同时，也间接伤害了其他卖家的利益。任何试图绕过甚至破坏声誉系统的行为，都应该付出相应的成本。比如说，通过技术手段，加强对刷单的防范，并且设置规则，一旦发现刷单，则给出严厉的惩罚。对于卖家抹黑其他卖家的行为，一旦发现，更需严惩，因为它完全破坏了公平竞争的秩序。

完善买家的评价管理

从本质上来说，评价是买家与买家之间的信息共享，以达到激励和约束卖家的目的。所以如何把评价中的信息呈现出来，以及如何实现共享是颇为关键的一步。比如说所有的评价怎么进行排序，这个可能要综合考虑评价日期、买家信用级别、买家评价翔实程度等；而到底呈现多久以来的评价，淘宝网对店铺的评分取近6个月以来的算术平均值，也即半年以前的评分数据将没有用处，这样就让卖家有源源不断的动力提供诚信服务。

除了让买家自发参考评分做出购买决策，平台也可以运用搜索排序、推荐等方式主动为声誉良好的卖家提供更多的交易机会。这就需要将评价中包含的信息反馈到买家的搜寻结果上，一方面激励卖家诚信经营，另一方面能让买家更快速有效地找到满意的商品和服务。

如何在评价体系中平衡买卖双方的利益诉求？在单向评价的体系下，卖家弱势地位比较明显。以致有淘宝卖家吐槽，"多送了一个发夹都要给差评"，可见有些买家给出评价的时候并不诚实，甚至还有恶意给差评以敲诈买家的可能性。所以应该允许卖家对买家的评价做出申诉，给予卖家一定的解释权。

引入第三方声誉平台

平台可以引入第三方声誉产品，以作辅助。比如大众点评、豆瓣或者知乎等一些社区常常会有对某些商品或服务的评价，平台可以试着接入这些评价数据。

声誉究竟是第三方来做更合适还是平台自身来做更合适？第三方做的缺点是，评价的门槛没有限制，可能会降低虚假评价的门槛，比如，在豆瓣制作电影的虚假评论很容易，因为只要是豆瓣用户，而不需要用户真的消费了某部电影，就可以评价。但是在淘宝等电子商务平台，必须是已经购买的买家才有资格评价。

而且在实践中，平台并不倾向于接入第三方声誉网站的数据，而是希望自己做得更全面。猫眼电影建立了自己的声誉系统，似乎比豆瓣更加容易。不过豆瓣的优势在于，它更强化分享和社交的功能。猫眼电影的评价更像是一种简单的消费感受，豆瓣的影评相对来说深入且篇幅较长。而且豆瓣作为第三方评价网站，已经开始涉足交易方面的业务。因而，从目前来看，平台与平台之间似乎并不倾向于合作，而是希望将声誉和平台集于一身。

比如说前几年很火的导购网站返利网、美丽说、蘑菇街等，它们一开始的模式是通过分享、比价或者分门别类的方式推荐商品，但是购买链接完全接入淘宝网，最终遭到了淘宝网的抵触。平台之所以不愿意第三方来涉足声誉的部分，究其原因，还是担心流量入口被他方控制，丧失主动权。

所以，声誉肯定不能完全交给第三方来做，但是可以将第三方现成的内容直接引用到平台中来，或者可以借鉴它们的声誉管理模式。

本章小结

平台的特殊性凸显了声誉机制的重要性，而且平台中的声誉机制形成方式特殊，与传统交易声誉由重复博弈形成不同，多边市场当中的声誉机制是以信息的反馈和传导为主。一个好的声誉机制会让买方、卖方、平台及政府都从中受益。

但是当前大多数平台都面临声誉真实性遭质疑这一问题，卖家和买家都可能利用声誉机制的漏洞为自己谋利，同时也导致诱骗买家的结果，这是平台的声誉机制面临的主要问题。目前主要有4种声誉管理模式，书中分别以eBay、亚马逊、淘宝网和京东商城为代表展开介绍。我们对目前存在的问题提出了三点改进意见，一是由平台来激励买家做出评价，二是要加强对卖家的管理和对买家评价的管理，三是是可以尝试和第三方声誉平台合作。

第七章

大数据的智能监控

大数据时代，我们都在裸奔！

从个人隐私的角度来说，这是件坏事；但从平台治理的角度来看，这是件好事！

因为，不仅好人在裸奔，坏人也在裸奔！而且，坏人还带着标签在裸奔。

用户画像与精准营销

大数据在交易平台上的一个重要运用是对客户进行精准画像，以锁定目标客户。

小张是个骑行爱好者，曾经在某购物平台购买过骑行眼镜、背包和头盔等产品，现在小张每次打开该购物平台，相关骑行产品总是出现在最显眼的位置。而且，这些推荐的产品仿佛就是为小张量身定做的，无论在价格、质量还是产品特性等方面都很适合小张。这正是该平台通过收集小张的个人基本信息、历史搜索情况及消费记录等海量数据，利用数据挖掘、机器学习等手段对海量数据进行分析归纳，进而构建小张所特有的用户画像，推荐最适合小张的产品的结果。

与之类似，陈先生刚退休，想用自己多年的积蓄购买某理财平台的理财产品，这样每个月都能获得一定的收益。但是陈先生在填完某高收益产品的申购资料后，系统提示陈先生无法购买此类产品，建议陈先生选择另外一些理财产品。陈先生一开始很困惑，在咨询过客服人员后才知道，原来陈先生在注册成为该平台用户的过程中，按要求做了在线测评，该测评会利用大数据技术、机器学习、人工智能技术等对陈先生的风险能力进行评估，并根据陈先生之后的投资行为进行动态更新。测评结果显示，陈先生属于保守型投资者，虽然陈先生想购买的产品收益高，但是风险也较高，不适合陈先生，于是系统自动给陈先生推荐了另外几款适合的理财产品。

以上的两个例子都是用户画像与精准营销的具体体现。所谓的用户画像，就是将目标用户的特征以数字的方式进行具体化。"交互设计之父"艾伦·库珀（Alan Cooper, 2004）首次提出了用户画像的含义："Personas are a concrete representation of target users."（用户画像就是把目标受众的具体特征描绘出来。）

用户画像基于用户日常产生的大规模数据来分析了解用户，并根据用户的不同性格、习惯和目标将他们分为不同类型。每个用户画像都有自己的特殊标签，比如这段描述：女，未婚，月收入6000元以上，爱好旅游、看韩剧，团购达人，喜欢购买各种化妆品和护肤品等。

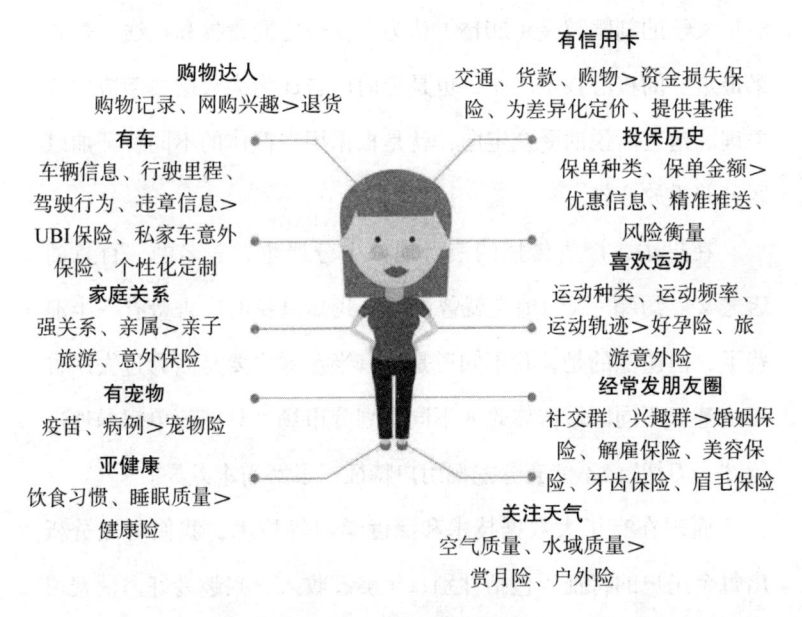

购物达人
购物记录、网购兴趣>退货

有车
车辆信息、行驶里程、驾驶行为、违章信息>UBI保险、私家车意外保险、个性化定制

家庭关系
强关系、亲属>亲子旅游、意外保险

有宠物
疫苗、病例>宠物险

亚健康
饮食习惯、睡眠质量>健康险

有信用卡
交通、货款、购物>资金损失保险、为差异化定价、提供基准

投保历史
保单种类、保单金额>优惠信息、精准推送、风险衡量

喜欢运动
运动种类、运动频率、运动轨迹>好孕险、旅游意外险

经常发朋友圈
社交群、兴趣群>婚姻保险、解雇保险、美容保险、牙齿保险、眉毛保险

关注天气
空气质量、水域质量>赏月险、户外险

图7-1　用户画像举例

图片来源：族谱科技

用户画像和揭示偏好还能指导产品的研发，促进业务的扩展。平台可以根据用户的信息反馈分析出用户的具体偏好，从而生产出用户最需要的产品，改善用户体验。尤其是在新产品生产初期，市场反馈情况还是个未知数时，产品对用户画像和偏好的

揭示程度将决定着产品上市后的受欢迎程度。在产品（或服务）的销售过程中，用户画像将帮助平台改善产品运营，优化与用户交互的流程与体验，提升已有用户的平台黏性和交易转化率。

对用户进行精准画像，不仅有助于在买卖双方之间精准匹配和定价，对于企业来说，也是进行精准广告投放的重要前提。清华大学的刘鹏教授（2015）认为，受众定向是提高在线广告效果最重要的核心技术之一，也是定向广告成为大数据典型应用的关键。这里所说的受众定向，就是根据用户群体的不同特征加以区分并投放广告。

在过去，广告传播的浪费现象十分严重，著名的"百货商店之父"约翰·沃纳梅克就曾说过：我知道我的广告费有一半浪费了，但遗憾的是，我不知道是哪一半。这主要是因为过去广告无法基于不同区域群体收入不同来划分市场，只能简单粗暴地进行"一刀切"，不能充分挖掘用户特征，了解需求差异。

而现在有了大数据技术和深度学习等技术，我们可以分析出每个用户的特征，包括性别、年龄、收入、兴趣爱好、消费习惯以及信用情况等，进行用户画像，精准投放广告，对用户群体进行更准确的细分从而进行差异化定价，在减少广告骚扰程度的同时又能较大程度地提高用户对产品的回访程度。

2015年1月25日，微信朋友圈中出现了第一批广告，这次投放的广告有宝马中国、vivo智能手机和可口可乐。跟传统广告不同的是，不同的微信用户看到的广告可能是不一样的：据说能看到宝马广告的是土豪，看到vivo广告的是中产阶层，而草根只能看到可口可乐广告。大家开玩笑般地把各自看到的广告晒在朋友圈中，或炫耀自己被"土豪"了一回，或吐槽自己回到了"草根"一组。

图7-2　微信朋友圈广告截图

这种精准广告的投放技术使得视频网站比传统电视媒体更具竞争力。看电视时，让观众非常不满意的就是插播的广告太多。40多分钟一集的电视剧可以插播5分多钟的广告，这非常影响用户体验，以致用户一看到广告就换台，这也导致广告也无法发挥营销作用。而网络视频可以借助大数据来对广告进行精准投放，避免了电视广告"一刀切"的做法。

视频网站通过收集用户的ID、网页浏览记录、点击视频记录、页面停留时间等海量信息，获取不同用户的观看和反馈情况，刻画不同个体的行为特征，并进行广告的精准投放。根据视频的点击率、评论分析次数和平均停留时间等指标，网站可以更好地评估具体视频的受欢迎程度，并加以调整和完善。比如对比较火爆的视频节目，平台可以通过大数据分析受众群体特征和喜好，提供更有针对性的广告。根据用户的Cookie数据（存储数据），网站可以将用户群体分为初级用户、中级用户和深度用户等不同类型，进而采取不同的营销策略。比如深度用户更看重平台的知名度，那么视频网站可以通过加强品牌建设，提高品牌知名度来增加其用户留存率，而初级用户更在乎内容的丰富程度，网站则可以给这类群体推荐差异化的视频产品。

这方面的典型就是世界最大的视频网站YouTube。YouTube的视频广告处理得比较睿智，它采用一种叫"TrueView"的政策，广告播放5秒之后用户可以选择跳过这段广告，只有当广告观看时间超过30秒时才会向广告主收费。"TrueView"策略的好处在于：首先，只有感兴趣的潜在用户才会把整段广告视频看完，所以它能更好地帮助平台判断出哪类用户是广告主的目标群体，并通过收集用户过往的浏览记录和偏好，有针对性地投放恰当的广告；其次，"TrueView"的收费方式确保了广告播放效率的最大化，促使广告制作精细化。最后由于YouTube能给用户带来更好的观感体验，带来更多的流量，进而有更多的广告主愿意在视频平台上投放广告，广告收入的增加又进一步提升了YouTube用户的体验，形成良性循环。

信息反馈与声誉管理

大数据时代，个体的信息反馈更加受重视。个人的意见不再被忽略,而是作为其中一个信息被汇总,从而影响最终的决策。这方面有一个相当有意思的例子,在合理地综合分析个体的反馈信息的情况下,使用社交网络平台的大数据来预测总统大选结果将越来越准确。在2016年美国大选正式拉开帷幕的前两周,印度新创公司Genic.ai开发的AI系统就已经预测到特朗普将入主白宫了。尽管美国各大新闻媒体都不看好特朗普,都认为希拉里将赢得胜利,然而最终的结果却让人大跌眼镜,选举结果与AI系统的预测吻合。Genic.ai开发的这套AI系统诞生于2004年,在此之前它已经三次成功地预测出美国总统大选结果。那么AI系统是如何做到精准预测的呢?据了解,AI系统本次从推特、谷歌以及脸书等网络平台上收集了超过2000万条数据,通过建立预测模型,分析用户发言点赞数、评论数及感情色彩等,给出本次"驴象之争"的预测结果,并动态更新预测情况。随着大选的临近,AI系统收集到的数据也越来越多,预测结果也更加准确可信。

不仅是美国大选,平台也需要基于大数据技术,才能更好地了解用户的需求,为用户带来更好的体验。大数据时代的到来也使得媒体有了新的创新。在BAT(百度、阿里、腾讯)时代到来之后,国内很难再有一家新平台的用户数量能超过1亿。然而"今日头条"从成立开始,用了不到4年时间就成功创造了历史。今日头条于2012年3月创建,在2012年8月发布了第一个版本,到2016年10月,今日头条已经有6亿用户,其中日活跃用户数量已经超过6600万，月活跃用户数量达到了1.4亿，单个用户的日均使用时长仅次于微信，达到76分钟以上。①2016年11月，根据小米应用商店发布的2016年第三季度报告，在该季度的新闻资讯类行业中，今日头条的下载量排名第一，已经超过汽车之家、腾讯新闻等应用。②

今日头条是一家没有专职记者的公司，作为新闻的"搬运工"，它为什么能迅速成为一家现象级公司，深受用户喜爱呢？

图7-3 今日头条之"你关心的才是头条"

在信息大爆炸的时代，读者每天都因被各种各样的信息包围而眼花缭乱，如何从中选择自己关心的新闻信息显然成为一件很头疼的事情。今日头条的创始人张一鸣正是看到了这个矛盾，并发现其中的商机，只为读者提供他们感兴趣的个性化新闻。当你通过使用QQ、新浪微博等社交网络账号登录时，它能基于你

---

① 它不生产一条新闻，却让6亿中国人看新闻只用今日头条[EB/OL].搜狐.[2017-07-14].http://mt.sohu.com/20161128/n474373357.shtml.
② 今日头条成小米商店下载最多新闻资讯App[EB/OL].环球网财经频道.[2017-07-14].http://finance.huanqiu.com/roll/2016-11/9731727.html.

在社交网络的历史数据,通过算法模型在5秒内自动读出你的兴趣,并且这个模型能及时更新。你越使用今日头条,它就越能懂得你的需求,从而更加精准地为你推荐你可能感兴趣的阅读内容。

今日头条的成功很快吸引了其他的效仿者,战事不断升级。包括百度、阿里、腾讯和新浪等互联网巨头,都纷纷布局原创内容并争夺内容分发市场。以腾讯为例,在2016年3月推出100%广告分成、2亿元补贴的"芒种计划"之后,于2017年2月又发布了12亿元扶持力度的"芒种计划2.0",为优质和原创内容助力。在"芒种计划"的强力扶持下,企鹅媒体平台迎来了飞速的发展,根据腾讯公司副总裁黄海的介绍,2016年,企鹅号数量由开始的1.3万个增长至20万个;平台内容品类从140个增长到2000个,短视频播放量也从0.78亿增加到了20亿。[①]在精细化推荐方面,2017年5月更新的微信版本也推出了"看一看"新功能,该功能通过大数据技术为微信用户提供定制化信息服务。与今日头条类似,"看一看"也是基于内容分发机制,既可以让用户阅读热点话题以及浏览好友曾经读过的内容,又可以根据用户的偏好推荐个性化新闻,从而提升用户黏性,抢占信息流市场。

大数据分析预测的发展正在催生经济新趋势——信誉经济的崛起。在信誉经济下,个人数据能够以惊人的速度和准确度被

---

① 腾讯芒种计划2.0来了,对内容市场会造成什么影响? [EB/OL].黑马网.[2017-07-14].http://www.iheima.com/promote/2017/0302/161628.shtml.

聚合并加以分析，对企业和个人，数字信誉正成为比金钱价值更高的资产（迈克尔·费蒂克等，2016）。由于平台的声誉风险具有更大的影响力和破坏力，如何更快速有效地处理好声誉风险成为平台无法避免的难题。目前，包括阿里、京东在内的很多平台已经可以通过大数据技术对可能出现的风险进行识别并加以防范，进而化解声誉风险。

在2016年"3·15"晚会上，网上购物平台的商家刷单行为被再次呈现在观众面前。由于存在着信息不对称，网店比消费者更了解自己所售商品的好坏，消费者只有根据网店的信誉星级、描述得分、服务得分、成交量以及图文评价信息等来决定要不要购买商品。但是即使是网上，这些公开的数据也存在着很多造假行为，根据央视记者的调查，店主只需要花一些佣金，就能让"刷客"在短时间内伪造大量的购物行为，并给出好评，从而迅速提升店铺信誉等级。这些刷单行为从交易前的聊天到购买后的物流信息，以及收货后的晒图评价等，都能做到跟真实的购物流程一模一样。刷单行为使得网购平台假冒伪劣产品不断涌现，恶化了店铺之间的竞争，降低了网购平台的信誉，不利于网络平台的健康发展。对于刷单行为，京东则通过先进的大数据技术构建有效的反刷单系统，给予刷单者强有力的打击，保护消费者利益。根据京东的有关资料显示，京东识别刷单行为的准确率能达到99%。该系统利用订单、产品、物流和客户等200多个维度的大数据，通过计算各个维度的特征值就能准确地查到恶意刷单的行为。[1]

在网购平台上不仅存在刷单行为,还存在恶意差评的现象。职业差评师这一职业正是随着淘宝等网上购物平台快速发展而出现的,他们通过给平台上的店主恶意差评,以此来达到敲诈勒索的目的。有的卖家为了维护自身的口碑和声誉,只能选择妥协。目前恶意差评已经形成了一条黑色产业链,给卖家的经营带来了严重的损害。

阿里巴巴对于猖狂的恶意差评现象已经开始行动。阿里巴巴通过"消费者诚信数据模型"从消费行为当中准确区分不同的消费者。消费者在平台上的所有消费行为都会被记录下来,消费者消费的次数越多,算法模型就越精确。基于消费者诚信大数据的积累,这些职业差评师一旦被模型发现,就会被永久封号。同时"消费者诚信数据模型"还能构建ID之间的联系,换个账号重新恶评的现象能及时被发现并给予处理。为了更好地维护卖家利益,不仅恶意差评师该次恶意评价会被删除,以往的差评也会同时被清理。"消费者诚信数据模型"效果显著,根据阿里巴巴在2015年7月公布的国内第一份"电商职业差评师报告"结果,使用该模型之后,平均每周在淘宝和天猫发现的恶意差评高达

---

[1] 人肉刷单比机器刷单更坑,京东用大数据捉妖[N/OL].证券日报.[2017-07-14].http://www.wdzj.com/news/hydongtai/27190.html.

15万条。[1] 如果恶意差评现象特别严重，阿里巴巴可能会追究其违法行为的法律责任。据了解，之前就有多名淘宝恶意差评师受到法律的严惩。浙江省杭州市上城区人民法院于2013年7月3日对杨某等12名差评师做出判决，主犯杨某因敲诈勒索被判处有期徒刑两年，其他被告被判有期徒刑10个月至14个月不等的有期徒刑。[2]

防范交易风险

防范包括欺诈在内的各类交易风险是平台治理的关键，对于一些网贷平台来说，更是关键之关键。在平台治理过程中，如何有效识别并规避风险是个极其重要的问题。大数据的一个重要特征是数据种类丰富，有大量以文本形式存在的结构化数据，也有以图片、音频和视频等方式存在的非结构化数据，并且非结构化数据的数量是结构化数据的4倍左右。借助丰富的数据资源，平台能更好地挖掘数据，发现之前不易监测或者较难发现的风险，有效地维护消费者和平台的权益。

以下是一个蚂蚁金服利用大数据风控技术所斩获的"惊心

---

[1] 暗藏职业差评师已形成黑色产业链[N/OL].上海证券报.[2017-07-14].http://money.163.com/15/0724/02/AV8LKN7900253B0H.html.
[2] 全国首例恶意差评师案判决：主犯被判两年刑[N/OL].南方周末.[2017-07-14]. http://finance.ifeng.com/a/20130705/10081048_0.shtml.

动魄"的风险阻截案例。2016年10月8日上午10点，上海某市民曾收到中奖短信，短信显示要先注册才能领取大奖。该市民以为是真的，欣喜若狂，就按短信的提示将个人的基本信息，包括姓名、手机号、身份证号等一股脑儿填了上去。上午11点左右，蚂蚁金服后台显示该市民在北京登录了支付宝账户，并购买了iPhone 6S手机，花了约5000元。蚂蚁金服立刻就把这项交易拦截了，并暂时限制了支付功能。蚂蚁金服随后就联系到了本人，确认该市民当天没有离开上海，登录及消费行为不是本人做出的。后来得知这是骗子利用伪基站给该市民发送短信，市民一旦输入自身信息，骗子就能立刻利用这些信息登录该市民的支付宝账号进行冒用消费支付。

那么蚂蚁金服是怎么知道该笔交易是骗子行为的呢？

实际上，这是大数据的功劳。蚂蚁金服借助平台积累的用户数据，开发了"风控机器人"，对用户从登录支付宝账号到完成购买进行全程监控。机器人根据该市民以往的购物习惯及登录地点，发现该市民平时主要购买一些日常生活用品及服装，并没有购买大额电子产品的历史记录，并且1个小时的时间从上海到北京也是不可能的。基于上述的理由，风控机器人判断该市民在北京购买iPhone 6S的行为是不可能的，属于交易异常并及时进行了交易拦截。根据蚂蚁金服的介绍，支付宝的风险控制能力能达到百万分之一，这比被闪电击中的概率还要低。2017年1月，蚂蚁金服与同济大学等机构共同研发的风控技术获得了国家科学术进步奖二等奖,这也是2017年唯一一家获得该奖的互联网公司。

平台建立风控体系的基础就是大数据。平台的后台能将用户目前的登陆地址和行为与用户以往的历史数据进行对比,判断是否真实可信,然后基于用户的个人信息、行为信息和关系网络等多维度信息,对用户此次交易行为进行风险评估。因为单个维度的信息也许比较好伪造,但是特别多维度的信息就很难模拟了,一旦评估风险高于临界值,则表明出现异常,需要慎重处理。

平台建立风控的数据不仅来自平台自身,还需要综合利用各类数据。近几年,P2P(个人对个人)网络借贷平台如雨后春笋般暴涨,随之而来的P2P平台倒闭现象事件屡见不鲜。[①]抛去其中恶意欺诈并卷款潜逃的借款平台,剩下的倒闭平台大部分都是由于风险管控不力导致的。

在这方面,也许我们可以借鉴P2P行业鼻祖LC(Lending Club)的做法。LC是世界上最大的P2P平台,有着比较完善的风险评估定价模型,借款违约率只有5%左右。借款人通过LC借款的利率比直接去银行贷款还要低,并且借款流程短,只要申请通过几天之内就能拿到借款。这看上去很诱人,但实际上只有10%左右的借款申请被接受。首先,借款人必须满足年满18周岁、有三年以上的信用记录和FICO分数(美国用于个人消费信

---

① 根据IT桔子及B12融资数据库显示,截至2015年年末,2013年成立的P2P公司倒闭数量超过90%。

贷评估的系统模型）大于660等一系列条件。借款人在LC平台上申请借款之后，平台会根据借款人的授权从美国三大征信机构处获取借款人的信用评分，并通过脸书平台上借款人的社交网络情况，获取借款人的消费习惯、信誉水平以及亲朋好友的信用等级等大规模多角度的信息。LC基于上述获得的大数据，构建自身的风控模型，最终将借款人的信用等级分成7个不同级别，并根据不同的信用等级进行差异化定价。即使借款人后期出现违约，LC平台还能及时跟信用机构反馈，降低借款人的信用分数。这在极其重视信用的美国，能对借款人起到很大的震慑作用，从而很好地保障了用户利益和平台的信誉及安全。

大数据治理的局限

尽管大数据技术在精准营销、动态定价以及风险管理等方面给平台治理带来诸多便利之处，但是大数据也不是万能的，使用不当也可能给平台和用户带来负面影响。2012年10月，飓风"桑迪"袭击了美国，为了更好地了解受灾情况，合理分配救援物资，美国政府通过分析推特上超过2000万条的消息判断哪个地方受灾最严重，急需帮助。可是事后发现这种方法是错误的，因为受灾最严重的地方由于通信网络故障，没法及时发出大量的救灾信息。不准确的推特信息，导致美国政府无法准确合理地运送和配置物资，反而延误了救灾进程。

数据泄露

大数据时代，个人隐私信息存在泄露的风险。数据来源于用户，一个人每天的言行举止都可能被记录下来，当用户使用百度地图时，用户的地理位置就会被记录下来；在淘宝上购买商品时，用户的姓名、联系方式、家庭住址等一系列信息也会被记录下来。然而，隐私信息如果使用不当，很容易被私下售卖或者由黑客非法盗取。中央电视台记者就曾在调查时发现，在一个贩卖个人信息的QQ群里，只要知道对方的手机号，就能查询到这个人所有的信息，包括照片、身份信息、资产情况、支付宝账号、详细通话记录以及酒店入住信息等，甚至还能对手机用户进行比较精准的定位。据了解，目前从网络黑客到贩卖中介再到资料购买者，已经形成了一个完整的产业链。2017年4月，浙江省松阳县公安局花了一年多时间，终于侦破了一起特大侵犯公民个人信息案件，查获非法获取的公民各类个人信息7亿余条，超过370G的电子数据，抓获犯罪嫌疑人20名，同时查获2名入侵相关信息系统的网络黑客。[1]这些信息对用户来说是极其私密和重要的，一旦被动机不纯的人获取，很可能会对用户造成不良影响。

震惊全国的徐玉玉遭诈骗案中，徐玉玉本人的隐私信息被

---

[1] 七亿条信息被贩卖！松阳警方侦破一起特大侵犯公民个人信息案！[EB/OL].丽水网.[2017-07-14].http://news.lsnews.com.cn/system/2017/04/12/010788347.shtml.

盗是导致其上当受骗最为关键的一步。2016年8月，山东省高考考生徐玉玉突然接到一个自称是教育局工作人员的电话，被告知有2600元的助学金可以领。在两人的交谈过程中，该犯罪嫌疑人能准确地说出徐玉玉及父母的名字、其就读学校等详细信息。徐玉玉信以为真，就按照嫌疑人说的将9900元存进了指定的银行卡账号，而这笔钱原本是父母在前一天为徐玉玉筹集到的学费。意识到自己受骗后，也许是出于愤怒、羞愧和郁闷，徐玉玉突然晕倒、心脏骤停，经全力抢救无效后去世。根据警方事后的调查发现，犯罪嫌疑人从2016年6月开始就多次在网上通过QQ等社交软件买到几万条山东考生的具体信息，而这些考生信息正是由黑客杜某利用网站漏洞入侵山东省高考报名系统下载所得。

近年来，违规使用隐私数据以及侵权、诈骗案件屡见不鲜，为了更好地保护个人隐私，有关政府部门陆续出台了相关法律和规定，并于2017年6月1日开始施行，具体如下页表7–1所示。

精准营销的偏差与陷阱

大数据在对用户进行画像并进行精准营销的同时，也可能会造成偏差。典型的，精准推荐的东西或许不是用户需要的。对于已经购买某种商品的用户，当平台再次给用户推荐这类商品时，可能就不是用户感兴趣的。因此，如何区分好浏览且购买和浏览未购买群体，并进行有差别地推荐，也是平台在运用大数据技术时需要深思的问题。

表7-1 与个人隐私信息保护相关的法律规定及相关具体内容举例

相关规定	具体内容
关于办理侵犯公民个人信息刑事案件适用法律若干问题的解释	明确"公民个人信息"的定义；贩卖50条以上公民个人信息或提供公民个人信息违法所得5000元以上的都将入罪
中华人民共和国网络安全法	网络产品、服务具有收集用户信息功能的，应向用户明示并取得同意；网络运营者不得泄露、篡改、毁损收集的个人信息，未经同意，不得向他人提供个人信息；任何个人和组织不得窃取或以其他方式获取个人信息，不得非法出售或非法向他人提供个人信息；任何个人和组织应对其使用网络的行为负责，不得设立用于实施诈骗，传授犯罪方法等
互联网新闻信息服务管理规定	互联网新闻信息服务提供者对用户身份信息和日志信息有保密义务，不得泄露、篡改、毁损，不得出售或非法向他人提供
互联网新闻信息服务许可管理实施细则	申请互联网新闻信息服务许可的，需要有健全的信息安全管理制度和安全可控的技术保障措施

基于大数据所产生的推荐有时也会破坏消费者的利益。以今日头条为例，精准推荐在提供用户喜爱的新闻资讯时，也影响了用户选择的自由，缩小了其阅读范围，并会让用户产生偏见执拗（bias confirm），强化狭隘的自我认知而不能自拔。投其所好未必是件好事，很多时候，我们不仅需要知道我们愿意知道的事物，还需要知道我们该知道的事物。用户想更全面地了解各

类新闻，获取多方面信息，而不只是想看自己喜欢看的新闻；事实上，特别是对于一些青年读者来说，尚未形成完整的偏好和兴趣，如果只是基于过往已有行为数据进行选择性推送，就会进一步强化这种偏差，阻碍用户培养和发掘潜在的兴趣领域。

另一方面，基于大数据进行的推荐和定价可能会让消费者在交易中处于不利地位，会导致用户获取信息的不对称，产生歧视。和微信第一次在朋友圈发布的广告类似，看到宝马广告的人也许会觉着自己受到微信的尊重，有一种被认同感和自豪感，因此这类用户更愿意给收到的广告点赞，而看到可口可乐广告的用户可能会产生情绪上的抵触和自卑感。

自我放大的"镜像效应"

大数据其实是网络时代信息在传播和反馈过程中留下的数字足迹，因此，信息传播过程和反馈中存在的局限也会存在大数据当中。

有这样一个故事。说有一个富翁去世之后到了天堂，天使很无奈地告诉他，此时天堂里已经住满了人，没有多余的位置了。富翁又不想去地狱居住，因此他想了想，然后朝着天堂的人大喊："地狱发现石油了！"该消息在天堂里一传十、十传百，蔓延开来，天堂里的人们都纷纷移居地狱。很快，天堂空空如也，天使对发生的现象很诧异，只好邀请这名富翁留在天堂居住。不料，富翁愣了半天后，谢绝了天使的好意，说："我也要去地狱住，地狱可能真的有石油！"

这个故事描述的就是信息传播的镜像效应，即初始的信息不断被放大，通过自我强化，从初始的差之毫厘，到最后的谬之千里。在现实生活中也是类似，赛博经济的发展使得数据信息传播的量和速度都远超传统经济，而如果所有的人都是基于大数据，甚至是有偏的数据信息来最优化自己的决策，会使得收集到的数据更加强化之前的结果，最后大家的选择都一样，进而导致镜像效应的发生。

一个典型的案例就是2011年3月国内发生的抢盐潮。当时，日本大地震导致的核泄漏引起了全世界的关注，各大新闻媒体纷纷报道如何有效防止核辐射，比如日本打算对核电站周围的居民分发碘片，芬兰的多个城市掀起购买碘药片的热潮。在中国，由于存在信息不对称，一些谣言也趁机在微博、QQ群等社交媒体上传播开来，有人说稳定性碘能预防核辐射，也有人说未来海盐的生产可能会受到辐射影响……这些谣言被人们互相评论和转发，导致虚假信息肆意蔓延，在造成核辐射恐慌的同时也激发了人们对碘盐的购买欲望。于是在浙江、福建等地率先出现了大量排队购买碘盐的情况。随着越来越多的人加入购盐狂潮，原本持有怀疑态度的大众也逐渐转向"宁可信其有，不可信其无"的态度，开始变得不理智，更加相信谣言的真实性，于是越来越多的人加入了抢盐的队伍。这股抢盐潮很快蔓延到上海、安徽等地，短短3天时间就席卷近30个省市区，一时间碘盐供不应求。有新闻报道，在某些地方碘盐一天的销售量是平时的20多倍，一些商家也趁机抬价，碘盐价格从原来的1.3元/包涨到了5元/包甚至10元/包。最终，经专家辟谣之后，这场荒唐的抢盐潮才逐渐停息。

2015年我国股市惊心动魄的暴涨暴跌也非常类似。在国内，很多股民在做投资决策之前，都会听取朋友的建议和所谓的"内幕消息"，或者浏览股吧、雪球等门户网站的信息。根据《深交所2016年个人投资者状况调查报告》可以发现，2016年，从股吧、论坛等网络类媒体中获取投资信息的个人投资者比例达到了45%。从2015年3月2日到6月12日，上证指数从3336.29点一路上涨到5166.35点，在此期间许多"妖股"横行，造就了无数的财富神话。当股市上涨，人们在股吧、雪球等门户网站发表看涨观点时，发现别人也是持类似的观点，甚至有人在论坛指出，本次股指涨到一万点不是梦，仿佛本次股市的上涨还远未结束。所有这些极度乐观的论调又会加速新股民的进场和老股民的加码抢筹行为，导致股市的暴涨。从2015年6月初开始，证监会严查场外配资，释放出了明显的利空，股市从高位开始进入下跌过程。从6月15日到7月9日将近三周的时间，上证指数就跌去了1600多点，股市的流动性出现危机，出现了多次千股跌停的现象。市场信心遭到了强烈打击，各大论坛的悲观情绪浓厚，又进一步强化了自身对股市泡沫的预期和卖出股票的想法，最终导致了股市的巨大波动。

本章小结

利用大数据技术，平台可以刻画出不同用户群体的特征和偏好，精准投放广告，为每个用户提供他们想要的产品；通过分析不同时间、地点的数据，平台能够对产品实施动态定价，最优化平台收益；基于用户反馈信息，平台可以完善并改进产品和服务，更好地满足用户需求；平台还可以建立数据挖掘模型，采取措施对可能出现的风险加以防范，维护平台声誉。但是，正如前文所述，大数据技术并不完美，也可能给用户带来负面影响。因此，如何更安全、公平、高效地使用大数据技术，仍有待进一步探讨和研究。

第三部分 平台生态

第八章
平台生态体系

互联网是一种能够降低沟通成本进而提高合作水平的技术。随着这种技术的运用，不少企业之间形成了相互依赖、相互补充的生态体系，并通过增强自身在商业生态圈中的地位和价值，来增强自身竞争力。

商业生态，不等同于单纯的整合或联盟。单纯整合新业务和拓展业务链不一定能被称之为生态。生态网络强调的是网络中的各个组织和个体协同发展，相互之间是一种共生、互生的关系。生态网络并不是将切入点锁定在双边或者小范围的多变关系中，而是强调一个整体，将伙伴视为互补共生的主体。

在这一章节中，我们将围绕英国ARM公司（全球领先的半导体知识产权提供商）和美国苹果公司的案例对商业生态进行具体描述，特别是在商业生态的形成、培养、互动以及监管等方面做具体地分析。

平台生态的概念

人类学家格列高里·贝特森（Gregory Bateson）在其1979年出版的《意识与本性》一书中，对"自然和社会系统的共同演化"进行了定义。他认为，"共同演化"是不同的独立的个体进入无限的互惠循环，在这个循环中，"A物种的变化为B物种的物竞天择设立舞台"，反之亦然。生物学家史蒂芬·杰伊·古尔德（Stephen Jay Gould, 1980）也对生态系统提出了他的看法。他提到当外界环境条件变化过于迅速时，原有的自然生态会坍塌，而此时领导物种将失去它们原有的领导力，新的生态将衍生，而这个过程经常是由原有生态的边缘物种领导完成。

上述两种言论当然都是针对自然生态而言的。然而，在现在的经济模型中，越来越多的学者将自然生态系统的特点应用到了商业模型中。这一借鉴，被称为"商业生态系统"，在如今的平台经济里，也被称为"平台生态"。这个理论，在挑战与日俱增、环境变幻莫测的今天，对企业克服创新困境、稳步发展有着重大的借鉴意义。

商业生态，顾名思义，就如同生物生态一样，由随机的组成部分开始，慢慢地演化成有组织的团体；它们共同发展、促进自身和彼此的能力和作用，并倾向于按一个或多个中心企业（也可以是一个平台）指引的方向发展自己。简单地说，商业生态系统包括企业自身及顾客、市场媒介（包括代理商、提供商业渠道以及销售互补产品和服务的人）、供应商，这些可以被看作商业生态系统的初级物种；此外，一个商业生态系统还包括这些初级物种的所有者和控制者，以及在特定情况下相关的物种（包括政府机构和管理机构，以及代表消费者和供应商的协会和标准）。[①]

穆尔（Moore, 1993）作为第一个提出"商业生态"这个概念的奠基人，定义了商业生态发展的过程。商业生态的形成经历了四个不同的阶段：出生、扩张、领导、自我更新（如果没有成功实现自我更新，便是消亡）。在现实生活中，这个进化期往往比较模糊，并且一个阶段的管理挑战往往会突然在另一个阶段出现。因此，穆尔在经过对不同行业、不同生态的观察，发现共同演化的过程是相同的，即竞争型和合作型商业战略中复杂的相互作用。事实上，如今的产业升级是由整个商业生态内部的竞争完成的，并非是独立企业间的竞争。商业生态的演化阶段如表8–1所示。

扬西蒂和莱维恩（Iansiti & Levien, 2004）提出，企业与供应商、分销商、外包企业、制造商、技术提供者以及其他组织的组织者所组成的松散的社交网络，影响着企业的创新能力以及市场供给品，同时这种松散的社交网络也被企业影响着（如图8–1所示）。一家企业的行为将影响一个生态系统能否健康发展，而这个生态系统的发展将最终影响这家企业的发展。这家企业不一定是生态系统中的领导者，而一定是组成这个生态的参与者。一

[①] 闵惜琳, 姚锐. 电子商务生态系统中各主体的角色发展定位分析[J]. 商场现代化, 2007(18):115-116.

家企业通过创造平台服务、工具,或者技术等,使在生态系统中

表8-1 商业生态的四个演化阶段及各个阶段面临的挑战

所处阶段	合作的挑战	竞争的挑战
出生	与顾客和供应商协作发现一个萌芽创新点的价值	从其他竞争对手手中保护自己的创新点。抓住主要的顾客、供应商,以及重要的渠道
扩张	通过与供应商以及合作方合作扩大供应规模进入更大的市场,以实现更高的市场覆盖率	打败竞争对手,利用自己的创新点创造出替代产品。通过占领主要市场份额确保自己进入市场的模式成为市场规范
领导	灌输强势的观念使供应商以及顾客与本企业一起合作,最终一起提高完整的产品方案	在生态系统中的其他参与方间连续保持强大的议价能力,这些参与方包括主要的顾客以及有价值的供应商
自我更新	和创新者一起为已有的生态系统带来新的想法	保留高进入壁垒,阻止创新者建立替代生态。保持高顾客转移成本,使企业有时间研发新的产品和服务

的其他参与者可以利用并提高它们的绩效。而且,这个生态系统中的成员并不局限于一个产业,这些纵横交错的产业也使不同的生态系统产生交集。越来越多的学者开始强调,一家企业不应该只将自己看作工业中的一家企业,而是应该将自己看作一个由多种工业组成的商业生态中的一员。正如一部手机是一个商品,也可以是一个商业生态中的一部分。

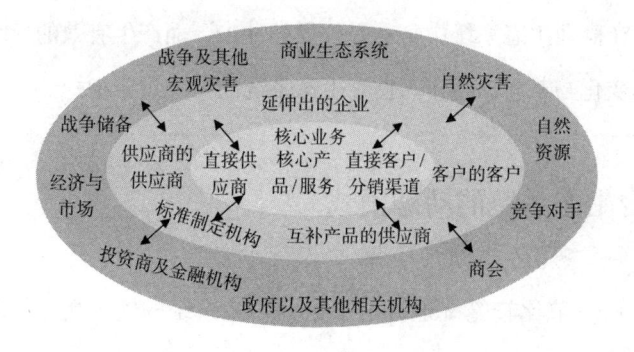

图8-1　商业生态系统的概念示意图

一个良性的生态系统需要拥有几个特质：高效、强壮，以及创造力。

首先，如同生物生态系统需要将非生物能源转换成生存必需品一样，商业生态系统也需要有效地将非直接资源转换成市场产出，这些非直接资源包括科技以及其他创新产物的原材料。

其次，生物生态系统必须可以抵御不可预知的环境变化，这一点同样可以运用到商业生态系统中，一个健康的商业生态系统可以在不可预知的科技变化环境中存活。而这个益处是显而易见的。一个从属于商业生态系统的企业，相对来说面对的环境变化是可预知的，而这个公司与其他生态系统中参与者的关系可以在一定程度上抵御外界的冲击。这个商业生态系统是否强壮，指标便是商业生态系统中企业存活的概率。

最后便是创造力。高效和强壮并没有完整地描绘一个生态系统的健康状态，正如生物学家将生物多样性作为一个重要的指标。在商业生态系统中，承受外界的冲击，而产生有效的、突破性的变化与革新，是作为良性生态系统的一个重要指标。

平台生态系统的动态模式

前一节比较笼统地提出了平台生态系统的宏观概念，然而并没有展开描述它的形成发展，这一节将对生态系统的结构以及它的动态机制做一个简单介绍。

图8-2描述了一个生态系统中的两个主要的组成部分——价值网络（value network）和社交网络（social network）。在价值网络与社交网络之间有两种连接方式，一个是转换程序（transformation process），另一个是反馈影响（feedback impacts）。总体而言，就是通过建立社交网络，并从中提取价值

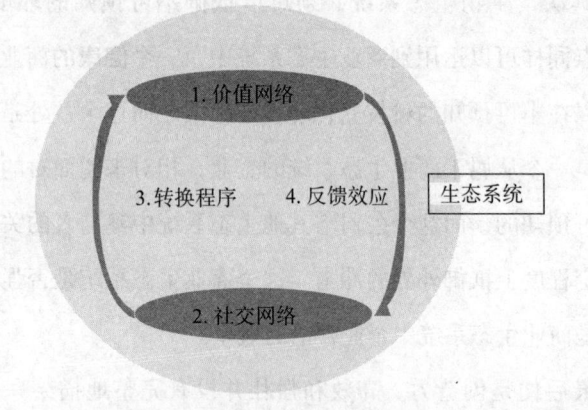

图8-2 创新生态系统的动态模式

以转换成价值网络。在价值网络的发展过程中，通过反馈机制，把有效的信息，如科技等传播到社交网络中。在这种循环往复的过程中，生态系统越来越成熟、稳固，最终实现可持续发展。

价值网络

价值网络是基于阿德纳和卡普尔（Adner & Kapoor, 2010）的研究被提炼出的概念。一家企业的优势在于它可以比它的竞争对手创造更多的价值；而这种价值的创造很大程度上取决于企业成功的创新。然而，"创新"往往不是一个独立的行为，它更取决于周围环境的变化：这个外界变化由生态系统中周围企业的创新而致，最终导致中心企业在这种环境中产生与环境相互依赖的创新（Adner, 2006）。

图8-3描绘了一个价值网络的简图。这是一个双边平台的示意图，一边是供应方，一边是需求方。在平台上，供应方为中心企业，也就是平台注入产品；而中心企业为需求方，包括互补企业以及客户，注入它们的产品。平台在这种链条中，产生价值，最终形成价值网络。

以苹果公司的生态系统为例，它就是一个非常典型的通过建立价值网络而在生态系统中立于巅峰的企业。苹果公司创立之初，主要开发和销售的个人电脑，截至2014年，它一直致力于设计、开发和销售消费电子、计算机软件、在线服务和个人计算机。该公司硬件产品主要是iMac电脑系列、iPod媒体播放器、iPhone智能手机和iPad平板电脑；在线服务包括iCloud、iTunes和App Store；消费软件包括OSX和iOS操作系统、iTunes多媒体浏览器、Safari网络浏览器，还有iLife和iWork创意和生产力套件。它至少跨越了4个产业——个人电脑、消费电子产品、通信和出版行业。

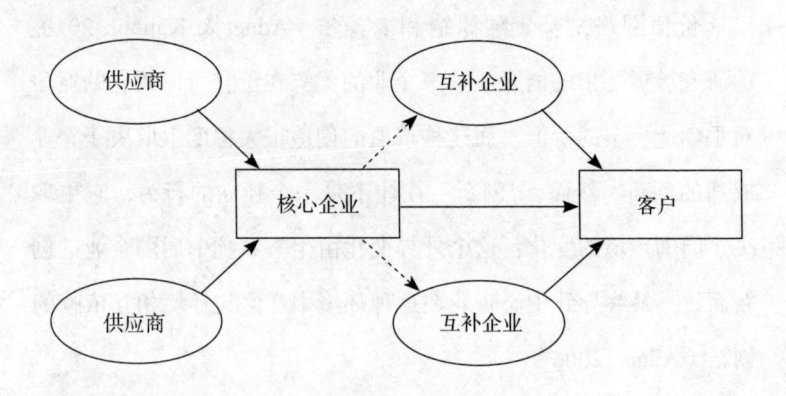

图8-3 价值网络简图

如图8-4所示，苹果公司的商业生态包括手机、手机应用软件、苹果云端服务、苹果零部件、苹果软件与服务、第三方软件及其服务。苹果用iPod、iPhone、iPad和iMac等产品和服务组成了一个完整的生态系统，生态系统的网络效应帮助它抵御了竞争对手的攻击。苹果推出的不是单一产品，而是一套以客户为试点和终点的敏捷供应链。它集成了应用开发商、上下游供应链、忠实的苹果迷等,把产业和市场资源都牢牢地集成在自己的周围,成为一家囊括了众多参与者的大企业,更成为一家排他性极强的、面向未来的强大联盟。①

图8-4 苹果的商业生态系统

很多消费者使用了苹果手机以后,便不愿意再换别的品牌的手机。因为,苹果独有的iOS系统闭合性很高,与安卓系统不相容;如果换别的手机将提高客户的学习成本,而它本身应用软件的完备性也使客户不愿意去承受额外的学习成本,因此就会继续购买苹果手机。苹果公司提供硬件加软件的集成平台,而平台上的内容和硬件设备的附件产品则由参与生态圈打造的第三方提

---

① 相关报道:新浪博客,《苹果是如何搭建生态系统(一)》。相关链接:http://blog.sina.com.cn/s/blog_60f2a06601015u3d.html。

供，苹果公司承担了看护者的角色，这样一个生态系统也同时使整个生态里的参与者受益。它的供应链公司包括：为苹果生产液晶面板的LG公司，为苹果代工的富士康，为苹果提供内存等产品的三星，为苹果供应中央处理器、NVIDIA、显卡等的英特尔。

我们可以看出，这些企业中，甚至有些是苹果公司的竞争对手，但是在这个生态圈中它们又是盟友关系，它们互相扶持，共同发展。苹果公司的发展，也促进着供应商公司的发展，因为它们如果不能适应苹果公司的更新速度，就将被其他公司替代。在商业生态价值网络中，价值链内的公司之间应该整合它们的能力，协同发展，创新产品和服务，满足客户的需求，最终创造价值。

社交网络

社交网络被视为一个生态系统中的资源库。新型企业在发展的过程中需要有途径去接近资源，包括有形资源（资本以及基础设施等），也包括无形资源（信息和建议等）（Birley, 1986）。因此，社交网络这种资源库对于企业家来说是至关重要的。这种社交网络可以是基于地理集中而产生的，也可以是通过科技产生的。我们在后两节中将对基于两种不同的社交网络效应所产生的生态系统进行举例说明。

价值网络与社交网络的互动

如前文所述，在价值网络与社交网络之间有两种连接方式，一个是转换程序，另一个是反馈影响。而从这种社交网络中获取资源以产生价值的过程被称为"转换程序"，它并不是独立产生的。且这种转换程序最终有可能从价值网络中再返回到社交网络，即"反馈影响"。传统的地理集中理论包括循环因果理论（Myrdal, 1957）以及正反馈理论（Arthur, 1989），主张在地理聚集的工业中有一种反馈环路。简单来说，产业越集中地地理位置，越吸引同产业的其他相关企业进驻，因此更加强了地理集中性。根据同样的逻辑，我们可以说，从社交网络转换出的价值网络将对社交网络本身产生反馈效应。因此，转换程序不仅仅是为企业创造价值，同时也对特定地域的资源库产生影响。由此可见，这种循环最终将发展、完善商业生态系统。

ARM如何培养在中国的生态体系

1991年，ARM公司成立于英国剑桥，主要经营芯片设计技术的授权。采用ARM技术知识产权（IP核）的微处理器，即我们通常所说的ARM微处理器，已遍及工业控制、消费类电子产品、通信系统、网络系统、无线系统等各类产品市场。基于ARM技术的微处理器应用约占据了32位RISC微处理器75%以上的市场份额，ARM技术正在逐步渗入我们生活的各个方面，比如现在的手机CPU基本都是ARM架构。ARM是一家专门设计CPU架构的公司，苹果公司和高通在一些芯片上对ARM架构进行了一点改进，从而诞生了新的架构，其实还是基于ARM的。总共有30家半导体公司与ARM签订了硬件技术使用许可协议，其中包括英特尔、IBM（国际商业机器公司）、华为、三星半导体、NEC（日本电气股份有限公司）、索尼、飞利浦和NI（美国国家仪器有限公司）这样的大公司。至于软件系统的合伙人，则包括微软、Sun Mircrosystems等一系列知名公司。华为公司设计出的海思K3V2也是采用的ARM指令集。

图8–5展示了ARM在移动计算行业生态系统中所处的位置。从中我们可以看出ARM作为IP提供者在价值链中处于上游位置，它离需求方以及最终用户都非常远。

ARM的商业生态系统由三个部分组成：核心业务、延伸出的供应链以及其他生态系统中的参与者。ARM的核心业务是将ARM的IP提供给需求方以及最终的客户。延伸出的供应链包括设计支持以及应用相关的搭档，比如操作系统供应商（OSV）、独立软件供应商（ISV），或者内容供应商等。其他生态系统中的参与者是那些在生态系统中与供应商有联系却并没有直接与ARM产生联系的参与者。比如，有一个中国的大学编写了一本ARM技术相关的说明书，这本书使中国的技术人员更加了解ARM的业务。

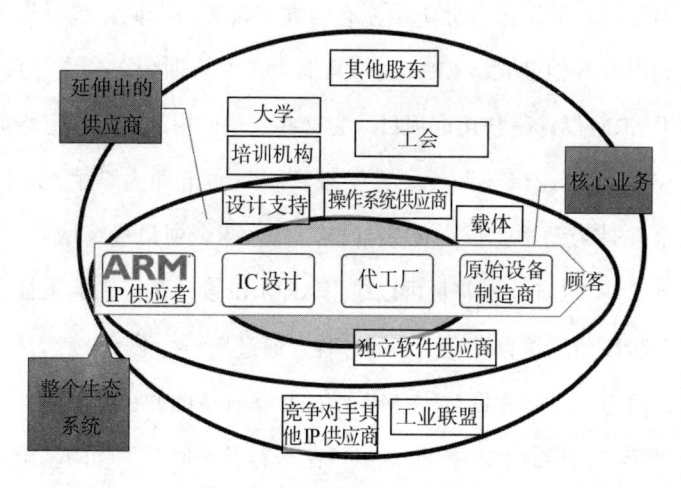

图 8-5　ARM 的生态系统图

图片来源：根据前期研究整理所得（详见 Ke Rong, Jinxi Wu, Yongjiang Shi, 2015）

2001年ARM开始进军中国，当时它仅仅占非常小的市场份额。它的主要精力是放在美国和日本。然而经过12年的生态系统发展，中国已经成为ARM最重要的市场，2013年它在中国的利润已经达占了年利润的26%（ARM Holdings & PLC, 2014）。

有学者（Rong，Wu et al., 2015）根据ARM在进军中国市场时培养生态系统的方式研究分析发现，ARM在中国培养生态系统经历了三个阶段：首先是培育互补合作伙伴，也就是培育社交网络，并且将社交网络的价值转化到价值网络中；其次是鉴别领军企业，培育价值网络；再次是集合生态系统企业，即反馈效应。具体来说分以下三个阶段。

第一阶段是2001—2003年。在这一阶段，ARM建立了中国培训项目，吸引了部分中国原有的大的设备制造商，包括华为、中兴以及其他公司。ARM也与其他第三方培训公司合作并且提供了ARM设计科技培训项目，为这些大型公司的员工进行培训。不仅如此，ARM还开设了大学教育项目，培训大学生ARM的技术并且帮助学生提高IC设计能力。这两个项目最终培养了一大批了解ARM技术并且可以应用ARM IP设计微芯片的工程师。这一阶段便是培育社交生态的过程，通过培训、交流、教育等项目，培育出了一大批对ARM系统的扩张有帮助的社交网络。

第二阶段是2003—2008年。在培养了大批工程师的基础上，自2003年，ARM开始向中国的微芯片设计公司发放IP许可证。ARM公司拥有非常完整的价值链。作为一个IP公司，ARM公司并没有广泛的供应商，然而，它们从特定供应商购买很多商品和服务。ARM公司非常重视供应方为它们带来的价值，它们相信，供应方所提供的产品和服务是它在这个行业生存并且为下游企业以及合作伙伴带来巨大价值的重要组成部分。它的供应方遍布世界各地，这使它更加容易融入当地的价值链中。由此可见，在价值网络范畴内，ARM有非常完整的价值链，而它们对于上下游企业的价值也高度重视。这些许可公司是ARM精心挑选的，被ARM视为商业生态系统中的领导合作伙伴。这些合作者要么在专业领域有非常强的技术要么是在商业生态系统中扮演领军者的角色。由于中国的IC设计公司都比较小，所以ARM在选择许可公司的时候更倾向于衡量它们的潜力。这一阶段是价值网络形成的过程，通过筛选价值链中的领军企业，ARM系统可以被有效地传递到下游，并且创造价值。

第三阶段是从2008年到现在。2008年，ARM的商业生态系统已经完成了。从此之后，ARM的生态系统进入稳步发展的阶段。在这个过程中，他们的合作伙伴台湾联发科技（MTK）与ARM一起协同合作，共同研发升级产品。这一过程便是通过有效率的价值网络和社交网络的交互作用，通过价值转换和反馈影响，使ARM的生态系统有效地延续发展。

以上整个过程在图8-6和图8-7中有具体描绘。

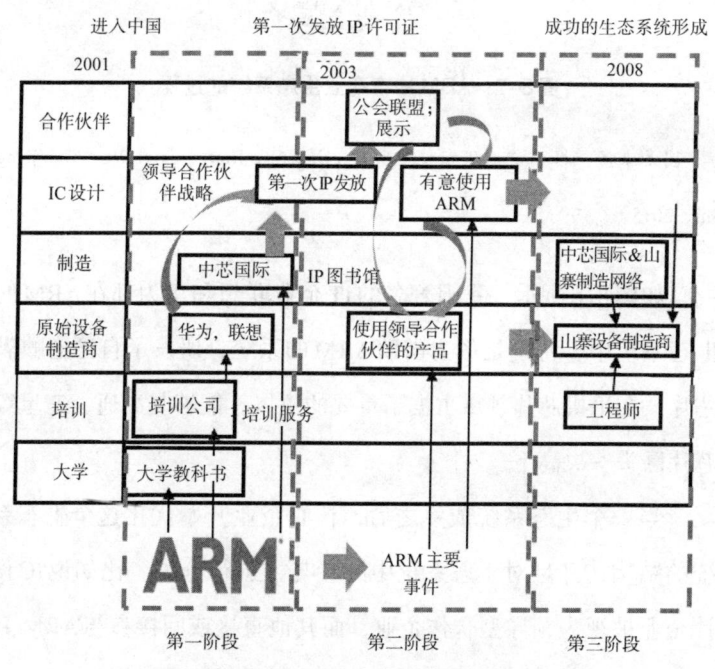

图8-6　ARM商业生态培育的三个阶段

图片来源：根据前期研究整理所得（详见 Ke Rong, Jinxi Wu, Yongjiang Shi, 2015）

第八章　平台生态体系　　191

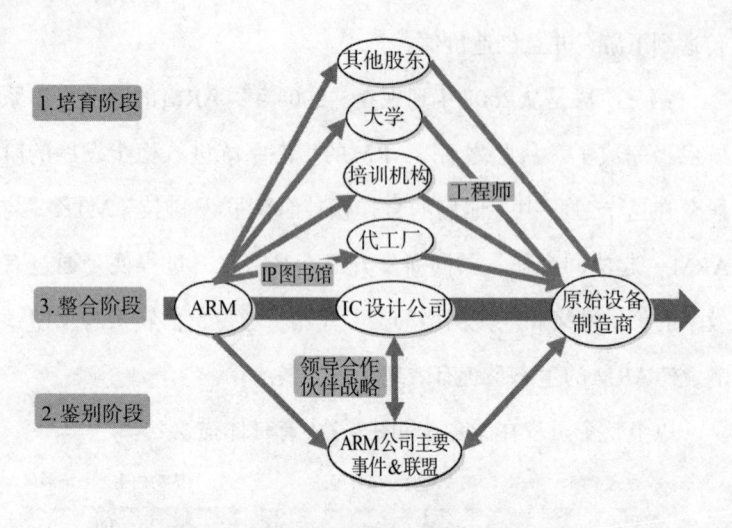

图8-7　ARM培育商业生态系统的过程

图片来源：根据前期研究整理所得（详见 Ke Rong, Jinxi Wu, Yongjiang Shi, 2015）

如图8-6所示，我国著名的IT企业联想和华为都在ARM的生态系统中，特别是华为借助ARM的系统，研发了自己的麒麟芯片，在手机芯片领域占据了重要的位置，能够与高通、三星等芯片巨头一决高下。

当一个生态系统成熟之后，核心企业开始优化这个生态系统的结构，并且对生态系统中的参与方进行分类。比如说IC设计企业被视为领导型合作企业，而其他直接或间接参与ARM IP价值链的企业，像培训机构、大学、代工厂等被视为互补型企业。通过与这两种合作方的协同发展，ARM慢慢建立了一个全新的生态环境。

通过ARM公司的案例我们可以看出，ARM在培养生态系统的过程中主要采用的是科技影响的方式，通过向生态网络中的参与者传播ARM技术，使这些参与者与ARM共同进入这种生态网络中，最终互相影响，共同发展。

基于地理位置的平台生态发展

前三节描述了商业生态系统的概念、培养以及动态机制。然而对于初创企业，如何才能在商业生态系统中获利？它们怎样才能在消亡之前加入一个健康的商业生态系统？它们是一出生便进入某个生态系统中了吗？这些问题在前一部分并没有完全体现。在这一节，我们将重点分析地理位置集中产生的商业生态系统。

在之前的研究中，地理位置往往是被忽略的要素。然而，地理位置的重要性是不容忽视的。事实上，现在的学术界已经开始有专门研究"本地"商业生态的学者，比如说城市生态或者是聚集生态。比起探索过于广泛的国际化的商业生态系统，研究地方生态系统对于研究生态系统中的基本机制是非常重要的。

越来越多的学者将地理位置的概念放入商业生态系统模型中。这是因为，在一个特定地域中的资源库使新兴公司可以获得资源，若没有这种特定地域，这些资源对于新兴企业是很难获取的。这些资源可以是人力资源，比如大学毕业生或者有实力的工人等，可以是风险投资提供的资本，可以是政府或其他当地行政部门提供的基础设施，也可以是大学或者研究机构提供的高精尖科技。简而言之，在一个创新生态系统中，价值产生伴随着特定的地理位置，这个地理位置是创业者和新兴企业聚集的地方。而这个生态系统是价值网络与社交网络相互作用而成的。

这一理论在新型行业生态系统建立的过程中尤为重要。中国自2012年开始刮起了互联网、大数据的风，在政府的推动下，大数据公司、"互联网+"相关的公司如雨后春笋般涌现。在最开始的阶段，这些企业分布在比较分散的地域，并没有聚集在一起。虽然发展势头迅猛，但并没有令人惊艳的成就。然而，大数据行业经历了一个巨大的转折。2016年2月25日，国家发改委、工业和信息化部、中央网信办发函批复，同意贵州省建设国家大数据（贵州）综合试验区，这也是首个国家级大数据综合试验区。旨在加快实施国家大数据战略，促进区域性大数据基础设施的整合和数据资源的汇聚应用。

在这一举措的带动下，全国各地已成立的或者是正要成立的大数据相关企业纷纷在贵州省内注册成立公司或者子公司。根据作者统计的数据，在发布政府文件之日起，7个月内便有281家大数据相关企业在贵州省内注册，比2015年全年的注册数量还要高，如表8-2所示。这仅仅是主营业务与大数据相关的公司，其他转型企业，涉及大数据的企业，以及其他组成生态系统的参与者，比如供应商企业、大学以及研究机构等，它们的数据并没有包含在内。

表8-2 近几年在贵州省内注册成立的大数据相关企业数量

时间	注册企业（家）
2016年2月25日至9月16日	281
2016年1月1日至9月16日	332
2015年1月1日至12月31日	262
2014年1月1日至12月31日	94
2014年之前	72

注：该数据由作者团队在贵州省调研所得

也许单——个贵州省的纵向数据比较并不能完全说明问题，作者同时比较分析了不同省份2012—2016年间大数据相关企业的注册情况。图8-8描述的便是这个数据，横坐标的省份排序依据的是2015年各地GDP（国内生产总值）排名。贵州省的GDP在全国各省份中排名倒数第七位，但是在2016年注册的大数据相关企业却是排名全国第三名，仅次于广东和北京，而且注册数量已经接近北京。不仅如此，2016年其他各省份的大数据相关企业的注册数量都有下滑，贵州省的注册数量却是稳步增长的。

笔者在采访贵州省某一初创大数据公司CEO（首席执行官）的时候，他提到在贵州省创立大数据公司的原因："不容置疑，我们在这里办企业确实是有国家政策的原因。有优惠政策总比没有优惠政策强。但最根本的原因是我们看见很多大企业搬到了这个开发区。我觉得可以增加一些合作的可能，或者至少能从它们那里学到什么。"

另一位初创公司的高管也阐述了他们在贵州省开设子公司的原因："其实说真的，公司开到这么大，在哪里都是能享受国家扶持政策的。但是我们老总还是要开个子公司在这里。真就是觉得相似的企业在一起发展挺好的。而且国家给这里的大学和研究中心投了那么多钱，我们觉得应该挺容易发展一些新的技术，或者肯定能招到人才吧。技术，人才，最重要。"

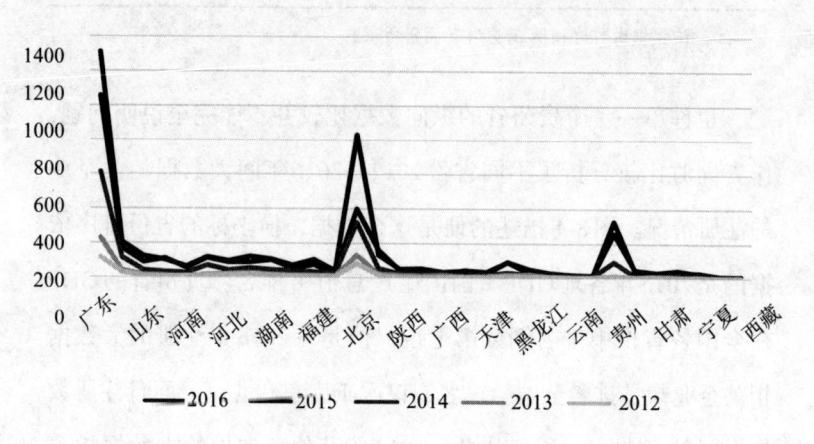

图8-8 大数据企业注册数量部分省份比较（2012—2016）
注：该数据由作者团队在贵州省调研所得

从他们的话里，我们可以看出汇聚作用是巨大的。大数据行业作为一个新兴行业，分散的方式对于形成健康的商业生态是一种阻碍。虽然政策引导有非常重要的作用，但是其实很多时候，政策是发挥了一种风向标的作用。在这样一面大旗的引导下，大数据行业更容易发展出一个新的商业生态系统。

在之前，有学者（Shi & Shi, 2016）强调了新兴企业在大多时候是很难获取资源的。而在聚集效应明显的地域，由于知识溢出（knowledge spillover）或者是人力资本溢出（human capital spillover）等溢出效应，这些新兴企业可以在这样一种环境下，或者说生态系统中，得到不可替代的收益。

2017年3月17日，贵州省发布了一条"贵州发布2017年首批省级PPP项目库，拟引入社会资本9800多亿元"的新闻。项目库共推介项目1673个，计划总投资14209.08亿元，拟引入社会资本9889.56亿元。与这个项目库同时推介的传统基础设施领域项目共1026个，计划总投资9627.08亿元，拟引入社会资本6360.87亿元。

尽管这个新闻并没有直接与大数据行业相关，但是如此巨大数额的社会资本介入在之前的贵州省是不太可能发生的。而这些PPP项目所涉及的企业必然是大数据生态系统中的参与者，无论亲疏。最终，这些资本的引入将推进大数据商业生态系统的发展与完善。

在这种基于地理位置而产生的商业生态系统中，价值网络与社交网络之间的互动关系是更加直观的。仍然以贵州省为例，政府批复了贵州省建设国家大数据（贵州）综合试验区，并且大力扶持。提供了有形资助，比如说银行贷款还息、降低银行贷款利率、建设基础设施、减免税款等；也提供了无形资助，比如说建立研究机构、调遣专家人员等。这些都在第一时间为这个商业生态系统建立了资源库。越来越多的企业被吸引到了贵州，它们利用这个资源库，慢慢建立起了自己的价值链。而由于它们的发展，又增加了贵州省的有形和无形资产。越来越多的社会资本进入贵州省，人力资源得到优化，这一过程被称为反馈效应。反馈效应最终导致社交网络，也即资源库的扩张，而资源库的增长又会使更多的企业在这里获取价值。

虽然我们用理论意义的方式描述了这一过程，但在这个过程中存在着很多现实因素的影响，归根结底，商业生态系统的建立就是在这种循环往复的过程中慢慢优化升级并完善的。

平台生态的治理

前面几节所描述的平台，都是基于核心企业或者说核心科技形成的网络，它们与传统的供应网络的基本区别是，在生态中的各个组成部分之间相互依存：当一个参与者离开网络时，对其他的参与者来说这个网络的价值将降低。当一个新的有效的参与者加入网络，对其他参与者来说这个网络的价值将升高。在平台生态中的各个参与者最终是分享着同样的命运（Den Hartigh, Tol & Visscher, 2006）。第一节简单描述了一个健康生态系统所需要的特质，包括高效、强壮以及创造能力（Iansiti & Levien, 2002），图8-9简单描述了一个生态系统是否健康的指标，而平台生态的治理便是为了让生态系统处于一种健康的状态。

有学者（Iansiti & Levien, 2004）指出，当企业想要在商业生态系统中扮演一个塑造者的角色时它们可以通过以下方式去达成——成为统治者（dominator）或者关键者（keystone）。一个统治者通过将商业生态中产生的大部分价值内在化的方式塑造商业生态系统。统治者最终把整个网络全部吸收，短期内提取最大限度的价值，然而长远来看，这最终将摧毁商业生态系统。关键者与统治者不同，它致力于为生态系统提供共享的科技平台，同时成为网络的中心，并且将网络中的参与者连接起来，尽最大努力使生态系统可以正向持续地发展。这种类型的企业不仅仅可以使它们所属的生态系统向前发展，企业本身也会在这样的环境中成长和繁荣。

高效	强壮	创造能力
・总要素生产力 ・效率提高力 ・创新能力的传递力	・存活能力 ・结构的持久性 ・可预测性 ・少许的退化性 ・可持续性	・多样性 ・价值创造能力

图8-9　生态系统的健康指标

苹果的iOS系统拥有超过14000个应用软件，它引领着软件行业的发展。和传统的软件开发服务商不同，苹果系统的服务成就了一大批各种各样的行业翘楚。这些专家不仅仅拥有非常强大的能力，它们更能敏感地察觉到用户的需求，而这些需求有可能是被苹果iOS系统开发者所忽略的（Tiwana, Konsynski & Bush, 2010），而这些行业翘楚在这个平台上的活跃也使苹果系统更受用户的认可和喜爱。核心企业活跃于塑造生态系统，我们也可以被称之为生态治理。

平台生态治理中最大的挑战来自核心企业必须对平台有充分的掌控力，保证生态的完整性，然而同时需要使平台中的参与者能够充分发挥创新能力。根据蒂瓦娜等人（Tiwana et al., 2010）的定义，可以从三个方面去解读平台生态治理，包括决策权分割（decision rights partitioning）、掌控力（control）、所有权 vs 股份所有（proprietary vs shared ownership）。

决策权分割指的是核心企业和其他参与方如何分割决策权；掌控力指的是核心企业如何通过正规和非正规的方式激励生态中的参与者向企业所希望的方向发展；掌控力可以是基于合法权利，比如说合约关系、流程管理等，也可以是基于非正规途径，比如说创造共同的价值观或者信仰等。有学者（Gulati, Puranam & Tushman, 2012）将名誉、地位影响、门槛设限、控制核心资源或科技等，也都归入非正规途径中；所有权和股份所有所指的是这个平台生态系统是由一个企业作为核心企业，还是由多个企业组成核心组织。

苹果公司对于生态的治理正是灵活、熟练运用了正规与不正规机制。比如说苹果公司开放了自己的平台，让开发者可以在这个平台上发布自己的产品，却制定了平台的规则，使开发者不能对苹果平台造成安全威胁。它对于接入平台中的硬件和软件都有严格的要求，这使整个生态的联系更加密切。

对于核心企业的管理人员来说，了解平台生态治理与传统的合作伙伴关系微观管理的不同是非常重要的。平台生态治理是一个放手治理的方式，但是与"不作为"完全不同。关键者并不是以上位者的身份给其他企业带来能量，而是给网络中的企业指点迷津，使它们获得本来就应该属于它们的能量。相较于给网络中的其他企业设立约束性指标，关键者更倾向于为创建一个指南针去引导整个系统的方向。沃斯（Vos, 2006）提出，商业生态系统治理是对在网络中的各个参与者提供动机（incentives）和愿景（vision），使这些参与者可以追求同样的目标。通过增强商业生态系统抵御外部环境变化的能力及调节内部创新的速度，使各个参与者可以自主地接近共同目标，并确保它们的积极性不被各种阻碍因素制约。

苹果公司至今仍然是科技行业中的佼佼者，虽然它们后来在新品发布会上的表现遭到质疑，说苹果即将失去科技产品领导者的身份。然而在过去20年里苹果的优异表现是不容置疑的。很多人都非常认同，苹果公司非常擅长为一个生态系统提供愿景（vision），也可以说它们开启了这样一个模式，并且到目前为止是做得最为完善的。苹果通过营销手段让它们的产品成为21世纪的必备。尽管苹果是非常封闭的生态网络，但是消费者并不十分在意这个事情。苹果给这个生态带来一种信念，让生态中的参与者相信"这个是一定有效的"，而这个信念在后来大多数的实践中被证明是对的。苹果使消费者、合作伙伴等相信未来趋势将是某种样子，引导它们去接受这种概念。比如说，苹果宣布手机的发展趋势是非常薄的机身与触摸屏的操作系统，生态系统中的参与者普遍接受这种观点并且致力共同打造这样的产品。

这就是一个生态系统治理的过程。使生态中的参与者接受同一种信念，为共同的目标一起奋斗；尽可能地降低生态内部的创新壁垒，为生态中的企业打造可以自由创新的平台，而又可以控制生态中的创新速度，令生态可以可持续地稳定发展。

本章小结

这一章讲述了什么是平台生态体系，对它的概念、动态模式、形成过程以及治理都做了一个简要的描述。平台生态系统是一个非常整体的、动态的、强壮的系统。在生态系统中的参与者在互相协作的同时，可以更有效地适应环境的变化，抵御外界的不利因素，最终实现正向、可持续地发展。

然而，不可否认的是，平台生态系统的研究仍然处于初期阶段。虽然本章节对每一个方面都有所涉猎，但是由于理论本身处于雏形阶段，导致案例的选择也有较大的局限性——更多的是借鉴国外的案例经验，本地化的案例研究仍然不够充分。在未来的研究中，对本地生态系统的研究可以作为主要拓展方向。不仅仅局限于基于地理位置（比如说园区经济）产生的生态，也可以着重研究基于科技的本地化生态系统。这方面的研究对发展中国经济和提高企业创新能力等方面的借鉴作用不容小觑。

第九章

如何借助社交关系支持在线市场的交易

在上一章里,我们介绍了平台生态系统的相关内容,社交关系是平台生态里很重要的一部分。近年来,几大主要电商平台都在尝试打造基于自身平台的社交生态圈,这也凸显了社交关系在在线交易市场的重要作用。在这一章里我们将着重探讨如何借助社交关系支持在线市场的交易,进而支持平台的长期发展。

阿里为何总想发展社交

阿里曾多次在社交领域进行布局,首先是推出自己的社交软件。2013年9月23日,阿里推出了一款移动好友互动平台——"来往",这也是阿里新成立的"网络通讯事业部"推出的首个集团核心项目。来往是一款即时通信软件,其核心是借助语言、文字等基本的通讯功能实现熟人之间的社交。此外,它还支持阅后即焚。为了能在熟人社交领域抢夺微信的市场份额,马云曾邀请很多自己的明星朋友使用来往,并严令全公司员工使用并推广该产品。然而,因为失去了市场先机,来往最终还是无法与微信抗衡,以失败告终。这也表明,在这个微信占据社交霸主地位,且拥有极高的用户依赖性的时代,阿里已不太可能独立推出一款新的熟人社交产品并打败微信了。

但阿里并没有放弃在社交领域的探索,而是把策略从推出新的社交平台转为在已有平台上引入社交成分,并在淘宝和支付宝上都进行了尝试。基于已有的注册用户基础迅速建立起社交圈子,当社交圈子搭建成功后,一方面可以吸引新用户的入驻,另一方面也可以增强用户黏性,提高用户使用频率,促成交易的实现。

以淘宝为例,淘宝首页全面改版实现SNS(社交网络)化,客户端上线了一系列旨在搭建社交圈子的功能,淘宝正在尝试建立基于买家和卖家的社交圈。除了已经在平台上推出的淘宝头条、淘抢购、爱逛街、有好货、必买清单、微淘、直播等专注于商品推荐分享的模块外,还积极与第三方平台如微博、优酷土豆等合作。如今淘宝已经打通了与虾米音乐账号的关联,虾米音乐拥有"千人千面"的个性化推送技术,会针对不同的淘宝用户进行喜好的分配,在用户逛店的时候推送不同的音乐服务,同时,用户在淘宝上的搜索及消费记录也会给虾米的推送技术提供精准的数据支持。此外，手机淘宝上线了一个"问大家"板块，用户可以在网购之前向买过该商品的人询问有关产品质量的问题，并且依据淘宝后台的大数据分析技术，每个用户都能够在"问大家"中发现自己感兴趣的话题，并且用户在参与"问大家"的讨论后，还能够依据个人兴趣爱好直接加入对应的圈子，寻找与自己有相同兴趣爱好的买家，并会获得相应的卖家推荐。

支付宝作为阿里的另一张王牌，也在社交化上做了很多努力。2015年9月，支付宝推出了口碑网。10月，支付宝又新增了"生活圈"的功能，最重要的举措是在2016年11月26日，支付宝上线"圈子"。这个"圈子"分为"校园日记"和"白领日记"两部分，只有符合条件的女性朋友才能发帖，且只有芝麻信用分高于750分的用户才能够评论这些状态，而低于750分的人只能打赏。"圈子"上线第一天，里面充斥着各种真假难辨的美女清凉照片，各种吐槽在微博和微信朋友圈上刷屏。一边是发布照片求打赏的女性用户，一边是评论留言的污秽不堪，整个营销的主题充斥着色情与炫富，尺度之大令人咋舌。很快支付宝被推上了风口浪尖，甚至一度被人戏称为"支付鸨"。随着事件的逐步发酵，蚂蚁金服董事长彭蕾发出道歉信，承认了错误并指出此次营销活动与阿里的价值观相违背，同时做出承诺会进行整顿，要求相关内部人员进行反思与自查。

虽然在发展的过程遇到了很多困难和阻碍，甚至是失败，但阿里从未放弃过发展社交的野心。为何阿里一定要将淘宝和天猫打造成"社交电商平台"？为何"社交"在当今的平台建设中如此重要？社交关系在交易建立的过程中究竟能够发挥怎样的作用？

社交关系支持在线交易的作用机制

　　传统的交往方式多为线下交往，每个人的社交关系链局限于自己的"熟人"，同时传统的交易方式以线下交易为主，即面对面交易。因而在传统的市场交易行为中，交易关系容易受到社会关系的影响，如买卖双方在进行交易时，买方常常倾向于找到中间人。中间人和交易双方都有一定的交情，"中间人"介入交易关系即形成所谓的"熟人买卖"。这时，卖方通常会看在中间人的面子上，即卖一个情面给第三方，这也往往会使买方获得更优惠的成交价格、更好的质量或是更优的交易条件等。

　　现如今，随着互联网技术的迅速发展，线上社交逐渐成为日常社交的主要形式，我们的社交关系链中不只有熟人，还有仅有一面之缘的朋友或者是从未见过面的陌生人。与此同时，在线交易在我们的生活中越来越重要，我们会在线上从陌生人那里购买商品和服务。当社交关系、交易关系都在进行数字化、网络化时，这种基于互联网形成的社交关系对在线交易行为有何影响？社交关系在平台的发展过程中扮演了怎样的角色，发挥了怎样的作用？这就是我们本章要讨论的问题。

对于线下交易，买者与卖者之间的交易过程与商品交割是面对面同步完成的，买者可以借由对商品的审视，直接判断商品的可察觉价值与商品价格的差距进而做出购买决策，在此过程中，也会涉及对卖家信用的关注，但这并不是买方关注的重点。对于在线购物，包括电商平台购物和移动社交平台购物，买方与卖方之间的交易过程与商品交割是相分离的，买方没有可审视的真实样品，只能通过图片及卖方对商品的描述来判断商品的价值。在互联网情景下，买方需要借助相应的机制设计来降低交易风险并帮助自己判断商品的可察觉价值。其中，对于淘宝、京东等平台式电商，平台本身所设置的交易规则，在一定程度上充当交易实现的保护机制，而卖方的信用评级制度和顾客评价体系等则充当了信用保护机制，以帮助买方事先判断商品的可察觉价值。

但现有的电商平台信用体系在发展中遭遇了约束与瓶颈。首先，信息搜集遇到困难。现有的网上信用评分体系往往只针对特定平台的特定产品，或是特定商户，很难建立起具有普遍意义的互联网信用体系，并且缺乏有效的激励机制鼓励用户对产品进行评价，从而使得真正可收集、可利用的信息非常有限。其次，随着平台上商家间的竞争日益激烈，刷单、刷钻的行为普遍存在。平台商家通过刷单可以在短期内获得更多的好评和流量，从而实现更多的销量，因而这成为商家的一种必然选择。用店家的话说,"刷单或许会死,不刷只能等死"。后果是消费者看到的销量、好评等信息很有可能是被"加工"过的信息,从而丧失了真实性与可信性。买方如何获取真实、有效的产品信息成为在线交易需要解决的关键问题。

我们发现,社交关系的引入可以使信息传递机制有效地建立起来,从而帮助买方获得相对真实有效的信息。

以二手交易平台58转转为例,二手交易市场上商品种类繁多且质量参差不齐,同一款产品往往有很多个卖家在卖,而每个用户既可以作为买家,又可以作为卖家,这在给平台用户提供了极为丰富的选择的同时,也给买家带来了在众多选择中难以做出抉择的问题。在互联网情境下,卖家对于所出售商品的描述往往是有限的和不精确的,单纯依靠卖方对所售商品的文字和图片的描述,买方并不能在有限的时间内准确获得关于商品的真实信息,可能带来的后果是,买家因在众多的选择中无法做出抉择,而最终放弃交易或是导致交易质量下降,即买方认为买到的产品的质量与自我心理预期有差距而不满意交易结果,这可能会间接降低买方对平台的满意度而导致用户流失。

一个可行的解决方案就是引入社交关系,向平台用户开放其共同好友等信息。如在每一个产品的页面显示买方与卖方的共同好友,买方可以通过二人的"共同好友"获得关于商品的真实信息,相比只看到卖方对于商品的描述,或者可能是由"刷单"产生的不真实评价,买方会更倾向于相信共同好友从卖方那里获得并传递到自己这里的信息。中国传统文化中有"买卖不成仁义在"及"重义气"的传统，因而卖方在向共同好友传递产品的信息时会出于对"交情"的考虑而传递更为真实、可靠的信息，买方在获得商品的准确信息后，可以自行评估自己的需求与产品质量之间的关系，在这种信息较为对称的情境下促成的交易往往是有效交易，买方从交易中获得的满意度也通常较高。

可以发现，社交关系的引入在交易关系中额外建立起了一条"信任关系链"，基于这种信任关系，信息可以在参与交易的双方之间进行有效传递，关于商品的真实、可靠的信息首先会从卖家传递到共同好友，继而共同好友会将这一信息传递给买方，同时卖方也可以通过共同好友获得关于买方的真实信息，即信息可以双向传递。引入社交关系使得有效的信息传递成为可能，降低了用户的搜索成本和试错成本。因而社交关系对于在线交易的支撑作用主要是一种间接作用，帮助建立起信任关系而完成信息传递的任务，我们将这种模式称为"信任经济"。那么除了依靠熟人社交建立起这种信任关系，"信任经济"还有哪些类型？我们将在下一节中进行探讨。

基于社交关系产生的"信任经济"

"信任关系"不仅包括现实生活中的"熟人社交"，也包括基于互联网在用户之间建立的不同程度的社交关系，当这种信任关系与在线交易相结合的时候，往往会形成一个"信任关系链"；这种信任关系通常具有很高的经济价值从而催生"信任经济"，即基于信任关系而形成交易，基于信任关系而使卖家收单、消费者买单。

"信任经济"中的信任来源于社交关系建立的基础，在此，我们将基于互联网产生的社交关系大致区分为三类——基于交情的社交关系、基于能力的社交关系以及基于兴趣的社交关系。交情、能力和兴趣把一部分人联结起来而形成一个小团体，并形成了不同程度的"信任关系"，这种信任关系使得真实、可靠的信息能够有效传递，我们将分别探讨三类社交关系是如何支持在线市场的交易行为的。

基于交情的社交关系

"交情"是人与人在相互交往的过程中建立起来的感情，根据交往对象的不同可分为亲情、友情、爱情等。美国斯坦福大学的马克·格兰诺维特（Mark Granovetter）教授根据人与人之间相互往来的次数的频繁程度，把人与人之间的关系区分为强关系和弱关系。如果在一段时间内，双方互动频率较高，经常往来，我们称这种关系为强关系，此时人与人之间有着紧密的联系；如果在一段时间内，双方的互动频率较低，来往较少，我们称这种关系为弱关系，此时人与人之间关系并不紧密。

很明显，基于交情的社交关系，如我们的朋友、爱人、亲人等，属于我们人际社会网络中的强关系，而基于这种强关系所产生的信任也是所有社交关系中信任程度最高的，亚马逊的"心愿单模式"就是成功将这种社交关系引入平台并直接转化为交易量的增加的典型。

亚马逊的心愿单类似于购物车、收藏夹，用于收藏、保存商品，进入心愿单后可以看到用户保存的商品并直接购买，不同于普通的购物车和收藏夹，亚马逊心愿单最重要的功能是分享，用户可以建立多个心愿单，并分别选择是"仅对自己可见"还是"对朋友可见"或者"对任何人可见"，用户也可以把心愿单链接发送给别人，让对方自主选择要购买什么礼物。除此之外，在账户的心愿单页面，在查找其他人的心愿单栏目里输入姓名、电话或者电子邮件，还可以查看其他人的心愿单。这是在线交易与社交关系相结合的一个很好的案例。每个用户都可以看到亲朋好友的心愿单，这让每个用户在在线市场交易中都处于社交关系链中的一环。亚马逊的心愿单成为很多用户在选购礼物时的主要参考对象，如在重要的节日或者纪念日，爱人、亲人或是朋友常常通过查看对方心愿单的方式为其选购礼物，从而大大提高了亚马逊平台上的成交量。这是一个基于交情的社交关系转化为交易量的典型案例。

基于交情的社交关系是所有社交关系中联系最为紧密的，因此基于这种社交关系所建立起来的信任关系也是最可靠的。有两个维度的信息可以在这种"信任关系链"中实现有效传递。一是关于产品的信息。通过"好友推荐"或是直接询问好友对某一商品的用户体验及评价，买家可以获得关于产品用户体验的一手信息，并且可以从好友那里具体咨询一些细节，更为全面地了解产品的真实信息。二是关于用户的信息，包括用户的偏好、购物习惯以及其他信息。如在亚马逊心愿单模式这一模式中，用户可以直接看到好友公开的心愿单，因此在选购礼物时可以直接从对方的心愿单中进行选择，降低了自己搜索成本的同时又提高了好友的满意度，一举两得，这都得益于信息不对称程度的降低。

基于能力的社交关系

在人际关系网络中，除了有基于亲情、友情和爱情建立起来的社交关系，还有基于能力建立起来的社交关系。不同于基于交情的社交关系，信任主要建立在人与人之间的情感上。在基于能力的社交关系中，"信任"主要建立在意见领袖个人的能力与魅力上。"意见领袖"又被称为"舆论领袖"，指在社交网络中为他人提供信息并施加影响的"活跃分子"。他们常对一个特定的产品或产品种类非正式地进行传播、提供意见或信息给周围的人，如认为某种品牌是最好的，或指出对某特定产品应该如何使用等，受众出于对他个人的信任，便会购买此产品，从而实现了从社交关系到交易关系的转变。

在众多自媒体里面，罗振宇的"罗辑思维"是最成功的几家之一。作为自媒体新秀，罗辑思维主要包括微信语音、视频、线下读书会等具体互动形式，主要服务于"80后""90后"中有"读书求知"需求的群体，打造互联网知识型社群。而其主讲人罗振宇则依靠个人能力和魅力而迅速走红，并拥有了大量的支持者与粉丝。罗振宇依靠其个人能力建立起了与粉丝之间的信任关系，如何发挥这种社交关系的信息传递作用而促进交易量的提升成为关键。

2015年11月18日，罗振宇的罗辑思维团队推出并上线了"得到"App，截至2017年3月5日，得到总用户数已超过558万人，日均活跃用户数超过45万人，专栏累计销售144万份，专栏周打开率为63.1%，专栏日打开率为29.3%。不同于iBook、微信读书等其他电子阅读平台，"得到"主要是为用户提供知识服务。其商城里主要出售书籍和课程。书籍是经过其团队精选的，包括精简版的电子图书和精装版的纸质图书；课程主要是一些知名大佬的商业观点或科学理论，或是名家对某一本书的解读。得到的目标客户群主要是职场新人及在校学生，因为他们往往对提升自己有着强烈的愿望和需求。

"得到"平台的赢利模式是直接向用户收取费用，除去免费课程，用户听其他的课程都要单独购买，如"熊逸书院"——带你读通52本思想经典、"薛兆丰的北大经济学课"以及"罗永浩干货日记"等,均为每年199元,付费成功后即可在一年的时间里阅读。平台上的书籍都是经得到内容团队精选过的,降低了用户在阅读时的知识选择成本,并且平台上对图书进行解读、分析的多为高校教授或是某一行业的知名大咖,用户对其提供的知识服务较为信任,因而愿意付费购买。

图9-1 "得到"平台主页　　图9-2 "得到"专栏订阅内容举例

　　基于能力建立起来的社交关系会让"粉丝"心甘情愿地买单,从而催生巨大的成交量。这一信息传递的作用机制主要体现在产品推荐上,用户有消费的需求,但是不知道自己要选择什么，此时，一个自己愿意相信的人的推荐就会成为自己愿意尝试的选择。比如消费者想要读书却不知道选择哪本书比较好，如果罗振宇的能力已经让他信服，他就会选择罗振宇推荐的书籍，而且极有可能在得到平台上直接购买；比如消费者想要选择护肤品而不知道如何选择，他可能会去小红书上直接看自己信任的用户的推荐帖，而且如果第一次购买的用户体验良好的话，将形成良性循环，信任程度将会提高并促成更多在线交易的实现；再比如消费者想要购买服装，但是网上选择众多，且质量、价格参差不齐，消费者此时往往倾向于相信知名博主或是网红推荐的品牌或是淘宝店，如今很多知名博主都会发帖推荐产品，并在评论区附有链接，消费者可以一键登录商城进行购买。这种基于能力的社交关系所建立起来的信任关系链使很多潜在交易直接转化为了有效交易。

基于兴趣的社交关系

每个人都有自己的兴趣爱好，有的人喜欢骑行，有的人喜欢瑜伽，有的人则喜欢爬山，有着相同兴趣爱好的人走到一起就组成了协会。兴趣协会在我们的日常生活中很常见，如高校中的社团组织、汽车之家以及马拉松俱乐部等，不同的人因为有着共同的兴趣爱好而建立起社交关系。

以豆瓣电影为例，用户可以自由交流观影感受，发表影评并对电影进行评分，网站中聚集了大量的电影爱好者，相同的兴趣爱好使这些在现实生活中相隔千里的用户在豆瓣电影的平台上建立起了基于兴趣的社交关系。有着相同爱好或品位的用户，如都喜欢某几部电影或者某位演员，会建立起自己的小社群，随着联系的增多，了解的深入，信任关系也就逐渐建立起来了。当某个用户想看电影而不知道选择哪部电影时，他会倾向于选择小社群中同伴的推荐，会倾向于相信在同伴中评分较高的电影。并且豆瓣电影平台已经上线了购买电影票的功能，当用户根据线上朋友的推荐发现自己喜欢的电影时，会选择直接在线购买电影票，实现了基于兴趣的社交关系对在线交易的支撑，并直接转化为了成交量。

此外，在二手交易平台上也形成了很多基于兴趣的社交关系。在转转平台上，用户基于相同的兴趣形成了"转转圈"，例如海贼王、耳机爱好者圈、多肉植物浮梦园、机械键盘控等，用户在转转圈中既可以发布宝贝，又能看到其他用户发布的相关宝贝并决定是否购买，同时还能够与同一个圈子中的用户进行兴趣交流。与之类似，在阿里巴巴旗下的二手交易平台闲鱼上，用户则基于相同的兴趣形成了"鱼塘"，如山地车交易、跆拳道、棒垒球运动、阿迪粉积聚地等，用户在鱼塘中可以发布闲置物品，与其他用户进行问答，或是参与由"塘主"发起的活动。无论是转转圈还是鱼塘，都将有相同兴趣的用户联系在了一起，并在他们之间建立起了社交联系。这些用户都处在一个圈子中，提高了看到感兴趣产品的概率，因而也在无形中提高了潜在交易量。

因此，兴趣社交也是人际关系网络中的一种，与交情社交和能力社交类似，基于兴趣社交也可以建立起某种交易关系，从而提高交易量。这是因为小组或是"转转圈"里的成员具有明确的偏好，因而可以针对目标群体进行定向的广告投放和产品推荐，从而增强营销的精确度。然而如果仅仅依靠兴趣类社交发展电商平台，则很有可能面临共同爱好者群体数量受限的难题，即用户量很难达到较高的量级，正所谓同好难寻。

基于交情、能力和兴趣形成的社交关系是"信任经济"产生的基础，这三种社交关系使得"信息关系链"建立起来并让信息实现有效传递，同时可以极大地降低信息不对称的程度并促成更多的有效交易，因而社交关系在支撑在线交易实现的过程中，主要起到信息传递的作用，这是一种间接的支撑作用。下一节中我们将讨论社交关系在在线交易中的滥用——直接利用社交关系促成交易，我们将探讨这种模式不能长久的原因。

避免社交关系在平台上的滥用

社交关系对在线交易的支撑作用是间接的而不是直接的。基于社交关系建立起的"信息关系链"能使真实、有效的信息得到有效传递，但是这种信任关系不能够被滥用，直接利用社交关系中建立起来的信任实现交易，很多情况下都是在牺牲交情以达成交易。交易双方之间具有双重关系，即社交关系和交易关系，实现交易关系的结果往往是一方获利，这与社交关系中互惠互利的根本原则相冲突，因而这种模式并不能长久。

以微商为例。微商指利用社交媒体等互联网手段从事商业活动的企业或个人。从企业微商来看，"摩能国际"曾号称是国内最大的微商公司，之前有记者调查发现，摩能国际涉嫌多重违规，如产品虚假宣传、潜在安全风险大以及其代理模式涉嫌传销等。据报道，事件始于2017年5月底，相关部门接到多位微商代理的投诉，称摩能国际采取"传销"模式发展代理，其工作人员到全国各地巡回开会，进行虚假宣传，并承诺分流返利，诱骗了很多人加入，被骗金额从几万到几十万不等，很多家庭损失惨重。此外，一些代理商指出摩能国际曾经承诺的分流一直没有兑现，代理商还遇到了产品积压所带来的损失。[1]个体微商的发展形势同样不乐观，几年前，朋友圈有很多微商都在卖面膜等网红产品，而如今，我们在朋友圈中几乎再也看不到他们的状态。总体而言，微商在2012年初期经历了一个野蛮式增长的时期，近年来其发展势头减弱，微商百度指数[2]也验证了这一事实，2014年下半年开始，微商指数一直处于下行状态。

---

[1] 资料来源：东北新闻网，《摩能国际三宗罪：产品虚假宣传且安全风险大，涉嫌传销》。相关链接：http://finance.nen.com.cn/system/2017/06/09/019907123.shtml。

[2] 百度指数是指关键词在一个月内在百度上的曝光率和用户关注度。

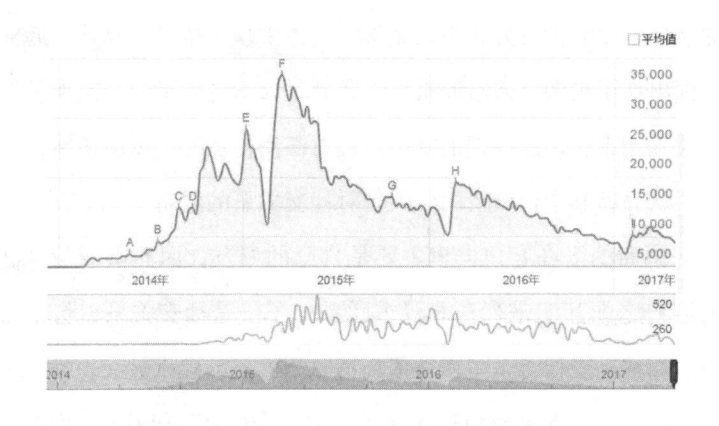

图9-3　2014—2017年微商百度指数走势图

从百度指数上看，2017年微商处于低潮期。自2014年微商被百度指数收录，微商的受关注度持续上升，到2015年3月达到顶峰，之后受关注度持续下降。从媒体指数上看，微商在2011—2012年处于爆发期，受到了媒体的广泛关注，但自2012年，微商的媒体指数处于长期的下降趋势。2016年微商重新获得媒体的关注，但从当时的新闻报道可以看出，当时媒体关于微商的报道多为负面消息，渐渐发展到今天，微商也逐渐失去了媒体的青睐。通过分析微商在百度指数上的表现，我们可以得出结论：无论是从短期还是从长期来看，微商都将处于低潮期，而且将持续低迷下去。

微商近来陷入低潮，并出现很多负面消息的原因可以从多个方面来分析。首先是产品质量问题，微商成了"三无"（无生产日期、无质量合格证、无生产厂家）产品的温床，同时，微商的代理制度和销售方式为人诟病，不为大众所接受。此外，近来微商出现了很多负面新闻报道，尤其是大学生做微商，出现了很多受骗的案例，这些都加剧了人们对微商的反感与抵触情绪，但笔者认为，其中最重要的原因是对社交关系的滥用。

微商的潜在客户群里主要是自己的好友，因而微商与自己的客户之间其实是存在着双重联系：一层是社交关系，包括亲情、友情、爱情等，主要是依托情感型关系的熟人社交；另一层是交易关系，即微商和好友分别作为商品的卖家和买家，微商从好友那里出售商品并赚取利润差价。然而这种直接利用社交关系促成交易的模式是不能长久的。

首先是因为社交关系和交易关系的价值观的冲突。微信朋友圈原本是用以资讯分享、情感传递的社区，并不是一个电商平台，且社交关系往往是一种互惠互利的关系，双方都能从中得到情感或是利益上的满足才能使关系得以长久维持，但是交易关系是一方从另一方那里赚取利益，因而一定程度上微商交易的实现是以牺牲交情为代价的。

此外，微信朋友圈里存在的社交关系强度各异，既有强关系，包括亲人和熟识的朋友等；又有弱关系，可能是只见过一次面或是仅仅一起参加过一次活动的朋友。一方面，强关系的好友可能会担心交易关系影响原有的交情，或是难以接受卖家借助强关系而出现的"杀熟"行为，而不会从微商好友处购买商品；另一方面，当弱关系好友发现对方在做微商时，很有可能选择屏蔽对方的朋友圈，甚至是直接将其删除、拉黑。毫无疑问，这也是我们在面对微商时所做出的选择。因此，利用社交关系直接促进交易实现的模式并不能长久。

平台引入社交关系的策略选择

平台需要流量来提高平台上的交易额，这要求提高平台上的用户数量。如何提高平台的用户数量并发挥网络外部性，提高平台上的潜在交易量，成为平台长期发展要解决的一个关键问题。

社交平台因其社交属性，成为线上的人群聚集地，且因为每个人都处于社交网络之中，如果能将社交平台上的用户吸引到在线交易平台，一旦已有用户自己拥有很好的使用体验，继而将愿意带动自己的好友也进入该平台，这成为平台扩大用户规模的一条捷径。

根据艾瑞咨询《2016年中国电商生命力报告》数据显示，当代中国电子商务的发展趋势之一是社交和电商相互融合、相互渗透，抢占用户资源。数据显示，2015年社交网络用户规模达1.5亿，增长19.1%，社交网购使用率由33.8%提升至35.2%。网购用户人均社交网购金额为2134元，增长了75.5%；人均社交网购7.2次，相较于2014年提升了1.2次。这些数据彰显了社交因素对于在线市场交易的支撑作用。①

在传统电商时代,用户基于使用需求而发生购买行为,商家对于消费者很难产生直接的影响,而社交化电商则通过增加社交关系链条,对消费者的购买欲望产生刺激作用,或者减少对产品服务、买卖双方彼此的信息不对称性,从而转化为明确的消费需求和成交量,证明了自建或引入社交关系对于在线交易平台的重要性。在本节中我们将具体分析,平台应如何引入社交关系挖掘潜在客户?应如何引入社交关系支持在线市场的交易?我们将主要探讨两种方式,引入第三方社交关系链和电商自建社交网络。

引入第三方社交关系链

微信、微博等现有平台自身已经积累了大量的用户,且拥有大量的用户交易数据和行为数据。据中国互联网络信息中心(CNNIC)公布的《第38次全国互联网络发展状况统计报告》显示,微信已经成为人们社交、购物、企业运营推广的重要工具。据《2016年微信用户数据报告》,微信拥有7亿月活跃用户、56万企业用户和1000万个微信官方公众号;有94%的用户每天使用微信,61%的微信用户每天打开微信超过10次,36%的用户每

---

① 数据来源:艾瑞,《2016年中国电商生命力报告》。相关链接:http://www.100ec.cn/detail--6376449.html。

天打开微信超过30次，使用频率相较2015年有了很大的提升，用户黏性进一步增强；[①]55.1%的用户拥有超过100名好友，16%的用户的好友数量在50名以内，相较于2014年，拥有200名好友的微信用户数量翻了一番。微信已成为我们日常生活中最主要的社交媒体之一，微信上的社交关系拥有巨大的市场。

鉴于微信在社交领域的霸主地位，对于一些平台而言，另行自建社交网络不仅耗时长，而且成本高昂，这种情况下引入第三方社交关系链成为不二选择。

2014年5月，京东集团宣布其在微信平台的购物一级入口启动上线，微信用户可通过购物一级入口购买来自京东的商品，以实现更佳的移动购物体验，这也意味着移动电商新时代的开启。11月27日，京东微店[②]也正式登陆了微信一级入口。

微信一级入口的开通，使得京东可以借助微信的海量用户和流量，在此之前不是京东用户的消费者也可以直接通过微信入口购买京东商城的产品，扩展了新用户，提高了潜在交易量，这使得京东在移动电商领域的发展占据了极大的优势。

同样借助微信引流的还有58同城旗下闲置物品转让平台"转转"。2017年1月11日，转转宣布由58集团CEO姚劲波亲自出演的品牌广告片正式上线，并且产品将接入微信社交关系链，

---

① 数据来源：《2016年微信用户数据报告》。相关链接：https://www.sohu.com/a/123625026_166488。

② 微店是指在微信上开的网店，商家可以自主装修店铺，上传商品信息。

以确保用户身份真实性。转转作为全新的C2C闲置交易平台，主打"真实个人闲置交易"，接入微信社交关系链一方面确保了用户身份的真实性，另一方面通过微信账号可以直接登录转转也为其带来了很多新的用户，并且每一个用户又可以利用自己的社交关系链为其带来新的用户。数据显示，截止2016年5月，转转的日订单峰值已突破10万，日新增用户、日活跃用户、订单每月增速超30%。①

转转选择接入微信社交关系链体现了其对社交关系支撑交易的重视，这一连接使得用户可以使用自己的微信账号直接登录"转转"，降低了用户的转换成本。并且卖家在转转上发布可供出售的商品后，可一键分享到朋友圈，此时朋友圈里的好友可以通过扫描二维码而直接购买朋友发布的闲置商品，便利了买卖双方的联系从而有利于交易关系的建立。反过来，转转将微信支付作为唯一的支付方式，有利于微信支付成交额的增加。这种模式成功搭建起了社交关系与交易关系的桥梁，并且逐渐打破原先掣肘于信任度、支付、物流等的C2C交易难题。

平台接入第三方社交关系链一方面为自己增加了新的客户，增加了潜在交易量，提高了成交额，另一方面商品交易也帮助社交平台加大了流量，帮助其建立全方位的移动生活生态圈，实现了交易平台与社交平台的双向互动、协同发展。相比于自建物

---

① 数据来源：投资潮官网，《姚劲波为亲儿子"转转"拉投资、做代言》。相关链接：http://www.sohu.com/a/134766495_386270。

流，引入第三方社交关系链将更为迅速地实现平台上社交关系与交易关系的结合与转化。此外，新进入的平台也可利用第三方社交的关系链迅速扩展市场份额，有利于平台的推广与发展。

自建社交网络

几大主要的电商平台都已经积累了自己的用户流量，但始终缺少强大的社交关系链，因此主要的电商平台都开始自建社交网络，即以电子商务为根基，在此之上添加社交元素。

以阿里巴巴为例，自建社交平台来往，并在2013年"双11"时将来往与红包、优惠券等营销手段相结合，致力于实现社交与交易的融合。2013年年底天猫启动"品牌站"计划，包括宝洁、微软、ONLY等知名商家在内的44家品牌旗舰店，开启了买家晒单、体验以及试用等多种玩法，并为买家提供了与其他买家的交流渠道。

除淘宝、天猫外，阿里还在其旗下的二手交易网站进行社交建设。前文已经提到，闲鱼是阿里旗下的闲置物品交易平台，即二手物品交易平台。然而，"挖鱼塘"这个平台已经不仅仅局限于交易，而是带上了社交的属性。在闲鱼上，"鱼塘"是指类似于兴趣小组的兴趣群落，这些鱼塘有两种，基于地理位置建立和基于兴趣建立。从交易的角度来说，基于地理位置建立便于买卖双方面对面交易，省去了包裹的邮寄费用，同时也有利于开展线下聚会。而基于兴趣建立起来的鱼塘突破了地理位置的限制，各地有相同兴趣爱好的用户都可以加入鱼塘。每一个鱼塘都有自己的"塘主"和"塘民"，塘民既可以把自己要卖出的商品同步到鱼塘中，也可以向其他塘民求购某样产品，还可以发照片求点赞，或是提出问题和回答别人的问题。

应该承认的是，传统电商搭建自己的社交网络并不是很成功，主要原因是人们还是希望友谊和金钱、交往和交易应该适度分离。但有一个领域，可以把二者结合起来，那就是基于爱好和兴趣，这也是垂直电商能够崛起的关键。

如国内知名的摄影爱好网站"色影无忌"，是全球最大中文影像生活门户，摄影爱好者可以在网站上看到最新的影像和行业动态新闻，以及权威的器材评测和产品资讯，摄影爱好者之间也可以通过网站进行交流与分享。同时，平台上还可进行在线交易，用户可以直接购买所需设备，产品范围涵盖了相机、镜头、摄影包、三脚架、滤镜等，摄影爱好者可以在看完产品评测的帖子后直接购买心仪的产品。与之类似的还有骑行爱好者社群——美骑网。美骑网为骑行者提供自行车资讯、骑行路线、自行车评测导购、自行车商城、赛事活动、业界信息等，骑行爱好者可以在平台上咨询专业人士、获取产品推荐，并且可以在平台的产品库中直接购买产品，实现了在线交易与社交网络的完美结合，也彰显了兴趣社交在垂直电商领域的重要作用。

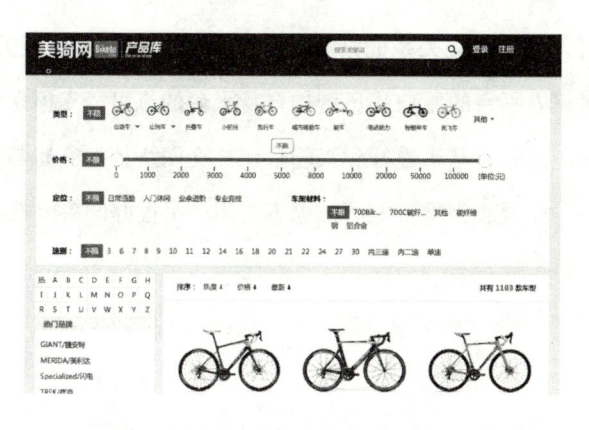

图9-4 美骑网产品库界面

本章小结

无论是阿里自建社交平台，还是转转引入第三方社交关系链使得用户可以通过自己的微信账号直接登录转转平台，都彰显了社交关系对在线市场交易的重要支撑作用。其原因在于社交具有聚集人群的属性，基于交情、能力或是兴趣，很多用户突破了地理限制而在线上聚集在一起，并在彼此之间建立起了"信任关系链"。这使得信息可以在好友间真实、有效地传递，在提高了平台用户数、平台流量的同时，也促成了更多在线交易，提高了成交额。

当今时代，微信与微博在社交领域的地位很难被撼动，它们已经在平台上积累了大量的用户和流量，对于在线市场交易平台而言，引入社交关系的策略之一就是引入第三方社交关系链，利用第三方平台的用户流量增加自身平台的流量，支撑在线交易的实现。同时，基于爱好和兴趣自建社交网络，把交易与社交结合起来，发展成为垂直电商，也不失为一个很好的策略选择。

第十章
支付机制的功能与影响

成功的平台需要完善的支付机制，支付机制是平台实现有效治理的重要手段。本章将首先简单回顾支付机制的发展与演变历程，然后将淘宝、京东分别与国外电商平台 eBay、国内早期电商平台 8848 的失败案例进行对比，探究支付机制对于平台治理的重要作用。最后，借助对苹果公司对打赏行为的禁止，以及银联支付和非银联支付之间的竞合关系分析，探究支付对于平台竞争所产生的影响。

从传统支付到移动支付

商品的交易过程包括了信息搜寻、讨价还价、支付货币和货物交割，由此形成了商品流、货币流和信息流。如图 10-1 所示。

```
        商品流
       ╱────╲
买方 ←──信息流──→ 卖方
       ╲────╱
        货币流
```

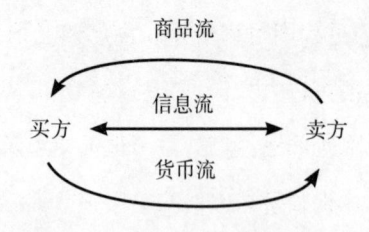

图10–1　传统经济中的"三流合一"

在传统经济中，特别是一手交钱一手交货的交易方式，商品流、货币流和信息流往往是同时进行的，在时间上不会出现分离。但在平台经济中，商品流和货币流以及信息流往往在时间上是分离的。比如，甲通过某个网络平台购买乙出售的一件物品时，其过程往往是这样的：甲完成支付后，货款先流向平台；平台向乙发送收到的付款信息；乙看到付款信息后，通过物流公司向甲发货；甲收到货物后，由自己或物流公司向平台反馈收货信息；最后平台把货款再支付给卖方乙。过程如图10–2所示。

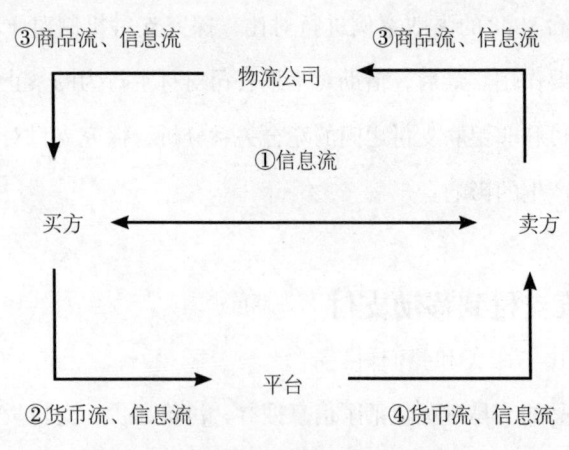

```
③商品流、信息流        ③商品流、信息流
     ↓       物流公司       ↑
     │                      │
     │       ①信息流        │
    买方 ←──────────────→ 卖方
     │                      │
     │         平台         │
     ↓                      ↑
②货币流、信息流        ④货币流、信息流
```

图10–2　在线交易中的"三流分离"

由图10-2的过程图可以看出，商品流、信息流和货币流是分离的。三流分离可以大大提高交易效率，但同时也带来了信息不对称和道德风险等问题。例如距离很远的买卖双方在通过网络平台进行交易时，很容易引发付款无货或发货无款等交易风险。

为降低三流分离出现的交易风险，出现了新的支付方式，图10-3概括了在不同经济发展阶段我们所采用的不同的交易方式和支付机制。

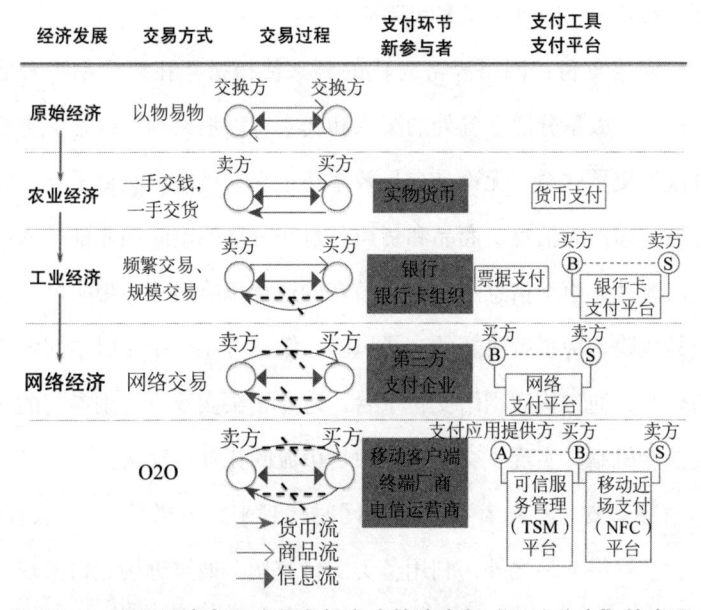

经济发展	交易方式	交易过程	支付环节 新参与者	支付工具 支付平台
原始经济	以物易物	交换方↔交换方		
农业经济	一手交钱，一手交货	卖方↔买方	实物货币	货币支付
工业经济	频繁交易、规模交易	卖方↔买方	银行 银行卡组织	票据支付；买方(B)↔卖方(S) 银行卡支付平台
网络经济	网络交易	卖方↔买方	第三方支付企业	买方(B)↔卖方(S) 网络支付平台
O2O		卖方↔买方 货币流 商品流 信息流	支付应用提供方 移动客户端 终端厂商 电信运营商	支付应用提供方(A) 买方(B) 卖方(S) 可信服务管理(TSM)平台 移动近场支付(NFC)平台

图10-3 不同经济发展阶段支付方式的演变与"三流分离"的出现

图10-3中，和我们讨论的平台治理联系比较密切的主要是银行卡支付、网络支付和移动支付。

银行支付：银行提供的票据、银行卡等支付工具可以满足工业经济对更大规模和更高频次交易的需求，能够突破传统货币支付对交易效率的限制，在交易过程中实现了货币流、信息流、商品流的分离。首先，票据为买方的货币资金转移提供了担保。其次，通过构建银行卡支付受理与清算平台，实现了支付信息的高效传递，为货币资金在买卖双方分属不同银行的账户之间转移提供了担保。在传统经济条件下，票据支付和银行卡支付实现了商品交易过程中货币流与商品流、信息流的分离，从而提升了商品交易效率，降低了交易风险。

网络支付：网络经济时代的到来使得搭建在线交易平台成为可能，大量分散在各处的买家和卖家可以汇聚到平台之上进行直接的交易联系，无论是交易效率还是交易规模都获得了空前的提高。但此时信息、商品和货币各自在分散的空间和非连续的时间内流动，由于信息不对称和潜在的道德风险可能会带来巨大的交易风险。为了解决新的交易风险，第三方支付企业以中间账户为核心，通过构建网络支付平台，建立了买卖双方自主参与的一套监管机制，实现了交易过程中货币流的托管与确认。

移动支付：随着移动互联网时代到来，手机具有了支付功能，在网络交易之外，利用各类支付应用，通过近场支付实现了部分线下交易场景中的三流分离。随着越来越多的消费者和商家汇聚到移动近场支付平台，钱包的功能会逐渐被手机替代。在深刻改变消费习惯的同时，也必然推动各类传统线下商业的电子商务化。

可以看出，从传统支付到移动支付时代，支付体系通过引入新的参与者，构建新的支付机制等经济和技术手段，克服了新的交易或支付风险，保障了交易中"三流分离"条件下的交易效率和安全，有助于推动在线交易和平台经济的发展。

eBay 的失败和淘宝的成功

如上一节所讨论的，网络交易的发展需要相应的支付方式和机制的支持，否则就很难发展起来。实际上，我国早期不少电子商务企业发展缓慢，甚至不少企业折戟沉沙，很重要的原因就在于没有构建完善的支付机制。而那些能够脱颖而出的企业往往是敏锐地注意到了支付机制的重要性，紧紧围绕搭建符合中国国情的支付机制来完善平台治理，从而取得了巨大成功。

eBay在中国为何会失败

eBay于1995年在美国加州诞生，借助互联网开展网络交易。随后eBay推出贝宝（PayPal），作为eBay平台购物的支付方式。贝宝是美国著名企业家埃隆·马斯克在创办特斯拉公司之前创立的一个项目。马斯克注意到了信用卡在网络交易中存在局限，推出了贝宝支付方式，把信用卡和电子邮件账户结合起来，任何拥有电子邮件地址的个人或企业都能够安全、便捷、迅速地在线收款和付款。

在贝宝支付方式的支持下，eBay在美国市场取得巨大成功，并向全球市场扩展。2003年,eBay通过收购易趣网(Eachnet)进军中国市场,截至2006年累计投资达3亿美元,然而收效不尽如人意。尽管开始时增长迅速,但到2006年,eBay的市场份额不足20%并逐步衰减。2006年12月,eBay通过与汤姆(Tom)公司成立"新易趣"的方式,退出中国大陆市场,宣告着eBay试水中国C2C电子商务市场失败。随后eBay中国转型进行跨国零售贸易的网上交易。(余萍,2010)

eBay将美国成熟模式下的商业模式照搬到中国,为何会失败?

原因就在支付方式上。eBay所采用的贝宝支付方式,通过把信用卡账户和本人的电子邮件账户绑定,使得资金流和信息流二者相统一,避免了网络交易的欺诈现象。这其中,电子邮件账户起到了信息流传递的作用,资金流则仍是通过银行信用卡支付,其对欺诈现象的防范主要借助信用卡的功能。但国内外信用卡的功能存在很大不同。

表10-1 国内外信用卡功能比较

信用卡功能	国内信用卡	欧美国家的信用卡
防欺诈保护 (fraud protection)	盗刷款追回较为缓慢	有
提现/返点 (cash/Points back)	部分信用卡有	有
价格保护(price protection)	无	有

（续表）

信用卡功能	国内信用卡	欧美国家的信用卡
租赁保险（rental insurance）	无	部分有（租车险CDW）
旅行延误保险（trip delay protection）	无	部分有
保修期延长（warranty extension）	无	部分有
收费争议（dispute）	无	有

资料来源：根据公开资料整理[①]

从功能上来看，国外信用卡的显著优势在于防欺诈保护与收费争议机制，使得在美国解决信用卡盗刷问题非常容易。国外个人征信数据较为全面，信用卡组织VISA等可以对任意一笔交易提供担保服务，只要持卡人认为交易存在问题，便可以申请追回相应款项。在网银页面，用户可以很容易找到"Dispute the Transaction"（质疑此次交易）的选项，或者向信用卡发卡机构打电话说明情况来避免盗刷损失。

此外，部分国外信用卡具有价格保护和保修期延长的功能，使用这种信用卡购买商品可以延长退货的时限，或自动延长保修时间。

与国外的信用卡相比，我国信用卡缺乏交易担保与消费保护的功能，在盗刷维权方面还存在较多问题，整体上，信用卡市场发展较不成熟。在中国目前这种不成熟的信用卡市场中，贝宝

[①] 资料来源：知乎，《为什么美国需要多张信用卡？》。相关链接：https://www.zhihu.com/question/37683422。

无法借助信用卡为交易担保，因为在交易中没有克服"三流分离"带来的交易风险，所以最终折戟沉沙。

阿里的成功与担保支付

和eBay相比，阿里公司意识到了三流分离对平台交易产生的不利影响，因此率先在国内推出了电子商务担保交易模式——支付宝，有效解决了电子商务交易中的三流分离产生的道德风险。

2003年，淘宝网正式推出支付宝，当时支付宝只是阿里巴巴的一个部门；2004年，浙江支付宝网络科技有限公司正式成立，支付宝由新型支付技术向第三方支付平台转变，成为其他电商的支付工具。2005年，支付宝又推出"全额赔付"支付，让用户更加放心地使用支付宝，相信平台的安全性。此后，支付宝进一步拓宽合作范围，不断增加自身的应用场景：与中国银行合作，推出快捷信用卡支付等新服务；与基金公司合作，开展"余额宝"业务；与政府部门合作，开展水、电、煤气等公共缴费业务等。

支付宝作为新的参与者，对于交易中的"三流"分离产生了重要影响。通过支付宝的担保机制，在线支付最终实现了信息流、货币流、商品流的彻底分离，买卖双方即使相隔千里也可以放心交易，不必担心卖方收到钱不发货或者买方收到货不付钱的交易风险。

买方拍下商品并支付货款后，信息流传递至卖方，资金停留在支付宝的担保账户中，信息流与资金流发生分离；卖方得知付款并发货，商品流与资金流分离；买家确认收货后支付宝将款项转至卖家账户，交易完成。如果买卖双方协商退货退款，商品流与资金流再次分离，当卖家收到买家退货并确认符合退货条件时，平台从担保账户中给买方退回货款，交易完成。在网络经济条件下，支付宝的担保机制有助于建立完善的网络交易诚信体系，使得消费潜力巨大的中国市场得以有效开发。

整个过程如图10–4所示。

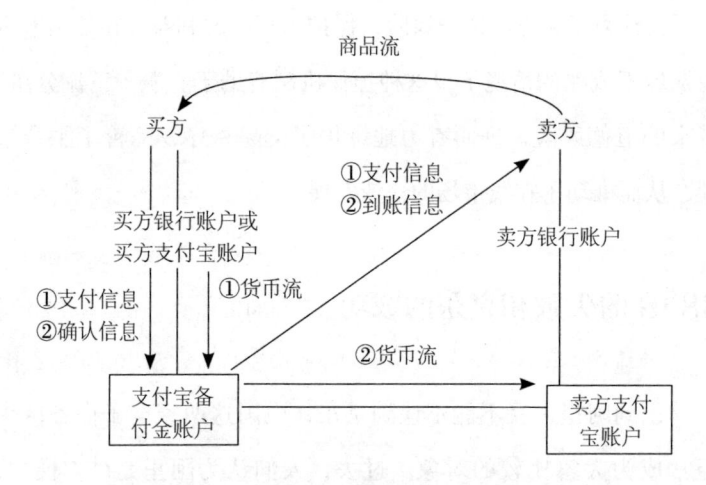

图10–4 支付宝的担保交易与"三流分离"

支付宝可以消除卖家和消费者对交易风险的后顾之忧，这就有效推动了阿里电子商务的发展。2003年淘宝全年总成交额仅为3400万元，到2005年，交易额就快速飙升至80亿元，2011年6月，交易额高达6100.8亿元。到2016年的11月11日的"双11"购物节，仅仅一天就产生出1207亿元的单日交易额（中国电子商务研究中心数据）。阿里集团目前凭借支付宝，搭建了淘宝网、天猫以及二手商品交易平台闲鱼三大在线交易平台，成为中国电子商务领域的标杆型企业。

与eBay相比，阿里系平台取得成功的关键在于支付宝提供的担保机制更符合中国国情。支付宝与贝宝都是起初根植于电商平台，后来发展为独立的支付工具，最大的区别在于前者具有担保功能。这种担保功能既实现了先钱后货，保障了卖方的利益，又严格约束了卖方的道德风险，保护了买方的利益。在信用卡体系发展不成熟的情境下，这种担保机制有助于克服"三流分离"带来的道德风险，进而有力地维护了交易秩序，完善了平台治理，从而推动了在线市场的快速发展。

8848的失败和京东的成功

说到阿里，就不能不谈到京东，中国这两家电子商务巨头经常成为大家比较的对象。过去，人们认为阿里是C2C模式，京东是B2C模式，但随着阿里开始做自营，京东开始开放平台，二者的差异在缩小。但二者之间有一个重要的差异一直没变，那就是对支付机制运用的方式不同。

如前所述，阿里的支付方式是有担保功能的支付宝，支付宝是阿里针对现有支付方式的本土化创新。可以说，阿里的成功就来自自身对支付机制的创新。而我们发现，京东的成功则来自对现有银行支付的创新运用，特别是把物流和移动POS机的技术以及和后来的移动支付技术进行结合。这一点也是京东能够走出早期B2C行业不断失败命运的关键。

8848失败的支付因素

在京东问世之前，曾有一批企业探索开展电子商务和网络交易。比如，新浪公司曾开办新浪商城，中国电信也曾开办过263商城。其中，比较引人瞩目的是8848电子商城。8848由原来在中国做软件连锁销售的北京连邦软件公司创办，曾被誉为"中国电子商务的领头羊"。1999年5月18日，8848电子商务网站正式对外发布。当时，它只是北京连邦公司的电子商务部。1999年6月，8848从北京连邦独立出来，成为北京珠穆朗玛电子商务网络服务有限公司。在1999年至2000年的两年多时间里，8848飞速成长，截至1999年年底，网上超市开通送货业务的城市达到了450个。2000年年初，8848的B2C业务销售的商品种类和数量都有所扩展，月销售额突破千万元大关。2000年年底，中国互联网络信息中心调查显示，有接近70%的人说他们上网买东西首选8848。[①]

但尽管当时B2C发展迅猛，8848公司却很难实现赢利，其

---

① 数据来源：东方头条，《16年前，他创立中国第一个O2O电商网站，但却神秘失败》。相关链接：http://mini.eastday.com/a/160225175846272.html。

中一个很重要的原因就在于支付机制。2000年，银行已经推出在线支付业务了。但在线支付作为新生事物，并不是主流的支付方式，因此8848当时采用的主要支付方式是货到付款。货到付款这种支付方式把商品流和支付流相互绑定，使得快递员也要充当收款员。这导致8848在经营中面临一个巨大的难题就是资金的风险——如何确保快递员收到货款后不会跑了，或者如何保证随身携带货款的快递员不被抢了。

要降低风险，要么不能出售附加值比较高的高价值商品，要么就让快递员交巨额押金。这两件事都限制了8848的发展。因此，当时不少投资者认定B2C无法赢利，因此建议其转向B2B模式。于是内部产生了分歧，甚至到2001年出现了8848和my8848两个网站，一个做B2B，另一个做B2C。内部分歧越来越大，由于管理不力，最终因为货款无法及时和供货商结算而被200多家供货商围攻和举报，甚至被北京工商部门进行"查封"。投资方也信心耗尽，曾尝试把8848作为一个电子商务的概念去包装一些在资本市场表现比较差的企业，甚至进行炒作，但最终也黯然收场！

当然，8848的失败有很多因素，但我们认为，缺乏配套的支付工具与担保机制，用户难以安全、便捷地进行网络支付，是导致其平台治理失败最为直接的导火索。8848当时主要采用货到付款且快递员代收货款的模式。该模式存在诸多风险，当时的移动POS机普及率并不高，快递员收取现金时存在收到假币的风险，快递员收到大额货款时存在被抢劫的风险。此外，道德风险也很难避免，快递员携款潜逃或者谎报自己受到打劫的情况时有发生，平台向快递员收押金的方式并不能有效解决问题。早期电商交易中通过快递员收费的模式下，"资金流"与"商品流"没有实现分离，交易的效率较低，道德风险较高。而支付体系与快递体系的缺陷导致用户收货需要等待较长时间，也严重影响用户体验与用户反馈，限制了业务规模的进一步扩大。

京东成功的支付机制

京东一开始的商业模式和8848是一样的，也是B2C模式。但较于8848，京东的幸运就在于：一方面是随着我国的网络支付逐渐普及，京东开始创新运用新型支付方式；另一方面京东意识到在线交易中商品流和资金流分离的重要性，注重物流建设。

京东创办于1998年，类似于我国早期电子商务的发展，受限于支付方式，京东发展比较缓慢。但2003年出现的"非典"事件，使得大家开始习惯网上购物，由此催生了对网银支付的需要，银行纷纷推出网银支付功能。同时随着我国电信业务的发展，特别是3G业务的出现，移动POS机开始出现，从而使得商品流、资金流和信息流能够分离。京东紧紧地抓住了这一机会，开始充分运用这一新的支付方式来发展自身的电子商务交易。

2007年10月，京东在北京、上海、广州三地率先启用移动

POS机上门刷卡服务,大大减少了快递员收费的操作风险与道德风险,对于改善用户体验也具有重要意义。在优化线下支付服务的同时,京东加强在线支付服务的改进,与中国银联及各商业银行合作,开通网银支付、信用卡支付,与微信支付、快钱等第三方支付企业合作,拓宽支付途径。同时,京东自主研发支付平台,在支付领域积极布局,2012年通过收购拥有支付牌照的第三方支付企业"网银在线"(2003年成立,2011年5月获得支付牌照)间接取得了支付牌照。目前,京东已经形成如图10-5所示的支付体系。

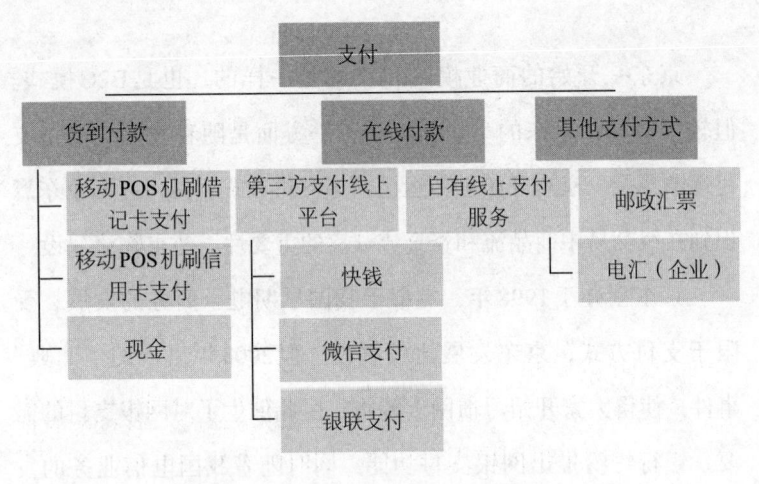

图10-5 京东现行支付方式与分类

资料来源:根据京东年报整理

根据京东年报,2016年京东商城的用户在线付款金额比例达77%,货到付款金额仅为23%。随着互联网经济的发展,选择在线付款的用户占比逐年上升，选择货到付款的用户占比逐年下降，在线付款已成为电商交易中的主流方式。

随着京东支付体系的打造，三流分离中的货币流不再是京东的束缚，而其主要的短板开始出现在商品流，即物流和配送方面。借助第三方物流固然可以减少成本开支，但不利于对物流的掌控，在运输和搬运中，也难免会出现磕碰和损毁，从而影响用户体验。因此，京东开始筹划自建物流体系。京东于2004年开始加强北京、上海、广州三地物流体系的建设。2007年，京东完成第一笔1000万美元融资，用于投资物流。

图10-6 刘强东亲自为客户送货

包括马云在内很多人不看好京东的物流建设，但京东的董事长刘强东认为："从核心的竞争体系来说，信息流、财务流、数据流，三者的重要性可能难分高下，但是在用户体验，特别是在电子商务企业的用户体验方面，物流却是最重要的。"为体现自己对物流的重视，也是为了鼓舞士气，刘强东甚至以身作则，曾亲自驾驶三轮机动车，为客户送货。

苹果公司为何限制App打赏支付

微信公众号"打赏"功能的出现,给微信公众号平台带来了除广告收入以外的新型收入。作为事后付费的方式,读者可以向微信原创文章的作者通过微信支付方式用微信零钱或绑定银行卡账户的余额进行打赏以激励其原创,也可以打赏给公众号推送的编辑者表示鼓励或肯定,金额可以是5元、20元、50元、80元、100元、200元及其他金额。"打赏"逐渐成为读者的一种阅读习惯,也影响着公众号平台的运营。据相关统计,公众平台的文章每天阅读数(PV)超过30亿,赞赏账号的总收入超过2000万元[1]。微信并不从"打赏"功能中获取收益,即"打赏者"支付的"打赏费"全部归"被打赏者",微信不从中抽成。

2016年6月13日,苹果公司更新了其应用商店(App Store)的使用条款中的第3.1.1条,要求App企业"不得包含指引客户使用非IAP(in-app purchases,应用内购买)机制进行购买的按钮、外部链接或其他行动号召用语"[2](如打赏)。用户通过IAP方式支付的费用,苹果与软件开发者的分成通常比例为3∶7。根

---

[1] 数据来源:中国新闻出版广电报,微信转载:由野蛮走向文明——从公众账号原创声明功能看共享经济时代的版权保护。相关链接:http://data.chinaxwcb.com/epaper2016/epaper/d6188/d7b/201601/64321.html。

[2] 数据来源:证券日报,《微信叫板苹果强收过路费,专家:苹果或失中国市场机会》。相关链接:http://zqrb.ccstock.cn/html/2017-05/25/content_55426.htm?div=-1。

据新的要求，苹果公司要求"打赏"活动全部通过苹果支付进行。对于"被打赏者"而言，他们获得的"打赏收入"仅为"打赏者"支付"打赏费"的70%；对于微信来说，其损失则表现在无法及时掌握用户打赏资金的流向，而这些资金流向对于微信来讲，是更具价值的数据收益。因此，2017年4月19日，微信团队宣布，"受苹果公司新规定影响，17点起，iOS版微信公众平台赞赏功能关闭，但安卓等其他版本微信的赞赏功能不受影响"。而苹果公司官方对此回应称，这是由于微信不同意像其他开发者选择App内购买的方式给公众号运营者进行赞赏所致，应用商店坚持公平原则，对所有开发者的要求一样。

苹果之所以冒着损失用户的风险，强硬限制微信的打赏功能，主要原用在于支付方式是维护平台的完整、避免平台被入侵的关键。

从平台竞争角度看，微信一开始，作为一个App产品进驻苹果平台，双方为合作关系。但随着微信的快速发展，微信已经不是一个即时聊天工具或者社交工具，它已经成为一种为用户提供一切生活基础服务设施，同时打通线上线下连接的超级App。[①]特别是2016年微信开始推出小程序业务，更让微信有可能发展为超级App之母。微信小程序（mini program，缩写为XCX）是一种不需要下载安装即可使用的应用，用户通过扫一扫或搜索即可打开应用。2016年9月，微信小程序正式开启内测。2017年1

---

① 数据来源：钛媒体，《苹果与微信的冲突背后：iOS生态的掌控力正在减弱》。相关链接：http://www.tmtpost.com/2608112.html。

月，微信第一批小程序上线。全面开放申请后，企业、政府、媒体及其他组织或个人的开发者均可申请注册小程序。小程序的出现，将大幅提高微信的用户黏性，使用户更加离不开微信，从而导致微信成为所有应用的超级母应用。

超级App其实已不再是一个应用，而是成了平台，并且是平台的平台，是嫁接在苹果iOS系统上的平台。此时，如果该超级App一旦拥有了支付功能，具备了自生能力，就可以完全可以绕过基础平台，从而使得基础平台不仅沦为嫁衣，时间长了以后，还有可能进一步被该App开发企业挟持，被要求进行利润分成。其实，不能排除未来有一天，微信提出"如果苹果不向其支付30%的销售价格提成，苹果手机就无法运行微信程序"的要求。此时，由于消费者高度依赖微信，如果苹果不答应的话，很多消费者就有可能放弃使用苹果手机。这样的话，苹果将不仅会丧失主导地位，利润也会被微信吸干。这种情形自然是苹果公司不愿意看到的，因此，它要求所有App一定要采用苹果的支付系统，目的就是避免被超级App反噬。

无现金社会与数字货币

无现金社会的到来

电子货币的出现与普及使得现金使用的场合逐渐减少，银行卡支付取代了大额现金支付。持有现金具有安全隐患，携带大量现金给现金持有人带来诸多不便，也使得结算过程耗时耗力，还可能出现假币和操作风险引发的纠纷。此外，现金交易往往缺少第三方对交易进行记录，"找零请当面点清"的标语一度出现在各个收银场景中。移动支付使得找零不再困扰买卖双方，也就消除了找零带来的买卖纠纷。移动支付的普及使得现金的使用场景进一步减少，"无现金社会"成为未来的发展趋势。

微信支付2015年提出"无现金生活"的理念，并将2015年8月8日设定为全国首个"无现金日"。在2017年2月，支付宝又推出"收钱码"转账功能，频繁使用转账功能的用户、小店主、小商贩，可以零门槛、零成本地获得专属二维码，即"收钱码"。使用收钱码收入的资金享受提现免费的优惠，还可以查看当天和历史账单，这为小微商户的经营提供了极大的便利。

随着支付宝、微信支付、百度钱包等第三方支付机构对日常消费场景的不断覆盖，2016年非银行支付机构累计发生网络支付业务1639.02亿笔，金额达99.27万亿元，同比分别增长99.53%和100.65%。[①]

移动支付的迅速发展与普及有望带领我国步入无现金社会。未来，当货币完全数字化，支付方式还会出现更大的变化，从而可以更好地解决网络交易产生的三流问题。

---

① 数据来源：智慧生活，《央行公布2016年支付业务统计数据，移动支付金额157.55万亿元》。相关链接：http://www.smartlifein.com/app/201703/23974.html。

图 10–7　通过手机扫码支付的情景

无现金社会的"现金"

在全球范围内支付方式发生巨大变化这一背景下，多国政府将发行数字货币提上日程，我国在数字货币研究领域已经走在世界主权国家的前列。2017年2月，央行推动的基于区块链的数字票据交易平台已经测试成功，由央行发行的法定数字货币已在该平台试运行，法定数字货币有望走入民众的生活，给支付行业带来翻天覆地的变化。

数字货币的底层技术是区块链技术。区块链技术将信用建立在计算机与数学原理之上，杜绝人为操控，分布式记账可以分散中央数据库损毁的危险，保证数据安全。区块链不需要相互信任作为交易前提，其系统逻辑关系保证了交易的真实安全，不依赖中央权威机构和第三方的支撑和信用背书。因此具有去中心化和防止被篡改的特性，有助于提高支付安全性。

在金融领域，存款、票据失踪事件多发，金融数据存储亟待去中心化。数据云端存储成本高昂，通过区块链技术，可将系统中每一个节点作为服务器使用，实现网络自治，降低对中心化的云端数据存储能力的需求。另外，当前的跨境支付结算仍然需要受到信任的中间机构来辅助完成，存在时间长、费用高、效率低的劣势。区块链技术在跨境支付中有着乐观的发展前景，将区块链引入跨境支付中，将可摒弃中转银行，直接实现点到点的快速、成本低廉的跨境支付，国外已经有不少公司在尝试该项业务。

区块链技术和数字货币的发展为银行和第三方支付机构带来了新的机遇与挑战。数字货币的出现，让点对点支付成为可能，也在一定程度上降低了对第三方支付机构作为支付转接机构和支付通道的依赖，而银行卡这一起到鉴权作用的媒介在未来可能会发生功能上的变化。

不同于电子货币仅作为支付工具，央行研发的数字货币本身就是货币。周小川指出，数字货币仍将基于"央行—商业银行"的二元体系在经济体中运行。数字货币发行后依旧需要账户来进行存储，借贷活动还会存在，对银行的息差收入可能不会产生太大影响，但会影响到银行的现金业务与银行卡业务。实体货币不复存在，存现取现以及ATM业务都可能消失，银行卡具有携带成本，刷卡手续费收入可能消失，但转账手续费收入依旧存在，电子银行业务占比进一步提升。

数字货币以云存储的方式集中存储在云端，通过电子传输方式进行传输，将同时提升交易效率与安全程度。未来，法定数字货币推行后，点对点支付可能实现，并自带防欺诈功能，从而使得"支付宝"等具有交易担保性质的支付方式黯然失色，同时也会让微信支付的通道功能衰减，进而使得整个第三方非银支付面临不利的局面。非银支付需要在新生态中重新定位，特别是需要在非法定的数字货币领域寻找新的赢利点。

本章小结

本章重点分析与探讨支付机制对于平台治理的重要作用，从在线交易入手，指出交易中商品流、信息流和资金流这"三流"发生分离对于支付机制提出了新要求。克服"三流分离"带来的道德风险，对于平台治理具有重要意义。通过早期电商平台8848的失败与京东的成功的对比，以及eBay在中国失败与淘宝取得成功的对比，证实成功的平台需要完善的支付机制，平台的发展壮大需要与之相适应的支付机制，支付机制是平台实现有效治理的重要手段。通过对苹果禁止微信打赏支付的案例进行分析，指出支付机制也是平台竞争的重要手段。最后分析无现金社会的发展趋势，并对未来数字货币发行后的形势进行了展望与预测。

第四部分 平台竞争与规制

第十一章
平台之间的竞争

竞争方式

价格竞争

在双边网络效应（net effect）的作用下，平台对于某一用户群体的价值，在很大程度上取决于通过平台连接的另一方用户的数量。平台对网络两边的用户需求匹配得越好，价值就越大。平台提供者必须为每一边制定收费标准，同时要考虑这个标准对两边用户的增长和支付意愿的影响。

平台双边的网络用户通常可以分为"补贴方"（subsidy side）和"赚钱方"（money side），平台给前者提供补贴，而靠后者赚钱。以打车平台为例，如果平台上的司机不多，乘客也不愿使用此软件，而乘客少会降低平台对司机的吸引力。因此为了尽快地把平台搭建起来，平台企业会对双方都进行补贴。这类烧钱行为多发生在平台搭建期，一旦搭建完毕，平台企业的规模效应显现出来后，平台就会改变价格竞争方式，从收费方取得可观的回报。

曾几何时，滴滴、快的、优步还是相互厮杀的冤家对头。它们为了争夺市场份额一掷千金，将价格战演绎到了极致。让我们再来回顾一下中国共享型网约车市场的发展历程。

2010年5月易到用车在北京成立，宣告共享型网约车时代的来临。2012年，快的打车、滴滴打车相继上线。此后各种网约车平台如雨后春笋般涌现。到2013年5月，国内各种共享型网约车平台已有40余家，市场进入群雄逐鹿的激烈竞争阶段。由于大部分平台提供的服务趋于同质化，难以通过服务品质差异吸引用户之时，各平台纷纷推出优厚的补贴政策，用烧钱的方式笼络司机和乘客。价格战最激烈的时候，平台给司机和乘客的补贴之高已到了令人咋舌的地步：乘客使用滴滴快车的平均花费，只相当于普通出租车的一半；而算上各种完成规定任务的奖励，网约车司机每月收入可高达2万~3万元。曾经因为"打车难、打车贵"而叫苦不迭的人们，在便捷而廉价的网约车面前获得了十足的满足感；很多有富余车辆的人，索性雇司机，加入网约车平台分享补贴盛宴。

价格战进行得如火如荼之际，滴滴表现出了强于对手的执行力：密集推出线下广告的同时，持续加大补贴力度。2013年第二季度北京市场几乎被滴滴全数吃下，随后滴滴在上海也宣布订单过万。而为了抢夺市场，快的、大黄蜂等只能跟进，继续加大补贴力度，价格战愈演愈烈。巨大的补贴投入显然是难以持续的，几个月之后，很多网约车平台已然捉襟见肘。这个时候BAT的强势介入奠定了最终的格局。2013年4月，阿里巴巴入股快的打车，2014年1月腾讯注资滴滴打车，2014年12月百度入股优步中国。财大气粗的BAT再一次点燃了三大网约车平台的补贴激情，仅滴滴一家在2014年给司机及乘客的补贴就高达数十亿元。其他融资速度跟不上节奏的平台迅速消亡，滴滴、快的、优步三足鼎立的格局基本形成。

天下大势，合久必分，分久必合。虽然共享型网约车市场份额已几乎被三巨头尽数瓜分，但无奈彼此的市场地位、经营模式过于接近，竞争的压力无处不在。逆水行舟，不进则退，滴滴、快的、优步别无选择地深陷价格战的泥潭无法自拔。一边是巨额的持续投入，一边是赢利仍遥遥无期，再淡定的投资人恐怕也坐不住了，他们心中想要通过合并节省竞争成本的渴望日趋强烈。2015年2月14日，滴滴、快的宣告联姻，得到腾讯和阿里巴巴祝福的新滴滴，一跃成为网约车市场的领导者。重压之下，优步中国的对抗之路也慢慢走到了尽头。2016年8月1日，滴滴出行宣布并购优步中国的品牌、数据等全部资产，优步全球将持有滴滴5.89%的股权、17.7%的经济权益，优步中国的其余中国股东将获得2.3%的经济权益，滴滴出行也成为优步全球的少数股东。[①]优步作为共享出行领域的开拓者，市场遍及60多个国家和地区，而滴滴通过数年的奋力搏杀，便以领导者的姿态屹立于中国市场。此次合并是两位巨人回归理性后，利益博弈的必然选择。

合围与跨界竞争

多边市场的平台企业经常会共同竞争相互交叉的用户群体，这时候平台企业就会面临其他平台的合围。下面以新浪和腾讯两大互联网巨头为例来展现"合围"的过程。

众所周知，新浪做门户网站要早于腾讯，也正因为下手早，一提到门户网站大多数人便立马想到"新浪"，的确，新浪在提供某类综合性互联网信息资源并提供有关信息服务方面一直都做得很好。但随着互联网时代的进一步发展，在门户网站方面，新浪在网络流量上已经被后来居上的腾讯超越。根据中国互联网协会数据，截至2016年年底，腾讯和新浪微博分别位列国内独立访问量的第2名和第5名。究其原因，就是腾讯成功的"合围"战略。

以社交起家的腾讯很早便建立起了庞大的用户群体，从QQ

[①] 数据来源：36氪，《多年之后，面对巡游的无人驾驶汽车，或许你会想起滴滴、优步中国合并的那个下午》。相关链接：http://36kr.com/p/5050372.html。

到微信，腾讯凭借不断优化的技术体验死死抓住人们对社交的刚性需求，同时将业务扩展至游戏、视频、支付等多个领域。其中支付方面不必多说，微信支付一项便足以和阿里苦心经营的支付宝分庭抗礼。此外腾讯视频也从多角度吸引了大量用户，比如近些年斥巨资买下NBA（美国职业篮球联赛）的独家转播权，此举就为其吸引了无数篮球爱好者。而腾讯的游戏平台在带来了可观的游戏收入的同时，也积累了大量的用户流量基础。腾讯就是利用了其早已建立的类型庞大的多边平台，在这些相互交叉的用户群体的基础上，充分发挥用户群体基数大的优势，将流量引向自身的门户网站，从而对门户网站的"老大哥"新浪起到了"合围"的效果。

多边市场的服务范围具有极强的延展性，当平台企业发展到一定规模的时候，就可以尝试提供更多服务，这种新服务的出现对其他平台企业来讲就是跨界竞争。

跨界竞争，顾名思义，就是将自身的业务板块向自身所处行业以外延伸、扩展，自然就会与新行业中的老企业竞争，它们从过去互不相干的关系甚至是合作的关系转变为相互竞争的关系。而当下跨界竞争的发展可谓愈演愈烈，用互联网圈内的一句话说就是，"不想做新闻的浏览器，不是好的社区"。

跨界竞争的例子不胜枚举，尤其在互联网领域，现在我们将目光转移到一个更为典型的例子——平安集团。平安集团的全名是"中国平安保险（集团）股份有限公司"，在1988年成立于深圳蛇口，是中国第一家股份制保险企业，至今已发展成为融保险、银行、投资三大主营业务为一体、核心金融与互联网金融业务并行发展的个人金融生活服务集团之一，甚至现在开始跨界进入了二手车交易、医疗以及二手房买卖等业务。

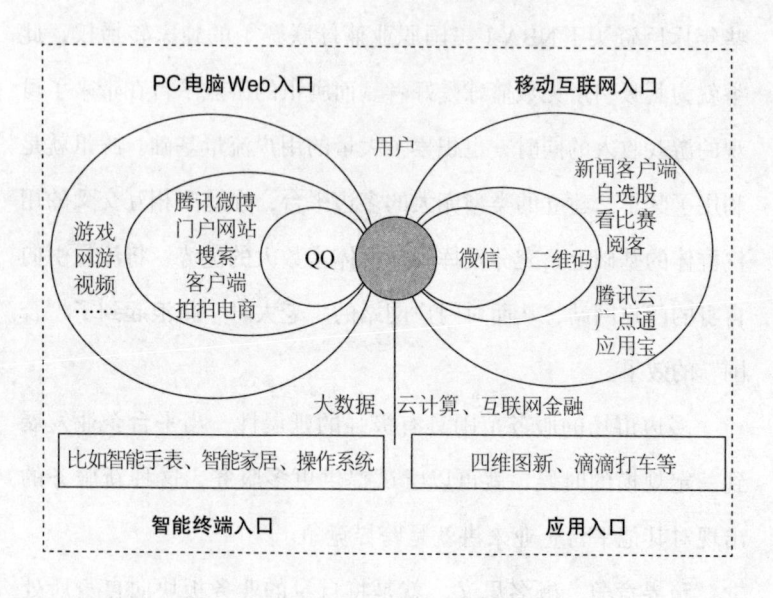

图 11-1 腾讯的商业布局

图 11-2 平安集团的跨界业务举例

"平安好医生"是平安集团旗下的互联网业务板块的重要成员，是其在医疗行业的跨界发展，成立于2014年，总部设在上海。平安好医生为用户提供实时咨询和健康管理服务，包括一对一家庭医生服务、三甲名医的专业咨询和额外门诊加号等。据《合肥晚报》报道，借着互联网时代的东风，2016年8月15日，平安好医生注册用户数首次突破1亿。

2013年3月成立于上海的平安好车也是平安集团旗下的全资子公司，它以"帮卖二手车"为切入点，主要为广大车主提供二手车资讯、车辆检测、车辆帮卖以及车险、车贷等金融服务。三年后，平安好车和平安产险进行了业务整合，但2016年4月15日，中国最大的汽车垂直媒体汽车之家控股公司澳洲电讯（Telstra）宣布，中国平安集团又以16亿美元的价格向汽车之家认购47.7%的股权，可见平安集团对于这个市场的跨界之心始终不息。

在房产市场，2014年1月平安好房（上海）电子商务有限公司成立。作为中国平安集团旗下重要成员之一，"平安好房"依托于中国平安强大的保险、银行、投资等综合金融业务支柱，致力于将金融与互联网融入房地产全产业链之中，推出全新的互联网金融房产营销模式。

纵观平安集团整体的布局与跨界决策，我们相信它还会围绕"医、食、住、行、玩"不断地进行扩张，提供多种服务和产品，将金融嵌入线上生活服务，推动互联网金融用户与传统金融客户相互转化，建立互联网金融产品及多元化的服务平台。

利基策略

"利基"一词是英文"niche"的音译，这里是指通常被大企业所忽略的一些细分市场。利基策略下，企业会选择那些强大竞争对手并不是很感兴趣的领域，集中力量后成为领先者，在逐渐扩大规模的同时建立各种壁垒，逐渐形成持久的竞争优势。

以唯品会为例，它专注于名品特卖——电商巨头垄断之下的"漏网之鱼"，成功把奥特莱斯这一传统经营模式在线化。对厂商而言，存在处理过季或滞销产品的诉求；而很多消费者则对名牌商品充满了向往，但高昂的价格往往令他们望而却步。唯品会针对市场上存在的这种不均衡，致力于消除名品厂商和消费者之间的交易摩擦。据2016年第三季度财报数据，唯品会Q3净营收超过120亿元，同比增长38.4%。Q3毛利润达29.3亿元，较2015年同期增长36%。同时，刷新连续16个季度赢利的上市电商纪录，按照非美国通用会计准则（Non-GAAP）计量，Q3运营利润较2015年同期增长24.8%至7.32亿元。

唯品会的快速发展，其核心要素在于"利基"发力，同时得益于中国高端消费品需求的持续增长和网购用户群体的迅速膨胀，使其在淘宝、京东等电商巨头的强力挤压之下仍能占据一席之地，堪称运用利基策略的成功范例。

结盟竞争

2014年3月，据港交所公告，腾讯以2.14亿美元入股京东。腾讯收购2.5亿股京东普通股，占京东上市前在外流通普通股的15%，成为京东重要股东和战略合作伙伴。除了资本市场上的合作，腾讯与京东在业务上也开展了深度融合。腾讯将向京东提供微信和手机QQ客户端的一级入口位置及其他主要平台的支持，京东将把微信支付作为最主要的在线结算方式，为微信支付提供可靠的应用场景。截至2016年8月17日，腾讯持有京东股票比例从2014年5月的17.6%升至21.25%，超过刘强东，成为京东第一大股东。①

这一系列资本运作背后的商业逻辑其实很简单：互联网巨头腾讯与电商新贵京东之间的取长补短、合作共赢。说起腾讯和京东的结盟，不得不提到它们共同的竞争对手——阿里巴巴。阿里巴巴以领导者的姿态，在电商和第三方支付领域占据显著的先发优势：多年来，淘宝和天猫一直是压在京东头上的两座大山；腾讯在即时通信、社交网络、游戏等领域一路高歌猛进，但其电商业务却一直萎靡不振；受此约束，腾讯旗下微信支付和财付通等试图与支付宝分庭抗礼的抱负亦迟迟得不到施展。

从这个意义上讲，正是来自阿里巴巴的巨大压力促成了腾

---

① 数据来源：搜狐，《腾讯成第一大股东 但在京东还是刘强东说的算》。相关链接：http://www.sohu.com/a/111351383_447737。

讯与京东的联姻。在淘宝和天猫购物，必须绑定支付宝账户，所有的支付结算都通过支付宝进行。这给支付宝提供了持续的流量和资金入口，成为支付宝得以逐步发展壮大的关键因素。作为后来者，腾讯的电商业务则一直没有大的起色，难以形成与微信支付间的相互支撑和良性互动。当它看到京东的异军突起正在改变阿里巴巴一家独大的格局时，腾讯的决策者们无疑是十分欣喜的，他们看到了其中暗藏的机会：我们缺的是主流电商提供的支付场景，你们缺的是资金和用户入口。简直是一拍即合，天作之合！这样的结盟无疑是双赢的。

从表面上看，腾讯是从它的非专业领域中退出了。实际上，它通过一系列的资本和股权运作，与京东结成了牢固的联盟关系：一方面摆脱了其在电商领域发展缓慢的窘境，为日后分享电商市场的盛宴打下基础；另一方面，借助京东的平台优势，为腾讯旗下包括微信支付在内的互联网金融事业提供强有力的支撑。对于腾讯入股京东，业内人士分析：此举更多是为了助力微信支付的发展。实际上，不只是与京东的战略合作，腾讯先后战略投资滴滴出行、大众点评等"互联网+生活服务"的行业龙头，都有一个共同出发点——通过结盟，帮助微信支付获得了稳固的支付场景，让微信支付如同支付宝一样成为大量用户的支付习惯，和商家必然使用的支付工具。

暗黑竞争

传统经济向互联网经济的转变，意味着企业间的战场从一片黑暗森林转入了另一片黑暗森林。互联网企业之间的明争暗斗，从来没有停止过。与传统经济中的竞争行为相比，互联网的特性为平台企业间开展技术型竞争、信息型竞争提供了广阔的空间。很多时候，这样的竞争是不能放在台面上来讲的，要么暗中瞒天过海，要么巧立名目加以掩饰，我们不妨将互联网平台经济中的暗黑竞争总结为"技术型攻击"和"信息型攻击"两类。

技术型攻击

技术型攻击包括排他性竞争、DDoS（Distributed Denial of Service，分布式拒绝服务）等。

第一，排他性竞争。在传统商业时代，以"排他性"为原则的竞争手段层出不穷。如地方保护主义者在交通要道拦路设卡，阻止外地商品进入者；在房地产中介登记为独家房源的卖家，不得在其他中介公司重复挂牌；同一商场里只能有一个电影院、一家麦当劳；一个国家的足球队只能与一家运动品牌签订赞助合约等。

与传统业态相比，互联网经济给人的感觉往往更具包容性。比如，全球各地的商品在电商平台上销售，并借助现代化的物流通达全球各地；用户可以随心所欲地安装使用多个不同的网约车软件；影迷们能在淘票票App上购买全城各家影院的电影票。但这并不是说互联网上就没有"不共戴天，你死我活"的争斗，事实上，这种"排他性"的竞争不仅存在，有时还相当惨烈。

奇虎360与腾讯称得上是对老冤家，它们之间的纠葛由来已久，一度被业界戏称为"3Q大战"。双方为了各自的利益，从2010年到2014年，展开了一系列针尖对麦芒的斗争，直杀得难解难分。这一切源于双方"明星产品"之间的"互掐"。2010年9月27日，360发布了"隐私保护器"，专门搜集QQ软件侵犯用户隐私的证据。随后，腾讯公开指责360浏览器涉嫌借助黄色网站进行推广，对360的挑衅行为予以回击。两年后，事态进一步升级。2012年11月3日，腾讯宣布用户必须卸载360软件才可登录QQ，摆出一副"有你无我，有我无你"的决战架势，强迫用户"二选一"。随后，双方对簿公堂，互诉三场，以奇虎360败诉告终。

在上面的例子中，腾讯采取了较为极端的措施，对安装了360软件的终端予以封杀，使其无法登录QQ软件。腾讯之所以敢于祭出"自杀式"战术，无非是由于它对自身用户的黏度有很强的自信：绝大部分的QQ用户不会为了360的免费杀毒功能而放弃QQ上积累多年的好友、各种好玩的小游戏、免费的音视频资源等。这本质上就像个人计算机或智能手机，相当于一个小的生态系统，其中的各种应用就像是系统中的各种生物，它们之间通常是和谐共处、相互依存的，亦不乏食物链式的尔虞我诈、弱肉强食。互联网的技术属性，决定了竞争参与者可通过某些技术手段，设置排他性壁垒，达到限制对手发展的目的。

第二，DDoS。DDoS是一种互联网的攻击手段，其特点是"积小流以成江海"——集聚众多微小力量形成强大的攻击力，主要目的是迅速占满被攻击目标的带宽，使其无法正常提供服务。2014年12月，阿里云在微博上发布一则声明，称12月20日至21日期间，部署在阿里云上的某知名游戏公司，遭遇了全球互联网史上规模最大的一次DDoS攻击。DDoS从技术上并不难实现，充其量只能算是入门级的黑客攻击方法。尽管如此，如果运用得当，DDoS能展现出极强的破坏力。阿里云这次遭遇的攻击规模之大——流量峰值高达每秒453.8 GB，已经达到了骇人听闻的程度。

信息型攻击

信息型攻击包括水军诋毁、SEO（搜索引擎优化）负面消息等。

第一，水军诋毁。水军诋毁是信息型攻击的初级手段，根据目的可分为抹黑型和敲诈型。如果攻击者单纯以抹黑对方为目的，它要做的主要是负面信息发布和炒作。操作起来相对简单，投入必要的时间和精力即可——惯常的方法如在多个论坛上发帖，利用网民"看热闹不怕事儿大"的猎奇心理，实时跟踪网民言论动向，适时跟帖煽动，迅速提升帖子的受关注程度，以达到制造舆论、诋毁目标的效果。

2016年12月27日，《人民日报》客户端点名批评豆瓣、猫眼存在水军，恶评伤害电影产业。

水军一直存在，虽然可以根据数据分析技术，将大部分水军屏蔽出去，但这种办法也是会伤及正常评分用户的，会使正常用户的感受受到影响。因此，截至目前仍没有一劳永逸的解决办法。面对水军这类信息型攻击，仍需小心谨慎，多方联合防范。

第二，SEO负面消息。SEO是"Search Engine Optimization"的缩写，意为"搜索引擎优化"，是指针对网络搜索引擎（如百度、谷歌）排名机制，基于一系列技术措施对网站进行内部或外部的调整优化，以提升网站在相关关键字词搜索时的自然排名，使其获得更多的点击量，从而达到产品推广、用户增长、品牌建设等目的。从这个意义上讲，SEO是企业以搜索引擎为依托，推动自身发展的一种手段：让有利于企业发展的正面信息以尽可能高的效率传递给广大用户，此即"利己式"SEO。与此相对，如果有人试图通过SEO传递负面信息呢？毫无疑问，SEO将摇身一变，成为暗黑竞争的利器，此即"损人式"SEO。

利己式的SEO，其目的是单纯的，所采用的技术手段也是正当的。而损人式的SEO，除了动机的邪恶，即便是在技术层面，也不再光明正大，除了正常的网站优化措施，它主要依靠"黑链"作为提升搜索排名的利器。所谓黑链，是指看不见，但能被搜索引擎计算权重的外链。攻击者用非正常的手段获取的其他权重较高网站的反向链接，进而在被黑网站上链接自己的网站，即成为左右搜索排名的黑链。攻击者以黑链为依托，让针对攻击对象的负面信息迅速占据特定关键词搜索结果的前几页，或达到诋毁、抹黑的目的，或以此为要挟进行敲诈。如果是以敲诈为目的，则攻击者在收到钱之后可以很方便地删除黑链，搜索结果中的相关负面信息也就自动消失了。从这一点上说，SEO负面信息作为敲诈的手段，比传统的水军诋毁方式要简单易行得多。

单归属策略与多归属策略

单归属（single-homing）和多归属（multi-homing）可以用来形容平台的属性，比如用户是只能连接到一个平台还是有更多的平台连接选择。如果属于前者，则是单归属，例如微信在2016年推出的"小程序"就是单归属，手机用户若想体验"即用即走"的App功能，只能通过微信"小程序"；而如果属于后者，则是多归属，例如现在网络上的各种C2C或B2C平台，消费者如果想网购商品，既可选择淘宝、当当，也可选择京东、1号店等。

在现实当中，平台企业为了追求最大化的收益，会根据情况采用不同的竞争策略。单归属和多归属此时也被用来表示平台企业的竞争策略类型。以下就主要以案例的形式来详细介绍相关的竞争策略。

单归属竞争策略——锁定

平台采用单归属竞争策略的主要目的是在一定程度上降低自身所面对的竞争程度。单归属策略的核心是锁定（lockin），它通过将双边（或多边）市场的"边"以利益诱导等方式限制在本平台，使其不能转换至其他类似的平台，或者转换的成本很高，最终达到扩大市场份额或增加收益的目的。该策略在网约车市场和视频播放市场都有广泛的应用。

在打车软件问世之初，为了吸引乘客和司机，建立完善的双边平台，滴滴采用双边都给补贴的形式，希望一开始就能锁定住乘客和司机。然而由于那时整个网约车市场中的各平台都在给司机或乘客以各种形式发放补贴，所以此策略最终除了增加了整个双边市场所连接的需求之外，在与其他平台竞争中并没明显占优。但是，为了打造竞争优势，滴滴根据自身特点和情况使用了单归属竞争策略。

滴滴平台以司机作为主要的锁定对象，主要方式是通过累计拉单数来奖励司机，在滴滴平台上拉的订单越多，分成也将越高，这样司机一旦使用了滴滴"拉活儿"，那么以后也会更倾向于使用滴滴"拉活儿"，如此便形成一个"在滴滴的拉单数越多越使用滴滴，越使用滴滴则在滴滴的拉单数越多"的良性循环，结果就是将司机锁定在了自己的平台使其几乎不会使用其他平台。

除了网约车行业，类似的单归属策略也被应用于视频播放市场，腾讯视频的会员制度就体现了这一点，下面我们以它的NBA转播业务为例来说明。

腾讯视频隶属于腾讯公司，是一个综合视频门户网站，也是一个中国在线视频媒体平台。它通过其丰富的内容资源、便捷的登录及分享方式，还有专业的制作形式，提供给用户优质的观看体验。

2015年年初，腾讯公司同NBA签订了一份为期5年的合作协议，腾讯视频获得了大陆地区NBA独家的网络播放权。在获得独家播放权的初期，即NBA的2015—2016赛季，球迷还可以通过腾讯视频免费观看很多场比赛的直播和录播，并且腾讯视频把包括解说在内的播放内容都运作得很专业，渐渐地，尽管还有其他非正规渠道，但很多球迷观众慢慢养成了通过腾讯视频观看NBA比赛的习惯。

然而一年后，球迷们渐渐发现2016—2017赛季虽然每天依然会有一或两场非热门球队的比赛可以免费观看，但很多场比赛必须是购买了"腾讯体育会员"的观众才能观看，包括比赛直播和完整回放。而且"腾讯体育会员"只能限定观看一支NBA球队的比赛，如果希望获得看任意一支球队比赛的权利，就要购买"腾讯体育高级会员"才行。价格上腾讯体育会员可选择1个月30元、3个月72元或12个月264元来支付，腾讯体育高级会员可选择1个月88元、3个月198元或12个月720元来支付，两种会员在其他月份享受阶梯折扣，可按月也可按年来付费。

腾讯视频的这种典型的单归属策略，就是通过前期提供更好的观看体验来达到锁定观众的目的，而后根据锁定的结果最大化自身的收益。

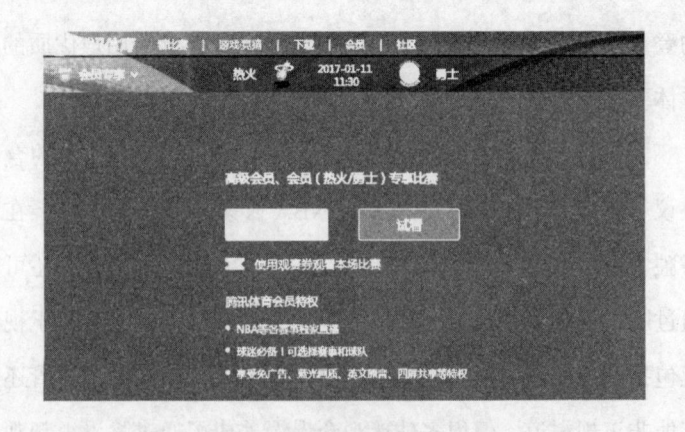

图11-3　腾讯视频的付费观看提示界面

可以看出，不管是滴滴的补贴还是腾讯视频会员制度，都是先通过各种方式吸引目标受众，建立平台的双边或多边联系，在这个基础上使目标群体产生习惯上的依赖，将其"锁定"在该平台，实现单归属竞争策略。

多归属竞争策略——兼容

在现实生活当中，我们不仅会看到企业使用上文提及的单归属竞争策略，也会看到有的企业采用多归属的竞争策略，此时消费者可以较为轻松地在各个相互竞争的平台间进行转换，这是因为不同的企业会面临不同的环境，也具有不同的特点。不同于单归属策略的"锁定"，多归属策略的核心是兼容（compatibility）。它是指企业有策略地降低平台间的转换成本，使平台的受众可以较为轻松地与其他平台构建联系，但多归属策略的最终目的与单归属策略相同，都是取得市场优势地位，只不过它是通过丰富自己的业务类型而达到目的的。下面就以神州专车和京东两个典型的例子来具体说明。

神州专车是神州租车2015年1月28日宣布推出的为高端商务出行人群提供优质服务的产品，在全国60个城市同步推出"神州专车"服务。与传统的出租车不同，神州专车定位于中高端群体，主打中高端商务用车服务市场。

在上线之初，神州专车全部使用神州自有的租赁车辆，并和专业化的驾驶员服务公司进行合作。但是，随着出行领域的竞争越发激烈，神州专车的策略也发生了一些改变。2016年9月22日，神州专车正式发布"U+开放平台"战略，宣布向符合条件的全国车主免费开放流量、技术和品牌资源，并且承诺永不抽成。用户在使用神州专车App叫车时，可自由选择神州专车自有车辆或增选"U+开放平台"车辆。

相比较滴滴、优步、易到的C2C模式，神州专车过去的B2C自营模式虽然对用车体验有很强的把控，但较高的成本也限制了平台进一步的市场扩张。而神州专车宣布进军C2C就是一种多归属策略，它让司机端的需求有了更多的平台选择，有利于加快其市场扩张。在电商平台，也同样存在着这样的现象，如京东平台上B2C和C2C模式的共同发展，就很好地利用了多归属的优势。

复杂的现实社会使得企业会根据自身的情况和环境的变化而采取不同的竞争策略，多归属的竞争策略无疑帮助了神州和京东在各自的市场中取得有利地位，但除了以上所说的单归属策略和多归属策略外，还有一种策略，那就是单归属与多归属策略的结合。

单归属和多归属策略的结合

如上所述，单归属策略与多归属策略的最终目的都是使企业获得有利的市场地位，而有时候将二者结合的策略更能吸引消费者，并建立平台的竞争优势。

以国内外的两个电商巨头京东、亚马逊为例，二者分别推出了京东会员Plus和亚马逊Prime会员服务，在顾客选择购买会员资格并在平台上消费后，一定程度上就会被"锁定"到该平台而不太愿意转换至其他平台消费，这就涉及平台的单归属策略。而同时，也有大量的顾客没有购买会员，也就相应地没有被"锁定"，他们转换平台的成本会相对低些，这可以视为一种企业的多归属策略，从平台的角度看就是单归属与多归属策略的结合。

据市场研究机构CIRP（Consumer Intelligence Research Partners）研究结果显示，美国亚马逊的付费会员数量已经增加到8000万人，在2015—2016年两年间增加了一倍。[①]

由此可见，亚马逊的Prime会员制度是这个世界电商巨头的市场发展战略中重要的一步，也是单归属与多归属策略相结合的典范。

[①] 数据来源：联商网，《亚马逊Prime会员激增，过去两年增加一倍》。相关链接：http://www.linkshop.com.cn/web/archives/2017/375871.shtml。

竞争结果

赢者通吃

赢者通吃，即所谓"垄断者平台"（monopoly platform）（Mark Armstrong, 2006）。由于多边市场存在明显的规模报酬递增，所以多边市场竞争的最终结果可能是一家独大，谁能成为最后的赢家？要么是先入为主并能保持优势的擂主，如微信；要么是后来居上攻擂成功的挑战者，如百度。一般来说，如果满足以下一个或几个条件，就可能出现一家独大的局面：

条件之一：多边市场参与者中至少有一方存在多平台栖居成本（multi-homing costs）或用户转移成本较高的情况。决定用户转移成本的核心因素是用户的"沉浸深度"，即用户对平台的依赖程度。沉浸深度越深，用户转移成本越高，反之亦然。

以支付宝和微信钱包的竞争为例，支付宝以淘宝网庞大的商家、消费者群体为基础，迅速积累起庞大的用户群体。随着淘宝网、天猫商城上网购交易量的迅速增长，这些用户对支付宝的依赖程度不断加深，同时由于支付功能的辐射作用带来显著的正外部性，为余额宝、芝麻信用、淘宝电影等相关业务的发展提供了沃土，这反过来又进一步强化了用户的沉浸深度。看到网络支付领域的巨大发展潜力后，微信发挥自身优势，以微信红包为突破口，在其海量聊天用户中推广微信钱包，试图打破支付宝一家独大的局面。但是，网络支付平台最主要、最直接的功能毕竟是交易支付，微信钱包面临的核心问题是它不能与消费者的购物需求很好地对接。如果用户放弃支付宝转投微信钱包，一方面既有的使用习惯被打破，另一方面网购支付、余钱理财等的效率降低，必然带来较大的不适应。这样一来，用户放弃支付宝的转移成本较高，而采用微信钱包的转移收益较低，因此大多数消费者仍会把支付宝作为移动支付的首选。

我们注意到，先发制人、先入为主的重要性在这里体现得淋漓尽致，这也就不难解释，平台竞争初期激烈的价格战为何会轮番上演，无非是为了占得先机，抢占市场份额，为占据市场主导地位并最终实现一家独大的目标打好基础。

条件之二：平台存在较大的网络效应且为正。网络效应包括同侧网络效应（same-side network effects）和交叉网络效应，分别表征用户从某一产品或服务中获得的价值在何种程度上取决于同侧参与者或对手方的数量影响。

交叉网络效应一般为正。例如，在滴滴出行上约车的乘客，总是希望他们的对手方（快车或专车司机）的数量尽量多些——司机多了，约车的成功率就高了，对车型的选择余地也大了。也就是说，在网络约车平台上，乘客的满意度和司机的数量是正相关的，这就是典型的正的交叉网络效应。

同侧网络效应可以为正也可以为负。使用微软办公软件的用户越多，就会吸引更多的用户使用它，这就是正的同侧网络效应。与此相反，在人才市场上，无论是求职者还是招聘单位都不希望各自同样需求的市场参与者过多，以免增加自己所面临的竞争压力，这就是负的同侧网络效应。

当某个类型的平台具有显著的正网络效应（同侧或异侧）时，平台竞争者中占据先机的一方，容易建立起"用户规模较大—吸引新的用户—用户规模更大"的正反馈机制，从而不断强化优势地位，最终的均衡结果往往是"一家独大"。从C2C领域的淘宝，到B2C领域的京东，再到即时通信领域的微信，都是正网络效应导致"赢者通吃"的典型案例。

条件之三：用户不存在对某种特殊需求的强烈偏好。如果某类用户拥有与其他大多数用户不同的需求，而且这种需求在主流平台得不到满足时，就有可能催生其他规模相对较小的、专门针对小众需求的平台。反之，如果用户都拥有基本一致的偏好和需求（允许存在拥有与大多数用户不同需求的群体，但其特殊需求差异性较小，且偏好并不强烈），这时候就更有可能出现一家独大的局面。例如，即使黑莓的全球市场份额不高，但是黑莓手机凭借其卓越的安全性，仍然成为谨慎型用户的首选。

如果平台企业面临上面的几种情况，就应该明确市场定位，根据自身特点及时对企业经营战略进行调整。

寡头垄断

寡头垄断，即均衡状态下市场上同时存在多个平台。根据主流的平台市场理论，寡头垄断包括竞争性平台和竞争性瓶颈等情形。其中竞争性平台指的是市场上同时存在多个平台，但两侧参与者均只能选择其中一个平台。例如，电信运营商就可以被视为竞争性平台，它的两侧分别是手机用户和服务提供商（SP），手机用户为了方便往往只用一个手机或主要使用一个手机，服务提供商则与运营商之间存在绑定协议。竞争性瓶颈指的是市场上同时存在多个平台，两侧参与者可同时参与不同的平台。如网约车市场，在经历了开始阶段腥风血雨的竞争后，形成了滴滴出行、神州专车、易到用车等几家寡头垄断的格局；平台两侧的参与者——司机、乘客均可同时加入多个不同的平台。我们发现，很多网约车司机面前都摆着两三个手机，分别挂在不同的网约车平台上接单；而乘客也往往安装了好几个网约车软件，并在需要用车时，先比较不同平台的优惠力度、即时价格再做出选择。从现实中看，特别是在互联网平台经济中，竞争性瓶颈所描述的情形往往更具有普遍性。

我们不妨考虑竞争性瓶颈情形下，具备哪些条件时容易形成"寡头垄断"的格局：

一是参与者的"多平台栖居成本"低——如网约车平台，对于司机来说可能只是多购置一台廉价的智能手机，对乘客而言则更是简单到只需多安装注册几个应用。与此相对的，两者的"多平台栖居收益"十分可观——司机可以有效避免空等或空驶，显著增加业务量。而乘客则能够优中选优，降低出行成本。

二是平台间存在显著差异，可分别满足不同偏好用户群体的需求，某些平台的特质或比较优势具有不可替代性，从而防止出现一家独大的局面。

例如，虽然市场上有多个网约车平台，但它们在用户定位、运营模式等方面存在显著差异，聚焦不同种类的用户需求，其中滴滴出行作为共享型网约车平台，以服务门类全、响应迅速著称；而专业型网约车平台首汽约车，则主要面向相对高端的公务、商务用户。2016年7月，国务院办公厅印发《关于深化改革推进出租汽车行业健康发展的指导意见》，要求规范网约车发展，明确网约车合法地位。此后，北京、上海等地陆续出台网约车新政，"京人京牌""沪人沪牌"的硬性约束，让此前采取宽松司机资质审核机制的滴滴出行面临巨大的挑战。2017年2月8日，中央电视台《新闻联播》节目报道了"北京向首汽约车颁发网络预约出租汽车经营许可证"，这更是让首汽约车有了与滴滴出行在北京市场上分庭抗礼的底气。平台特质和政策环境的影响，使得网约车寡头之间形成了互不侵犯、和谐相处的差异化经营空间。此外，正如霍特林模型（Hotelling Model）所描述的，寡头之间的差异程度，将最终决定它们的市场份额。

生态帝国

前述两种竞争结果——"赢者通吃"和"寡头垄断"，主要是针对市场格局而言。我们不妨换一个维度，看看平台竞争会给企业自身带来什么样的影响。

在中国，市值排名前三位的互联网巨头：阿里巴巴、腾讯、百度，无一不是横跨多个领域的生态帝国。说起阿里巴巴，人们首先想到的是淘宝网，这里各种商品应有尽有、经济便捷，每天都有海量的交易发生。实际上，在阿里电商业务持续繁荣的背后，是一个庞大的互动支撑体系。阿里巴巴自1999年创立以来，从电子商务起家，10余年间羽翼不断丰满，至今旗下已有多达近20家子公司，致力于不同的细分领域：包罗万象的淘宝网、定位品牌专卖的天猫商城、为电商业务提供强有力信用支撑的支付宝、深度整合互联网金融相关业务的蚂蚁金服、基于大数据分析提供个人征信服务的芝麻信用、为自身及外部提供信息化支撑的阿里云，以及与电商平台形成信息交流、良性互动的微博等，业已形成一个以电子商务为核心的完整生态圈。

图11-4 阿里的生态帝国

"生态帝国"的形成过程中,初级阶段是跨界发展竞争,接下来是不同子系统联动,形成交错正反馈机制,终极阶段是成为一个完整的生态系统。各个子系统互为促进,相得益彰,一如自然界中的复杂生态系统,互联网平台经济领域的"生态系统"具备很强的自动调节、自我恢复能力,在风险和挑战面前表现出显著的稳健性。

本章小结

近些年,借助于计算机互联网技术尤其是移动互联的发展,各个平台之间的竞争愈演愈烈,从线上到线下,从虚拟到实体,各个行业都想利用平台经济的优势扩大自己在市场中的经济地位。为此各个平台施展出了多种多样的适应新环境的竞争策略,这些平台间的竞争策略在过去市场中的价格竞争策略的基础上,结合了各个平台以及该平台所属的行业特点,力图最大化自身平台的多边联系。然而无论是平台间的多归属竞争策略、单归属竞争策略,还是二者相结合的竞争策略,抑或是类似传统行业的价格竞争策略,最终目的依然是尽可能多地吸引消费者,而这体现在平台经济中,就是尽可能地将平台的"边"扩展至市场中所有潜在客户。

第十二章
平台的私人监管

2015年1月23日,国家工商总局公布了2014年下半年网络交易商品定向检测结果,其中淘宝网样本数量分布最多,但正品率最低,仅为37.25%。[①]此报告发出后,"淘宝大战工商总局"事件拉开帷幕。

1月27日,一位"80后"淘宝网运营小二(淘宝平台工作人员)通过淘宝官方微博发公开信,直接就这份报告所存在的程序性问题点名国家工商总局市场规范管理司司长刘红亮,认为这份报告不仅抽样太少、逻辑混乱,而且还存在程序违规问题。1月27日晚间,国家工商总局新闻发言人表示:加强网络市场监管是工商总局的法定职责,工商总局网络商品交易监管司一直

---
① 严艳.十八大以来媒体舆论监督研究[D].暨南大学,2015.

秉承依法行政原则开展网络市场监管执法工作。①1月28日上午，国家工商总局网络商品交易监管司发布7000多字的《关于对阿里巴巴集团进行行政指导工作情况的白皮书》，郑重回击阿里。

1月28日下午，淘宝网称决定向国家工商总局正式投诉刘红亮司长在监管过程中程序失当、情绪执法行为。马云表示，已成立由300人组成的"打假特战营"。1月29日上午，一位自称工商小编的网友发微博回信马云，称工商没针对淘宝，淘宝发难错对象，并认为打击假冒伪劣，需要工商部门的监督，也需要淘宝这样的平台配合，更需要全社会共同努力。1月29日，天猫商家发布《致工商总局网络监管司公开信》，称工商总局在没有告知、没有检验报告的情况下，宣布3家天猫店"突然死亡"。商家称"请让我们死得明白，否则，我们将提起行政诉讼"。

1月30日，国家工商总局局长张茅在工商总局会见阿里巴巴董事局主席马云。晚间，就1月28日工商总局网监司发布的"白皮书"，国家工商总局发言人正式表态，该文并非白皮书，实质是行政指导座谈会会议记录，不具有法律效力。②至此，"淘宝大战工商总局"事件落下帷幕。该事件涉及政府与平台两方面，引发了社会对于多边市场运行的平台与政府监管问题的讨论。

---

① 数据来源：人民网，《非正品，让网购很受伤》。相关链接：http://finance.people.com.cn/n/2015/0128/c1004-26461252.html。
② 数据来源：新浪科技，《一张图了解淘宝"大战"工商总局始末》。相关链接：http://tech.sina.com.cn/chart/20150131/150626.shtml。

无规矩不成方圆，在多边市场中，监管对于多边市场的运行效率起到了十分重要的作用。多边市场的监管，主要分为平台的私人监管与政府的公共监管两种形式。平台私人监管是指平台方自发的、没有政府机构介入的，对在线商家与消费者的买卖双方的管理。政府公共监管是指政府利用法律法规与行政、司法手段对平台中的交易进行监督，并对交易的买卖双方的行为进行管理。

对于平台监管而言，由于平台可以很容易地获取买卖双方的交易数据，因此具备对交易进行监管的客观数据优势，可以通过平台大数据对风险行为进行提前预警，或对不良交易进行处罚。并且，由于平台具有交叉网络外部性，平台会希望入驻的商家与消费者越多越好。因此，平台会对平台上的交易进行主动监管，以优化平台交易环境，吸引更多的商家与消费者。

平台私人监管手段

在多边市场中，平台方为吸引用户聚集平台，会自发地制定一些规则，依据规则进行监管，从而创造一个良好的交易环境。我们将平台监管定义为平台方自发的、没有政府机构介入的监管。例如在线下的大悦城和线上的淘宝网中，平台方对买卖双方的管理即为平台监管。

与政府监管相比，平台私人监管手段更多样化、更有针对性。一般来说，平台通过向入驻商家收取保证金、入驻前资质审核、为买家提供支付担保、引用声誉机制、完善投诉处理流程、对交易进行大数据分析与监督等方式进行私人监管。其中，尽管利用大数据对交易进行分析可以使监管目标更加明确，平台也会使用一些直接监管手段对商家的违法违规交易活动进行限制与惩罚。

商品交易平台的监管手段

　　目前的商品交易平台主要有淘宝、京东、亚马逊、当当等，其对于平台交易的主要监管方式与手段各有不同。商品交易类平台主要面临虚假交易、违法交易、恶性竞争等问题，为了解决这些问题，商品交易类平台分别有针对性地使用了不同的措施来维护平台声誉，提高交易效率。

　　前文提到，淘宝为了防止卖家携款潜逃或买家收到商品拒不付款，使用支付宝担保交易。并且，支付宝有"超时启动机制"，在买家超时未确认收货时会自动把款项打入卖方账户，以防止买方的道德风险问题。同时，淘宝也利用大数据对每笔交易进行分析，统计店铺访问深度、顾客停留时间、购买转化率、跳失率等指标，对店铺现有客户的购买习惯进行分析，包括客户的性别、年龄、浏览习惯、购物频率等，从而发现可能存在的违法交易。

当当网对于商家的违规行为主要进行扣分与罚款两种惩罚。考察商家是否涉及内容违规,包括是否发布违禁信息、页面信息描述是否与实际描述不符,是否滥发信息,是否存在虚假交易,是否销售未经报关进口商品,是否出售劣质商品,是否出售假冒商品,是否申请取消订单未告知,发货是否违约,退换货是否符合规定,是否存在转单行为(商户收到顾客下单后,根据订单内容至其他购物平台下单,导致顾客的当当订单转为其他购物平台发货的行为),是否提供虚假发票,是否组织违规促销活动等。

根据《当当网违规行为说明》,一般来说,发布违禁信息、虚假宣传、出售假冒伪劣商品、违反国家保密协定、泄露他人信息等违法行为属于严重违规;虚假交易、发货、发票、违背交易承诺等行为属于一般违规。一般违规需支付违约金1万元,严重违规视情节严重程度罚款1万至10万元,并处以关店21天或清退的惩罚。① 由此可见,当当网对不同程度的违法违规行为有不同程度的惩罚。其中,对于严重违法违规行为,例如泄露交易者信息、出售假冒伪劣商品等严重影响平台交易秩序的行为,当当网对其执行直接清退惩罚;对于一般的违规行为,当当网会通过经济手段对商家进行警告。

亚马逊对于商家的违法违规行为直接进行关店处理。其针

---

① 相关资料:《当当入驻商户管理规则》。相关链接: http://shop.dangdang.com/help/ruzhuguanli#component_9。

对的行为主要有以下几种：

一是忽视比价问题。若卖家在亚马逊开店合同中同意遵守比价规则，意味着如果卖家在其他平台出售同一产品，总价格不能低于在亚马逊出售的价格。亚马逊会积极利用搜索系统，确保卖家没有违反这个规则。通过这一规则，亚马逊限制商家将亚马逊的流量引到别的网站上。

二是产品详情错配或重复。一般新手卖家上架产品，可能会直接创建一个新的产品详情，而没有意识到产品详情是否已经存在。而这在亚马逊是一个大禁忌。仅当商家搜索的ASIN（亚马逊自家产品的唯一编号）没有跳转到产品详情页面时，才可以创建新的产品详情。通过这个规则，亚马逊可以防止商家销售与所列商品不同或销售违法商品的行为。

三是刷单或滥用评价。亚马逊严格监控顾客的评价信息，以判断是否涉及刷单或滥用评价。一旦出现以下违规行为，亚马逊会直接对店铺进行关店处理：

买家留评方式不正确（意图躲避亚马逊检测的刷评）；卖家用私人账户为自己产品留评；对留好评或移除差评的买家给予奖励或返现；给竞争对手恶意差评。

不过，卖家可以通过提供免费产品或通过邮件的方式来换取公正的评价。当然，这可能是好评，也有可能是差评。[1]

---

[1] 相关链接：新浪博客，《亚马逊新手卖家不可忽视的七个问题》。http://blog.sina.com.cn/s/blog_dca846750102wqi1.html。

但是，尽管以上商品交易类平台针对虚假交易、违法交易、恶性竞争等问题使用关店、收取违约金等方式进行震慑与管理，商品交易类平台仍面临着内部腐败、知假买假等违规违法行为，难以被平台监管。

服务平台的监管手段

目前的服务平台主要包括滴滴、优步等交通平台与美团、饿了么等餐饮平台。服务类平台主要面临服务提供方无资质提供服务、夸大宣传、买卖双方私下接触导致刷单套利行为等问题。为解决这些问题，滴滴出台了加盟新规定，并对订单交易双方的路线进行监督；饿了么则对线下餐厅的资质与卫生条件进行严格地资质核查。

为了更好地对司机的行为进行监管，提高司机收入和运行效率，并提升乘客出行体验，滴滴将出租车订单匹配的抢单模式变为派单模式，并允许出租车司机承接网约车订单（滴滴称之为"流量融合"）。与抢单模式相比，智能派单系统综合考虑距离、拥堵情况、运力供需、司机服务评价等因素，自动将乘客订单定向匹配给一位最合适的出租车司机。相关测试数据显示，相较抢单模式，智能派单模式下，参与测试的出租车司机时薪最高提升了50%，空驶率最多降低了36%；流量融合后，参与测试的出租车司机平均流水上升14%，空驶率平均下降18%。[①]同时，滴滴对恶性拒单司机会给予封号惩罚。以北京为例，滴滴车主每天有三个改派订单的机会，超出后会被封号并被罚款。在这种模式下，滴滴降低了因为出租车司机主观因素造成的车辆空驶或拒载问题，并使得订单的匹配更为合理，提高了平台的运营效率。同时，通过派单系统，滴滴平台可以更好地监督司机的接单、驾驶行为，可以减少上车地点与下车地点相近的刷单行为，也减少司机与乘客在优惠活动期间约定好的套利行为。

并且，为了维护平台秩序，保证平台接入车主的质量，滴滴出台了《滴滴打车加盟条件2016新规定》。规定指出，加入滴滴快车司机需要满足以下条件：1.男士年龄在22~55岁，女士年龄在22~50岁之间；2.拥有C1及以上驾证，驾龄需满三年及以上；3.车辆车龄在8年以下；4.车辆裸价在7万元以上。通过限制快车司机的准入条件，滴滴可以提高快车平台的车辆及司机的服务质量，防止意外事故的发生。

在2016年央视"3·15"晚会披露饿了么外卖平台监管不善之后，饿了么在节目播出后1小时内下线了所有涉事的8家餐厅，并对平台经营秩序进行整改。根据有关报道，饿了么推出七大措施，加强品质与服务质量管理。首先，升级商户认证体系，对于已入网的用户进行线下餐厅核查；对资质、照片真实性、卫生条

[①] 滴滴又出新举措：司机抢单将变为智能派单以降低空驶[EB/OL].第一财经.[2017-07-14].http://www.yicai.com/news/5081131.html.

件等各方面进行核查；对于新申请入网的餐厅，饿了么品控组会在7个工作日内对其进行抽查；同时，饿了么对审核人员严格实行问责制度，对于审核不严、弄虚作假的情况，一经发现，一律开除；饿了么还宣布将和360公司联手打造"明厨亮灶"工程，将智能摄像机安装到饿了么的合作商户后厨，可对餐厅的出餐流程进行直播，并让消费者参与监督与打分，对优质商家进行奖励，以提高商家的服务质量与卫生条件；等等。

2017年3月1日，饿了么平台开始实施的《饿了么商品发布细则》中对商家发布商品的文字表述、商品品类进行了限定，并对违规违法行为的惩罚措施进行了说明。细则表示，商家的商品描述中禁止出现任何法律法规禁止使用的夸大宣传、绝对化用语，例如"最实惠、最便宜、最好吃"等用语；禁止宣传食品具有特殊功效或医学用途；禁止使用"纯绿色、无污染"等夸大性用语；禁止隐瞒不适宜人群；禁止出现法律法规禁售及平台禁售的品类及商品名称，例如军火、香烟、药品、成人用品、猫狗肉、特殊保护动物等。同时，细则规定，对于违规商户，饿了么网上订餐平台有权同时删除对应商品或信息。若店铺内商品含违禁商品，则执行扣信用分15分，关店一天处理；若店铺内商品全部为违禁商品，执行扣信用分30分，永久关店处理。

类似地，美团网在手机客户端中增加了"举报商家"的功能，其中举报类型包括餐厅刷单、外卖价格高于店内价格、商家资质问题等，用户可以通过这一功能对商家的服务、卫生、资质等问题进行投诉。通过这个功能，美团降低了平台对商家进行直接监督的成本，并可通过顾客的监督"强迫"商户提升服务质量，从而形成良性的平台生态。

不过，尽管服务类平台在监管上重视对商家的资质核查，但是由于平台没有执法权，对于问题商家只能提出整改意见，无法查封，因此很多商家得以逍遥法外，改头换面一番后仍可在平台上继续经营并逃过监管。

网贷平台的监管手段

从互联网创新蓬勃发展以来，P2P网贷平台从早期的野蛮生长逐步走上正轨，主要有宜人贷、团贷网、信而富、你我贷等平台企业。网贷平台主要面临难以对融资者身份进行验证，逃款难以追回等问题。

国内P2P平台主要依靠技术手段对融资者的信用情况进行验证，比如与公安部系统联网的身份认证，与教育部系统联网的学历认证，与移动、电信等运营商合作的实名认证等。但是，这种仅通过网络验证的身份资料信息和借款用途并不可靠，有可能出现冒用他人材料，一人注册多个账户骗取贷款的情况。尤其是一些P2P平台为了拓展业务和提高赢利能力，采用了一些有争议、高风险的交易模式，如信托、理财、担保等业务，但并没有建立客户身份识别、交易记录保存和可疑交易分析报告机制，极易引发洗钱等违法犯罪活动。同时，尽管一些P2P平台采取一些风险防范措施，如将违约者拉入黑名单，公布该人的信息资料；雇用专业催收团队，如宜信的还款风险专用账户和专门的追讨团队；引入人民银行的个人信用报告作为评级依据等。同时一方面对尚未到期的资金借入者采取帮助贴息的方式以催促他们提前还款，另一方面提供本金担保服务，但是贷款一旦出现违约，补偿只是杯水车薪。[1]

2016年4月，国务院联合14个部委发布的《互联网金融风险专项整治工作实施方案》对P2P网络借贷提出了具体要求。方案指出，P2P网络借贷平台不得设立资金池，不得发放贷款，不得非法集资，不得自融自保、代替客户承诺保本保息、期限错配、期限拆分、虚假宣传、虚构标的，不得通过虚构、夸大融资项目收益前景等方法误导出借人，除信用信息采集及核实、贷后跟踪、抵质押管理等业务外，不得从事线下营销。互联网金融领域广告等宣传行为应依法合规、真实准确，不得对金融产品和业务进行不当宣传。未取得相关金融业务资质的从业机构，不得对金融业务或公司形象进行宣传。取得相关业务资质的，宣传内容应符合相关法律法规规定。[2]

---

[1] 张骏,姜维权,艾金娣.P2P平台发展创新中的风险及监管对策[J/OL].银行家.[2017-07-14]. http://p2p.hexun.com/2015-07-13/177498909.html.

[2] 常道金融.互联网金融发展历程及监管政策全梳理[EB/OL].汇金网.[2017-07-14]. http://www.gold678.com/dy/A/1991847?_t_t=0.054059311868313475.

随着国家出台越来越详尽的互联网借贷平台监管政策，P2P平台纷纷响应号召，制定严格的服务协议与条款，以降低互联网金融风险。

陆金所是中国平安集团旗下的网络投融资平台，是中国最大的网络投融资平台之一。其服务协议第四章"账户安全及管理"中指出，若陆金所认为个人会员提供的个人资料不具有真实性、有效性或完整性，包括但不限于盗用他人证件信息注册、认证信息不匹配等；认为个人会员账户涉嫌洗钱、套现、传销、被冒用或其他陆金所认为有风险之情形；发现个人会员使用非法或不正当的技术手段进行危害交易安全或影响公平交易的行为，包括但不限于篡改交易数据、窃取客户信息、窃取交易数据、通过平台攻击其他已注册账户等，陆金所将不经通知而先行暂停、中断或终止向个人会员提供本协议项下的全部或部分会员服务（包括收费服务），并将注册资料移除或删除，且无须对个人会员或任何第三方承担任何责任。

人人贷是中国互联网百强企业之一，主打个人借贷。平台要求借款人年龄在18~55周岁之间，用本人实名认证的手机号在平台完成注册，并提交中国人民银行征信中心出具的《个人信用报告》。同时，《人人贷注册服务协议》指出，若人人贷认为客户提供的个人资料不具有真实性、有效性或完整性；认为客户的平台账户涉嫌洗钱、信用卡套现、传销等违法违规行为，人人贷会先行暂停、中断向客户提供协议项下的全部或部分服务，以及/

或者将客户在人人贷平台发表的内容和/或个人资料和信息移除或删除。

但是，目前，P2P平台信用体系尚未完全建立，难以形成有效的贷后管理。没有完善的风险考核体系，没有成熟的风险考核指标，投资者背负着很大的道德风险和逆向选择风险。

平台私人监管的局限性

正如我们在前文所提到，平台监管也有难以解决的问题，需要政府的公共监管协助管理。平台监管主要存在以下五个方面的问题。

平台商家资质难以核查

尽管每个电商网站对入驻商家的审核都有自己相应的标准，其中企业资质清单中一般都应包含营业执照（通过最新年检）、品牌销售授权证明、产品质量合格证明等。但在实际操作上，平台对入驻商家的审核过程往往存在漏洞。

在某平台售卖假润滑油事件中，网易记者调查显示，平台称，仿冒商品由第三方卖家"北京某商贸有限公司"售卖。网易记者在北京市工商行政管理局网站上看到，该公司成立的时间是2009年5月，注册地为昌平区某居民楼内。但是，此公司注册的一般经营项目包括"销售汽车配件、五金交电、建材、文化用品、日用品、计算机软硬件、电子产品",而根据相关规定,机动车燃料及相关产品(润滑油)的店铺零售活动属于"机动车燃料零售"范畴,即润滑油并不在该公司的经营业务范围内。

同时,网易记者咨询了一些电商客服,某平台客服表示,入驻商家销售的众多产品中,只需要提供一份由地方质检局提供的商品检测证明即可上线销售。例如某服装品牌上线一批衣裤、帽子等,只要提供一款衣服的一份检测证明即可。对于这种做法,国家服装质量监督检验中心(上海)相关工作人员告诉网易记者,在线下实体商店销售的每个款式每种颜色的服装都必须送检,而电商网站的上述"偷工减料"的做法很容易出现售假和次品的现象。同时,平台对于商家的监管多数属于"抽检"。以1号店为例,1号店有"神秘买家"等方式,但不可能对店铺进行全部检查。若进行全部检查,其成本对于平台来说可能很难负担。① 再比如,从网约车诞生起,网约车司机进入门槛低、平台监管不严的问题一直存在,专车运行公司往往忽视对专车车主资质背景的审查以及上岗培训,这导致网约车市场出现了不少乱象,甚至包括人身伤害等事件。

由此可见,尽管平台监管有灵活、便捷、准确等优点,仅凭平台监管,有可能出现监管不严的情况,无法对不法商家起到

---

① 潘少颖.电商网站监管第三方商家不积极[N/OL].IT时报.[2017-07-14].http://tech.163.com/14/0721/10/A1LVIP7E000915BF.html.

有效的震慑效果。因此，仍需要政府监管进行配合。

平台监管无执法权

首先，平台监管的权力有限，无执法权，在遇到大损害事件时无法使用金钱以外的惩罚方式。由于平台方不属于我国的国家机关，不具有行政征收、行政监督、行政处罚、行政强制等执权，只能履行与用户所签订的合同中的责任，不能超出合同强制执行。例如，淘宝网打击虚假交易，只能采取删除宝贝、关闭网店以及扣取保证金等措施，并不能上门打击贩假窝点，或对犯罪嫌疑人实施抓捕，对可疑货物进行查封等。

并且，平台无法追溯假货的生产源头，从源头上监管制假，从而"永绝后患"。在2016年天猫"双11"狂欢节的最后一小时演讲中，马云表示："淘宝、天猫平台的假货其实远远低于整个社会上传统零售行业的各个行业。而且所有的数据都会被追踪，谁买了，谁卖了，谁在生产制造，地理位置具体地点，具体是谁，全部能够查到。只要举报取证，阿里就会把这些假货全部消灭，但遗憾的是依然看到大批工厂在生产。"

"由于平台没有执法权，阿里无权吊销工厂营业执照、关停工厂，而打假是社会综合治理。阿里希望政府部门不仅仅只是告诉我们网上有假货，而是应该共同去打击假货，应该去把这些假货（工厂）关掉，把这些牌照取掉。"①此外，马云在2017年3月7日发表微博表示，单纯依靠电商平台打假是治标不治本，绝大部分制假售假者几乎都不用承担法律责任，违法成本极低。法律基石是根，制造工厂是源，从根源上开始打击假货才是王道。其微博原文如图12–1所示。②

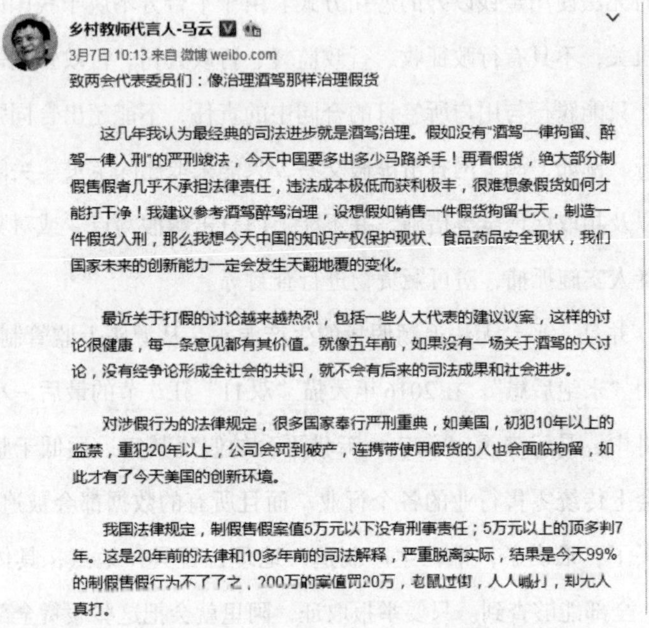

> 乡村教师代言人-马云
> 3月7日 10:13 来自 微博 weibo.com
> 致两会代表委员们：像治理酒驾那样治理假货
>
> 这几年我认为最经典的司法进步就是酒驾治理。假如没有"酒驾一律拘留、醉驾一律入刑"的严刑峻法，今天中国要多出多少马路杀手！再看假货，绝大部分制假售假者几乎不承担法律责任，违法成本极低而获利极丰，很难想象假货如何才能打干净！我建议参考酒驾醉驾治理，设想假如销售一件假货拘留七天，制造一件假货入刑，那么我想今天中国的知识产权保护现状、食品药品安全现状，我们国家未来的创新能力一定会发生天翻地覆的变化。
>
> 最近关于打假的讨论越来越热烈，包括一些人大代表的建议议案，这样的讨论很健康，每一条意见都有其价值。就像五年前，如果没有一场关于酒驾的大讨论，没有经争论形成全社会的共识，就不会有后来的司法成果和社会进步。
>
> 对涉假行为的法律规定，很多国家奉行严刑重典，如美国，初犯10年以上的监禁，重犯20年以上，公司会罚到破产，连携带使用假货的人也会面临拘留，如此才有了今天美国的创新环境。
>
> 我国法律规定，制假售假案值5万元以下没有刑事责任；5万元以上的顶多判7年。这是20年前的法律和10多年前的司法解释，严重脱离实际，结果是今天99%的制假售假行为不了了之，200万的案值罚20万，老鼠过街，人人喊打，判无人真打。

图12–1　马云阐述平台打假治标不治本的微博原文（部分）

---

① 马云：政府别只让我们打假，应该去取缔那些造假工厂[EB/OL].网易科技报道.[2017-07-14]. http://tech.163.com/16/1112/09/C5LM7RIB00097U7R.html.
② 搜狐科技：马云终于忍无可忍了：卖一件假货拘留七天 造一件假货入刑！相关链接：http://mt.sohu.com/20170309/n482814920.shtml。

由此可见，若无政府执法机关配合平台进行行政与刑事手段的公共监管，仅靠平台监管难以有效地威慑制假、售假商家，维护社会经济环境。

平台监管可能出现内部腐败

在采用平台监管为主的监管体系中，如果在监管制度中有漏洞，监管人员就可能出于利益驱使，将用于构建平台体系的规则变为为自身牟利的工具。例如某平台店小二作为此平台的监管人员，通过钻制度的漏洞，利用自己的权力帮助商户刷信誉、删差评，从而进行牟利。这样的行为不仅给该平台上的商家、顾客造成了巨大的损失，也使平台遭到了重创，严重地影响了整个平台的生态体系。

该平台"店小二事件"是平台经济发展以来爆发的最严重的平台内部腐败案件，由此看来，平台内部腐败是给平台监管有效性带来最大伤害的因素。

随着交易量的逐年攀升，店小二们手中的权力也被逐步放大，这些平均年龄只有27岁左右的年轻人，掌握着800多万商家从开店到提高业务量的"生杀大权"。而这些栖身在竞争日益激烈的电商之中的各类商家，随着此平台的一系列平台化产品的推出，其中原有的付费推广手段并不能有效地提高商家的自身业绩，原有的业务量急剧下降。为了参加各类促销活动，提升交易量,将商家信息在搜索页面上提前,不少商家选择攀附店小二。

多年以来,以店小二为中心的地下黑色产业链日益成熟。从早期的以店小二为后台的刷信誉、删差评等隐蔽性手段,到通过代理公司进行权力寻租,再发展到某平台推出大型优惠平台后直接参股公司明目张胆地获取不当利益,店小二花样繁多的腐败形式遍布整个平台。从以前的个人索贿发展到目前的涉及从技术人员、活动策划人员到客服人员的团伙性作案,店小二的腐败已经成为影响该平台公平商业交易的巨大黑洞。①

2014年4月12日,有一份平台内部的员工辞退通知在网上流传。长期以来在男装排名前十的四家旗舰店,被平台做了关店处理。通知显示,这些店的店主吴某某在一年多的时间里,在店小二的授意下,先后向服装类目相关小二以及集市、商城、金币、试用中心、手机App等部门的员工多次行贿。而吴某某换来的是旗舰店单店2011年的销售额超过5200万元。②

除了受贿并暗箱操作优秀活动的参与商家,店小二还会暗中操作平台店家的评级机制。此平台对店铺的信誉评级一共分为20个级别。卖家每进行251次交易获得1钻石的信誉,进行10001次交易得一个皇冠信誉标识,50001次交易得三个皇冠标

---

① 石雁,杨磊,张淇人.淘宝腐败黑幕调查[J].IT时代周刊,2012年第8期.
② 数据来源:电子商务研究中心,《天猫黑洞:惊天腐败黑幕调查 小二骄横 卖家绝望的真相》.相关链接: http://b2b.toocle.com/detail--6150482.html?from=timeline&isappinstalled=1.

识，要获得一个金皇冠要交易50万次。这种虚拟的信誉代表卖家的经营业绩和诚信度，信誉度越好搜索排名越靠前，越容易带来流量。《IT时代周刊》的记者在调查中了解到，苏州某鞋类店家的一款运动鞋浏览量为13544次，成交量为26259件，相当于顾客每次浏览购买两双鞋，而实际上在电子商务领域，转化率（浏览量/成交量）甚至很难达到5%。这款产品的交易量很显然是通过作假的手段得到的。记者查看其成交记录，发现大批交易记录的旺旺号都是相同的，更加证实了其皇冠信誉是刷出来的。

除了刷单以增加信誉，平台上还存在依托店小二存在的职业差评师。职业差评师通常是团伙作案，通过"拍商品—给差评—删差评"进行"一条龙服务"。店家若想删差评则需要付费，其中除了职业差评师的收入，还有店小二的分成。由此可见，平台内部腐败不仅影响平台的运行效率，也会破坏平台的声誉。[①]

对具有负外部性的交易缺乏监管

此处的外部性指社会成员（包括组织和个人）从事经济活动时其成本与后果不完全由该行为人承担的现象。这种外部性分为正外部性（positive externality）和负外部性（negative

---

① 淘宝店小二腐败黑幕调查：淘宝的水有多深[J/OL].IT时代周刊.[2017-07-14].http://www.linkshop.com.cn/web/archives/2014/295382.shtml?from=rss&utm_source=tuicool.

externality）：正外部性是某个经济行为个体的活动使他人或社会受益，而受益者无须花费代价；负外部性是某个经济行为个体的活动使他人或社会受损，而造成负外部性的人却没有为此承担成本。在平台中，消费者与商家会存在知假买假、制假售假的行为，这种行为会对第三方企业的声誉及利益造成损害。

一般来说，平台在接到投诉后才会进行监管，对损害第三方利益却无人投诉的交易一般不会进行监管。对于这些你情我愿的情况，由于平台企业追求利益，平台的监管可能会松懈，从而对非买卖双方以外的第三方造成损失。例如，国家工商总局在2014年"双11"的时候对某平台进行抽检，发现仍有不少假货的存在，但消费者对商家的评价依然很好。消费者知假买假，当事双方你情我愿，互相评价都很高，交易也顺利满意，但是却对第三方的品牌商造成了损害。

除此之外，有些交易损害的不是某家企业的利益，而可能是公共利益。例如在某平台中，存在着"招嫖招赌"的交易，也存在着买卖"易容面具、军火、毒品"等违法违规商品的生意，这些交易虽然会触犯国家法律，对社会造成不良的影响，但能够给平台带来利润，并且是增加平台影响力的一大途径，因而平台自身并没有动力投入力量去监管。

2011年6月，一网友在某平台购物时发现有一款"仿真面具"在热销，这种仿真面具有男女性别分类，以男性为主，有商家在30天内卖出了20多个。在网上还有关于仿真面具如何使用的详细介绍：一个脸部仿真硅胶面具500元，这种只植入眉毛，需要植入胡子的要550元至600元，面具大约厚1毫米，有粘贴在脸上和用弹性黑绳固定在脸上两种，而且具有真人的皮肤纹理和肤色。根据记者调查，一位卖家透露，这种面具一般都能使用一年以上，如果搭配上专用的玻璃胶水将更加逼真。[①]

由于这种面具极易被不法分子利用，警方开始重视仿真面具的销售。2014年8月起，此平台上已无法显示与"仿真面具"关键词有关的内容，但是还有不少卖家投机取巧，用"易容""仿真"等关键字绕过关键字屏蔽，在平台上继续销售违法商品。

由此可见，平台上一些违法违规的交易需要政府的公共监管对其进行监督、限制，必要时能够对触犯国家法律法规的行为及时叫停。

本章小结

对于多边平台中的交易纷乱复杂的情况，平台私人监管可以对违法违规、损害社会经济秩序的交易行为较快介入，并利用平台的大数据优势与经济手段对商家进行最直接、准确、迅速地惩罚，以起到强有力的威慑作用。

[①] 柴颖颖. "仿真面具"淘宝上热卖[N/OL]. 济南时报.[2017-07-14]. http://news.163.com/11/0624/04/779O88B800014AED.html.

但是，由于平台企业具有逐利的本性，当商家的违法违规行为可以直接或间接地为平台带来更多流量或经济效益时，平台可能对这种违法违规的交易缺乏监管的积极性。并且，由于平台的企业属性限制，平台无法对违法商家进行经济手段以外的惩罚。因此，尽管平台私人监管对于降低平台上的违法交易起到了一定的抑制效果，但是依然存在许多监管局限，仅靠平台的私人监管无法在根源上震慑和遏制违法交易。因此，政府的公共监管仍不可缺少。

第十三章
政府的公共监管

平台的私人监管存在不少局限性，因此，平台的治理也需要政府的公共监管。但是，不同类型的平台存在着不同的问题，需要政府在制定监管措施方面所有区分和侧重，以对不同的平台采取不同的监管措施。如商品交易平台需要重点监管商品质量，服务类交易平台需要重点规范准入标准，P2P网络贷款平台需要对其运营行为进行监管等。

政府对商品类交易平台的监管

对于商品类交易平台，政府监管的侧重点在于对平台监管松懈的状况进行规范、防止平台为假冒伪劣商品提供土壤的腐败问题、限制商品交易范围三个方面。

杜绝平台监管松懈

平台私人监管可以在一定程度上对部分商家售假行为起到监督作用，但这种监督存在道德风险，在买卖双方互相知情、知假买假的情况下，由于不影响平台赢利，平台的监管表现和力度就会不尽如人意。对于平台监管易出现的监管松懈、知假买假损害第三方利益的问题，需要政府监管加以弥补。

政府针对这一问题，采取一系列措施以期规范网络零售平台健康发展，如工商总局将2015年开展的"红盾网剑专项行动"工作重点定为"加强网络销售商品质量抽查"以及"对大型网络交易平台监管"，并推动落实《流通领域商品质量抽查检验办法》，拟从加强网售商品抽查方面增强监管，降低劣质产品出现频率。此后，工商总局加速建设对于第三方网络交易平台的监控系统，以此系统来监控平台的行为，并且将大数据运用到市场监管中，希望运用互联网、云计算等技术，提高对平台的监管效率，建设新型监管模式。

地方工商局也同步采取行动，浙江工商局展开专项行动强化"对阿里系平台的监管"。继京东销售假冒美孚机油事件与淘宝叫板工商总局事件之后，政府陆续出台一系列政策，如国务院出台《关于大力发展电子商务，加快培育经济新动力的意见》，指出，在重视新经济发展效率的同时，更应当注重风险的监控与发展的质量，并开始制定《网络交易违法失信惩戒暂行办法》，确立诚信原则，对售假、知假买假行为进行规范。

在日常经营活动之外，网购平台集中促销过程中出现的虚假促销、以次充好现象，由于促销活动会为平台带来大量利益，对于一些商家广告名不符实或是夸大其词的情况，平台监管也有松懈的可能，需要政府加强监管。如工商总局2014年"双11"抽检发现的天猫大量售卖假货事件，事实上除此之外，"双11"等促销活动带来的还有售后服务的缺失、众多商家先抬价后降价进行虚假促销、将劣质商品拿来促销等侵害消费者权益的问题，政府有必要针对这一现象出台政策进行监管约束。

针对这一调查结果，2015年国家工商总局公布《网络商品和服务集中促销活动管理暂行规定》，其中对促销活动经营者的合法身份、商品宣传的真实性、交易成交量的真实性做出了规定。要求经营者不可以任何方式欺骗消费者，同时对优惠券、积分等的发放方式与告知义务进行了规定，随后又出台了《关于加强和规范网络交易商品质量抽查检验的意见》，强调对网络商品的随机抽查，并进行了相关制度设计。

弥补内部腐败带来的监管失灵

平台内部工作人员的权力寻租问题和运作机制已经成为平台管理中的一大漏洞，近年来平台内部腐败的存在依然会在很大程度上影响平台的经营效率、运营秩序以及声誉和竞争力。可以看出，平台内部腐败是严重威胁平台监管有效性的因素之一，也是政府加强对其监管的原因之一。

政府不断出台一系列的政策，为这类现象划清红线，如《网上交易平台服务自律规范》规定了平台对交易当事人资质审查的义务；《电子商务模式规范》规定了平台对卖家所售商品质量和宣传真实性的责任；《网络商品交易及有关服务行为管理暂行办法》则对评价体系进行了规范，要求平台与卖方共同营造真实有效的评价机制。平台加强了对卖家的监管，网络商品的质量与网购的环境也得到了改善。

对商品范围进行监管

网络交易平台由于属于虚拟空间，缺乏实地监管，更易滋生对社会产生不良影响的商品。而由于所售商品会给平台带来利益，平台方在商品交易范围上的把控可能出现问题。

随着政府出台系列法案，平台治理现状也得到了改善，主要相关法案见表13-1。

表13-1 政府出台的与平台商品质量相关的法案及内容小结

年份	法律法规名称	内容小结
2000	中华人民共和国产品质量法	规定对产品质量进行监督的细则

(续表)

年份	法律法规名称	内容小结
2005	中华人民共和国消费者权益保护法	规定了消费者基本权益，对商品质量进行要求
2014	流通领域商品质量抽查检验办法	规定了定期或不定期抽查网络、电话购物商品的办法
2015	关于大力发展电子商务加快培育经济新动力的意见	指出重视新经济发展效率的同时更应当注重风险的监控与发展的质量
2015	关于加强和规范网络交易商品质量抽查检验的意见	强调对网络商品的随机抽查，并进行了相关制度设计
2015	网络商品和服务集中促销活动管理暂行规定	要求促销活动经营者的合法身份、商品宣传的真实性、交易成交量的真实性
2017	互联网企业生活服务类平台服务自律规范	平台服务商应该检查平台内商品信息真实性，同时对服务提供商刷单、套现等行为进行诚信监管

政府对服务类交易平台的监管

平台除了可进行商品交易，也可进行服务交易。日常生活常需的服务可分为两大类：食和行。随着平台经济的不断发展，外卖、网约车等平台日渐活跃，在为人们的生活带来方便的同时也滋生了一些问题。

若仅靠平台进行监督,则会产生监管漏洞,主要问题在于对进驻其中的商家的资质审查不够严格,且对于商家提供的服务监管不够,导致鱼龙混杂,消费者难辨真假,进而权益受到侵害。因而政府对此类平台的监管重点在于规范准入机制及规范服务质量要求。

加强资质监管

从事实来看,平台对于商家的资质监管易存在漏洞,食品平台存在商家伪造资质证书而平台审核不严的问题,网约车平台则存在平台规定有漏洞,导致部分不合规的车主、车辆依然活跃在平台上的状况。

对餐饮平台来说,消费者难以通过手机屏幕了解餐馆的卫生状况和营业资质,而在平台监管放松的情况下,一些卫生标准不达标的商户甚至通过伪造营业执照来进驻外卖平台。而事实上,平台对于执照的审核确实相对较松。2016年4月,《南方都市报》记者在广东财经大学华商学院周边进行调查,发现在进驻美团外卖的餐厅中,有30多家均为无证经营。一些严重不达标的商家甚至没有实体店,为规避现实中的检查,仅靠造假的证书通过网络销售食品。

针对这一问题,政府进行了政策跟进。2015年10月起执行修订版《食品安全法》,在酝酿过程中此法即被称作"最严食安法"。该法有许多创新之处，如首次对网络食品进行监管强调，并明确了第三方平台的监管责任，要求平台对经营食品的商家进行实名登记，并严查其资质，如未履行审查义务则有可能被处以最高20万元的罚款。在执行过程中，一些地区对平台的要求进行了加强，如北京、上海、福建等地区，除了规定平台对商家资格证有审查义务之外，还要求在平台上公示其经营许可证。

对于网约车平台私人监管来说，最关键的问题是车辆准入混乱。由于平台前期的推广需要连接庞大的司机群体，因而平台对司机和车辆背景的审核较为松懈，许多黑车进入了平台，为乘客的安全出行埋下了隐患。频频发生的网约车司机骚扰乘客事件更是将舆论推向高潮，对网约车进行监管的呼声越来越高。

对此，平台采取了事后补救措施。如2016年滴滴在深圳对8000名司机进行了封号。然而比亡羊补牢更为重要的是建立详细的事前监察体系，这也是网约车平台监管中最关键的一环，这就需要政府出台相关政策，对平台的责任进行明确。

由于网约车平台是互联网时代的新产物，和传统交通服务业有一定的利益冲突，政府在制定监管政策时也经历了一番探索和考验。2014年7月，交通运输部印发《关于促进手机软件召车等出租汽车电召服务有序发展的通知》，明确积极鼓励支持人工电话召车、手机软件召车、网络约车等各类出租汽车电召服务方式协调发展，保障人民群众享有均等化出行服务。2015年6月24日，交通运输部部长杨传堂响应李克强总理部署推进"'互联网

+'行动指导意见"的五大原则,表示要推进实施"互联网+便捷交通""互联网+高效物流"专项行动计划,鼓励和支持以市场为主体开展各种基于移动互联网的出行与物流信息服务,特别强调要鼓励和支持以市场为主体开展各种基于移动互联网的出行与物流信息服务。2016年2月25日,工信部部长苗圩表示,以滴滴打车为代表的新生事物给传统行业带来巨大冲击,总体而言,国家是积极支持的态度,但在过程当中要趋利避害。2016年7月,交通运输部出台《网络预约出租汽车经营服务管理暂行办法》,对网约车平台公司的责任进行了明确,要求平台对注册司机和车辆进行审查,并到政府管理机关进行备案,同时要求对司机个人信息以及实时交通轨迹进行备案,并完善消费者的投诉受理体系。

上述暂行办法是政府监管网约车平台的一大制度推进,它同时也承认了网约车的合法化。但随后2016年10月,北京、上海、深圳、广州同时出台网约车征求意见稿,对于车辆、车主的户籍以及车辆的轴距进行了规定,滴滴出行由于一直倚赖中低端网约车,对这一规定提出了异议,然而政府认为这是提高网约车准入资质的方法之一,有利于加强监管并推动网约车平台良性发展。

回顾网约车平台在中国的发展,从最初兴起时各方的保守严控态度和对其是否合法的定性不明,到对网约车资质审查、投诉体系进行完善,中央与各地政府的探索和政策出台起到了重要的作用。

对服务质量进行管控

对餐饮平台来说，食物制作过程中的卫生状况监管也是一个非常重要的方面。

在线餐饮相比于实体餐厅有更高的卫生风险，因为消费者无法直接观察到餐厅的整体环境，一些商家就此放低了制作环境的卫生标准，而平台在此方面的监管也显得力不从心，往往是在接到投诉之后才有所行动，缺乏日常化的监管，仍有可加强之处。如2015年武汉食药局执法大队查处了数家使用"回收油"的外卖餐馆，新浪网对北京白领进行随机采访，发现有九成受访者对外卖整体不满意，近八成受访者表示曾在外卖中吃出异物，认为最亟待改进的是卫生问题。

政府对此采取的措施主要在于两方面，一是鼓励公开实时制作视频，二是保障消费者的投诉权益。北京、福建、浙江等多地鼓励卖家实施"明厨亮灶"，在平台上晒出食品的制作过程图或视频，同时于2016年出台了《浙江省第三方交易平台网络订餐监督管理规定》，如果消费者在第三方平台上订餐发生争执，可以向平台所在地的食品监督管理局投诉，如平台不能提供卖家联系方式，则由平台进行赔付。这就规定了平台在交易双方发生争议时的角色，明确了赔偿责任，也深化了对平台的监管。

同时，因为制作环境过于恶劣，有些商家隐瞒作坊的真实地址，在平台上登记虚假的信息。2015年搜狐记者在杭州随机抽查了饿了么上登记的14家餐厅，发现竟有7家登记的地址是虚构的。针对频发的食品安全问题，2016年食药监总局发布了《网络食品安全违法行为查处办法》，规定只有具有实体店的餐厅才能接受网上订餐，而没有实体店的不具备在线销售的资格，同时，商家必须保证线下和线上销售的食品具有相同的品质。该办法对平台的义务进行了明确规定，是《食品安全法》的延伸和细化，规定了平台对商家的准入审查、抽检细则、违法行为报告义务等。

对于网约车平台来说，服务质量包括乘客乘车安全、信息安全、价格合理等因素。平台通过用户叫车、司机接单来获取收益，对潜在的安全隐患，如乘客的信息会否遭到泄露或被不良司机利用，平台缺乏有效监管。政府应当出台相关政策，保障乘客权益，对于驾驶员和车辆的信息不应当仅由平台进行信息掌握，而应当在相关部门进行备案，并进行公示，同时政府要求运营平台通过网络以及GPS（全球定位技术）等科技手段，对网约车的行驶状态进行监控。

2016年12月，在深圳市交通运输委与市公安、市交警等部门的推动下，运用数据交互管理技术，对平台中的网约车运行状态进行监控。同时出台的《深圳市网络预约出租汽车经营服务管理暂行办法》还规定，营业平台需及时对安全监控中显示不合格或有安全警报的车辆进行资格暂停，严重者吊销其营业许可。另外，政府需要防止网约车平台形成自然垄断后进行联合定价等行为，应当对平台的经营状况进行监管，防止出现滥用垄断地位伤害消费者的情形。

总体来看，政府对于服务类的平台的监管具有必要性且取得了一定效果，弥补了平台监管在资质监管以及服务质量监管方面的不足或不力之处，网络餐饮平台和网约车平台的现状得到了改善。2016年，饿了么成立了食品安全部门，作为公司一级部门专事监管食品安全，不与公司业绩相联系，以保证其监管的公平性和严格性。对申请加入的商家严格把关。同年，在饿了么平台上申请上线的商家有24.32万家因不合要求未被批准，占申请总数的近30%；同时对不达标准的在线商家进行清理和处罚；通过自查下架餐厅43.01万家，在与政府部门的合作下，外卖在线平台成立了"网络餐饮服务行业协会"，制定了商家准入等多项行业标准。针对网约车出台的措施也明确了其法律地位、规范了准入标准，但仍存在过于笼统等问题，可以进一步完善。

政府对P2P网络贷款平台的监管

自从2006年，中国第一家P2P网络贷款平台——宜信成立之后，P2P贷款平台在中国逐渐兴起。根据盈灿咨询的相关报告，2015年国内有高达9800亿元的网络贷款流量，比2014年增长了288%。这一现象有利于缓解一部分中小企业融资难的问题，也为民间闲置资金提供了出口，但随着网络贷款平台的发展，其缺陷也日益明显，某些平台由于不具备充分的衡量与管理风险的能力或是认真经营的态度，出现倒闭或欺骗投资者携款跑路等情况。网络借贷平台作为一种金融中介，存在着良莠不齐、内控制度不完善等问题，需要政府完善相关法规，进行监管。

对于当前市场中存在的P2P平台，按照营业性质可以分为两类，真实进行交易的平台以及假借民间借贷进行自融的平台，对于P2P平台的监管，重点在于准入和退出机制的完善，以及运营过程中的行为监管。

准入与退出机制的完善

根据网贷之家平台提供的数据，累计至2017年，出现的停业平台以及问题平台达到3696家。在这部分平台中，提现困难与跑路的平台逾总数的25%，整体的问题平台发生率维持较稳定的水平。例如2016年，美冠信负责人仅对投资人说明经营遇到了问题，之后便消失在公众视野，而漳州汇霖公司负责人甚至公开表示，投资人的投资额数额太小，不会加以偿还，之后便公然跑路。这些说明仅依靠平台完成对借款方的监督是不可靠的，平台自身就有发生违约的风险，应当由政府加强对制度的设计，规范平台的操作，为投资者提供较为安全的投资环境。

网络借贷平台作为中介机构，在进入和退出方面基本不受门槛限制，与其相关的信息公众难以在公开的信息平台中获取，因而易出现不具备经营资质的平台随意进入与退出、伤害投资者的状况。根据盈灿咨询2016年的报告，仅有10%的退出平台是在还清借款后才公告退出，另有30%是在退出过程中逐步还清借款，有20%平台卷款跑路，剩下的40%则被呆账、坏账包裹，陷入了漫长的等待与困境。

目前在政府监管方面，还未有对于退出平台的跟踪调查管理机制，导致跑路平台欠款催收困难。政府应当完善准入与退出机制，在平台成立之前对其资质加以严格审核，明确平台的经营目的；在平台退出之时加强对其账目的审查，促使更多平台正常退出；对于跑路平台加强欠款催收政策规定；并同时建立平台预警系统，对于高跑路风险的平台予以警示，保护投资者的权益。

对行为的监管

其次，在平台的运营过程中，也需要政府的监管，尤其是对借款人到期无法偿还的违约风险、借款人或平台本身金融诈骗和携款出逃等威胁投资者资金安全的隐患进行监管。

网络贷款平台本身依托于虚拟网络世界，因而在借款人的身份认证和信用评价上面临更多的困难，若借款人到期无法偿还欠款，或是出于诈骗的目的向投资人借款，将使投资人的权益受到侵害；而在另一种情况下，由于投资方和借款方之间的资金流动需要借助平台中介来完成，资金在网贷平台上有一定的沉淀时间，在此期间资金的流动方向很难查明，因而存在平台自身进行金融诈骗的风险。

杠杆率一定程度上反映了一个平台经营风险，根据国家法律规定，银行的融资杠杆为12倍，监管部门对P2P平台的杠杆要求是10倍。由网贷之家2015年的数据可知，通过对业内Top100的平台进行杠杆审查，积分达到80分以上的寥寥无几（积分是网贷之家对于平台杠杆率审查的评分）。其中，红岭创投的杠杆率超过200倍，爱投资的杠杆率超过700倍。国家应当对网贷平台的杠杆率进行政策严规，并配套审查体系，将不符合要求的平台列入高风险名单，加强监管并提示投资者注意。

针对存在的问题，2013年，国务院出台了《国务院办公厅关于加强影子银行监管有关问题的通知》，特别提出建立中央与地方共同联动、各部门相互合作的完整监管体系，并要求有关部门深入排查风险隐患。随后，2015年7月，央行等十部委联合发布了《关于促进互联网金融健康发展的指导意见》，在鼓励互联网金融业发展的同时，也明确了监管的边界，提出由银监会负责监管网贷，各地政府部门进行配合监管。而银监会等部门也在2016年8月联合出台了《网络借贷信息中介机构业务活动管理暂行办法》，该办法规定，对于网贷平台的日常监管成为地方政府的责任。政府对网贷加强监管之后，取得了一定的成果，从2016年10月以来，每月出现的问题平台数量呈现稳步下降趋势。

网络借贷是一种新生事物，政府通过完善法律制度以及出台相关政策对P2P网贷平台进行监管，目前来看取得了一定的效果，但仍有较长的路要走，例如进行更详细的监管责任划分、限制平台底线、对平台日常经营活动进行信息监控等。

本章小结

平台经济中需要公共监管与私人监管共同作用，形成双重监管的体制。政府通常通过罚款、限制准入资格等方式进行监管，而将这些方式用于平台中交易的监管，显然是缺乏效率的。也就是说，在平台经济中，政府有效的监管工具还较少。而平台的私人监管拥有着价格结构、声誉机制以及数据分析等多种工具，可以高效地对平台中的交易进行监管。但是，平台的私人监管也存在着较多的局限。因此，需要政府和平台进行双重监管。

然而，在双重监管的过程中，政府也不能将所有平台一概而论。政府应该根据平台的类型、特点，采取相对应的措施。同时，政府应该充分调动平台的监管积极性，引导平台对有能力和动机去监管的行为进行充分监管，弥补不足，完善整个监管体系。

第十四章
政府的公共政策

平台是多边市场中的重要组成部分，政府对平台的监管有重要的意义。同时，也应当看到，除了对平台个体的监管，政府也应对整个行业以及企业间行为进行监管。然而，由于多边市场与单边市场有着本质的区别，传统单边市场的监管政策并不适用多边市场。因此，政府针对多边市场的政策也应与传统单边市场有所不同，有所创新。本章我们会针对企业间、行业间的规范与监管进行分析说明。

企业不正当行为的界定

因为多边市场与单边市场在市场参与主体和市场范围界定等诸多方面存在较大差异，因此监管机构以往在单边市场上采取的监管方法和手段在多边市场上应用会遇到很大障碍，这对政府如何有效监管多边市场行为提出了更大的挑战。

单边市场中的定价主要在于需求量、需求弹性以及边际成本，而基于多边市场的平台经济，在定价时有着更复杂的机制。关于这一点，有许多文献进行了研究，例如有学者（Rochet & Tirole, 2003）研究了平台两边的价格弹性对于平台定价的影响，通过设定一个平台收取交易费的模型，得出了垄断平台在一边的定价与该边的价格弹性成正比的结论。阿姆斯特朗（2006）建立了模型，用于解释说明平台向两侧收取费用的情形，指出平台具有不对称定价的机制，当平台两边之间的网络外部性很强并且一边吸引的用户数量很多时，平台会出现低于边际成本定价的情况，也包括有时价格甚至可能为零或是为负。哈久（2004）也描述了一个平台收取注册费的模型，同时说明了平台的定价受到用户对于产品多样性偏好差异的影响，平台对于产品的供应者和需求者的收费侧重也受到这一因素的影响，当用户对于产品多样性偏好强时，平台侧重于从产品提供者一边收费；而用户对于产品多样性偏好弱时，平台侧重于从产品购买者一方收费。

多边市场与单边市场在定价方式上有所不同，后者的定价是根据边际收益等于边际成本原则，而多边市场的最优价格与边际成本不具有必然联系，一边的价格可能低于其边际成本甚至为零。多边市场定价的特殊之处就在于其往往在平台的一边收取低价或者免费补贴，而在平台的另一边收取相对高的价格以收回成本并赢利。根据戴维·埃文斯（David Evans, 2003）在《双边市场中的反垄断问题》一文中所描述的情形，在现实经济中，这种"不对称定价"行为对于双边市场平台来说是普遍和理性的行为。比如，电话黄页通常免费赠送给电话用户，但是对在黄页上刊登广告的企业收费；银行信用卡平台对于持卡人收取比较低的年费，对于商家则收取比较高的交易费用。

对于多边市场来说，采取这种定价方式的原因在于，平台两侧用户之间存在交叉网络外部性。阿姆斯特朗（2006）将"交叉网络外部性"解释为"一边用户的净效用随着另一边用户数量的增长而增加"，指交易平台对外部性较强的一边用户制定的价格往往低于其边际成本，甚至免费吸引该边用户到平台上来，然后通过交叉网络外部性的作用吸引另一边用户到平台上进行交易，并在另一边收取高价以保证平台的收入和盈利。多边市场的定价策略的关键是将用户的外部性内部化，为交易平台的两边吸引尽可能多的用户。因此，一些在单边市场中的掠夺性定价行为，如果放在双边市场下来看就并非厂商为了攫取高额利润而进行的不正当竞争行为，而是因为双边市场的特性而决定的定价策略。

因而，对于单边市场的垄断行为、不正当竞争行为的监管主要在于对定价的管控，而对于多边市场来说，需要政府需指定的公共政策将更加复杂。总体来说，政府对多边市场进行监管内容主要集中于对垄断和不正当竞争的限制，前者是为了防止个别企业通过定价或其他方式损害其他企业或消费者的利益、扰乱市场秩序；后者是防止企业与企业之间互联互通、侵害消费者权益及社会整体利益。监管的方式主要在于公共政策，细分来讲，对于垄断行为的监管，重点在于出台规制政策；对于不正当竞争的监管则在于为立法和执法机关提供立法建议。

反垄断需要创新

在传统单边市场中，通过考虑边际成本制定最优价格，但是在多边市场上由于涉及更多市场主体，通常会出现"补贴方"和"被补贴方"，如果从边际成本的角度来看，可能存在一方的价格明显低于边际成本，而另一方的价格明显高于边际成本的情况，如果以单边市场最优价格的评判标准看待多边市场的这种非对称的掠夺性定价结构，就可能对多边市场的定价策略产生误读，导致多边市场被误认为是垄断行为。

考虑到多边市场定价机制与单边市场相比更加复杂，所以对于监管机构来讲，能否充分分析多边市场的价格影响就显得尤为重要。我们主要从多边市场不同平台之间的竞争和合并两个方面考察相应市场行为是否构成垄断。

一是企业之间竞争的情况：

对于多边市场企业之间的竞争而言，涉及对企业的反垄断调查，最主要的是要对"相关市场"有明晰的界定。

在单边市场上，我们通常采用"假定垄断者测试"（SSNIP）

的方法定义相关市场，判断企业是否具有显著的市场力量。具体做法是指，假定某企业商品价格上升5%，观察消费者是否会转而消费其他的替代品，如果存在消费者变化，则另外的产品市场就可以定义为原市场的相关市场；此外，至少以一年为期限，观察价格上升是否会给企业带来利润的增加，如果存在利润增加，则可认为该企业存在垄断力量。

但在多边市场存在多种参与者，而且通常存在"补贴方"和"被补贴方"，以价格涨跌为讨论基础的"假定垄断者测试"存在明显缺陷。为此，在如果在多边市场上应用"假设垄断者测试"必须对模型进行修正。

以"3Q"（360和腾讯）的诉讼案为例，"3Q"为用户提供的服务基本都是免费服务，传统的"假定垄断者测试"在该案运用时遇到瓶颈，此案也推动了对多边市场中关于垄断的争议解决的立法完善与政策跟进。广东高院在确定相关市场的界定标准时，既考虑假定垄断者能否通过降低商品质量或非暂时性地小幅提高"补贴方"（广告商）的价格而获取利润，并且考察在这个过程中用户是否会出现其他替代需求。虽然广东高院的这种方法也遭到一些质疑，但确实也可以看作是"假设垄断者测试"在多边市场应用的一种创新。

二是企业之间合并的情况：

对于多边市场企业的合并，多边市场特有的网络效应导致市场很容易出现单一平台主导的局面，一旦形成单一平台主导市场，就会涉及单一平台是否存在市场垄断。在多边市场上，我们通常采取"合并模拟"（merger simulation）和"回归分析"（regression analysis）的方法评估多边市场合并对价格和市场格局的影响。这两种方法都平衡了平台合并前后，市场力量和成本节约两方面的影响（Rysman, 2009）。

2012年，国内两家影响力很大的视频平台优酷与土豆完成了合并，市场份额达到了接近50%的高位。此后各方一直有对于优酷土豆形成垄断的担忧，据新华网发布的调查结果显示，有62.1%的调查对象认为这一合并将导致垄断趋势，但同时也有业内专家指出，市场份额的扩大并不一定导致垄断产生，还需具体分析合并后整个市场的变化。事实上在两家合并后的一段时间内，其他视频平台也采取了相应的提高竞争力的措施。

同时，在分析对企业合并可能带来的垄断趋势，政府应当有怎样的监管思路的时候，应当灵活运用上述两种分析方法。假设我们探讨优酷和土豆两家互联网视频网站的合并是否会造成市场垄断的问题，在采用"合并模拟"或是"回归分析"的方法进行分析时，一方面我们要考虑优酷和土豆的合并是否会带来更大的用户群体的市场占有率，造成市场势力的增加；另一方面，我们要考虑与用户单独享受优酷或是土豆带来的服务相比，享受优酷和土豆共同带来的服务能否给用户带来更多的产品选择、降低用户的搜寻成本，提升接受服务所带来的满足感。如果通过模拟或是回归分析，发现这种合并能够带来社会福利的增加，那么就不能构成市场垄断。

企业合并会导致合并后的企业在市场控制份额与影响力、受众广度等方面发生较大的改变，形成垄断的可能性也相对增加，政府对于这种情况的监管应当在两方面进行注意，一是保持警惕与敏感度，二是以更加全面的视角来看待。如北京大学法学院邓峰教授提出的，随着互联网平台经济的发展，政府相关监管、归责的设定也应当以社会总体效率为衡量标准和目标，而不仅仅是由对于市场份额的划分来确定。

对不正当竞争的监管

竞争手段越界问题

2010年腾讯起诉360不正当竞争案产生了重要的影响。

在这一案例中，争议的焦点之一在于双方均有推出带有屏蔽对方相关软件功能的己方软件，对于使用者的自由选择权与知情权造成了伤害；其二在于，360透露QQ有泄露用户隐私的嫌疑，是否构成对腾讯的名誉权的侵害；其三在于，腾讯在360发布己方泄露隐私的消息之后，曾采取在所有安装360软件的电脑上下架QQ软件的做法，这种做法是在与竞争对手进行竞争的同时对使用者的权益的侵害，由于腾讯与360所占市场份额均十分庞大，这种举动侵犯了使用者的自主选择权，并且是一种变相的拒绝提供服务的行为。

　　提供同质服务的企业之间存在市场份额方面的竞争，采取一些竞争性的战略是可以理解和接受的，但同时也需要注意手段的合法性以及对社会整体福利的影响。企业之间的不正当竞争问题属于行业内企业间的纠纷，对于这一现象的规制主要是通过法律手段，政府的监管职能则是为立法提供建议。

　　由我国《反不正当竞争法》中的相关规定，可以将社会经济生活中主要的不正当的竞争行为总结为以下类型：假冒或仿冒行为，公用企业的不正当竞争行为，虚假宣传行为，行政垄断行为，商业贿赂行为，侵害商业秘密的行为，搭售行为，以低于成本的价格销售商品的不正当竞争行为，有奖销售行为，商业诋毁行为等。而案例中360与腾讯之间的竞争行为均是企业希望以不正当的手段在市场竞争中获得优势的方式，也是需依法进行监管的行为。

　　而随着市场经济的发展，一些新型的不正当竞争方式逐渐出现，我国的《反不正当竞争法》自1993年施行以来没有经过重大的修订，加快完善法律规定是政府监管市场中不正当竞争的重要途径。

互联互通问题

　　多边市场上的不同平台商如果能够实现互通互联，从整个市场的角度来看能够进一步激发市场活力，创造更大的价值。但是在现实中，有些大型的平台企业为了实现自身利益的最大化，会采取故意屏蔽其他平台企业信息或是资源的情况。一旦平台企业单方面对其他平台企业的信息进行阻拦，就很可能形成市场失灵，造成社会总福利的减少，这就要求政府部门必须在多边市场的互联互通问题上多下功夫，尽可能协调好平台企业自身利益和多边市场参与者福利之间的关系。

  微信对淘宝链接的屏蔽就是一个典型的例子。淘宝的商品链接在微信里无法直接打开，用户只能复制链接到淘宝App里或浏览器里打开再跳转到淘宝App界面才可以浏览。微信因私而不顾用户利益，强行阻碍平台间的互联互通，人为地剥夺了用户的选择权。同时，阿里巴巴也屏蔽了通过其他途径进入淘宝的渠道，它曾屏蔽过百度的抓取，屏蔽过蘑菇街和美丽说的流量来源。[1]除微信和淘宝之外，京东让用户无法用支付宝进行支付也是阻碍了平台间的互联互通。

  2017年6月，顺丰速运与阿里巴巴旗下的菜鸟快递公司爆发了一场争端。在此之前，顺丰作为国内领先的快递公司，有自建的物流体系"丰巢"，同时与作为数据物流平台的菜鸟快递有广泛的合作，二者各有自身优势，合作能够促进物流业和谐发展。2017年6月初，菜鸟表示顺丰暂停了其自身的物流数据接口，顺丰对此进行反驳，称此举是由于菜鸟方面要求提供无关的客户隐

---

[1] 搜狐科技，《究竟是微信屏蔽了淘宝链接，还是淘宝屏蔽了微信？》。相关链接：http://mt.sohu.com/20160610/n453821747.shtml。

私数据，为了维护信息安全，因而暂停数据接口服务。而菜鸟则指责对方恶意夸大，己方要求仅在正常的商业范围内。双方各执一词，矛盾逐渐升级，菜鸟通过网络发布声明，"紧急建议商家暂时停止使用顺丰发货，改用其他快递公司服务"。[1]

这场争端从表面上看是互相指责对方破坏客户信息安全、为了争夺客户，实则本质上是对数据信息的争夺。顺丰和菜鸟指责对方使用信息超越权限，实际上是由于双方在数据合作方面未能达成合意，产生了矛盾，借此表现了出来。顺丰凭借自家飞机与高铁运输协议，能够为用户提供高效的服务，其订单构成中商务订单占很大一部分，并不过分依赖淘宝订单，因而不愿将数据信息向菜鸟开放，同时其选择腾讯云服务也是为了避免对阿里系的过分依赖，菜鸟则希望顺丰能够将数据移至阿里云平台。

从更深层面讲，这一争端也反映了腾讯和阿里在数据方面的争夺，菜鸟物流作为阿里系企业，希望顺丰能够从腾讯云切换至阿里云，而腾讯云则公开表示，将协助顺丰方面建设云端，做好用户的信息保护工作。随即，国家邮政局对双方进行了调解，强调应当重视为消费者提供良好的服务，希望恢复合作共同努力，之后双方握手言和，争端逐渐平息。

菜鸟公司要求顺丰把丰巢全部数据系统数据接入菜鸟网络体系的做法是一种限制竞争行为，随后发布声明要求卖家停用顺

---

[1] 相关链接：新民网，《顺丰与菜鸟互相"拉黑"，以后淘宝还能发顺丰吗？》。相关链接：http://news.xinmin.cn/domestic/2017/06/03/31075263.html。

丰,更损害了正常市场中的连通性,对于平台中的卖家与买家双方的体验均造成了困扰。

对于此类行为,政府应当加强监管,以此案例为例,监管主要应当体现在两个方面:首先,出现此类事件时相关部门应当及时进行调解,如本案中的国家邮政局,这是在短时间内最小化平台用户损失的方法,尤其是物流这类对时效要求较严格的行业。其次,应当加强相关政策规范的制定力度,目前来看,电商物流等平台之间虽然合作紧密,具有利益联结关系,但依然缺乏规范,不正当竞争行为难以从源头处得到控制。

互联互通会改变多边市场企业的竞争格局,如何在互联互通过程中平衡各方的利益,拿捏好发展互联互通和平台竞争的关系,促进多边市场的健康有序发展是公共监管必须面对的问题。可以看出当前市场中的互联互通良好有序的发展仍面临着许多阻碍和挑战,应当加强立法规制。

对公共政策的建议

通过前面三节内容,我们对多边市场中企业不正当竞争行为、垄断行为应有新的界定,相对的,政府的公共政策也应与传统单边市场有所不同。对于公共政策的制定,我们有以下两点建议:

第一,政府应明确监管主体。对于企业在市场中的垄断行为、企业与企业的不正当竞争行为等，首先需要明确监管主体，避免出现监管部门相互推诿的情况发生。由于涉及争议双方企业、市场整体、消费者等多方的利益，加之法律法规相关规定不甚明确，在发生事件时可能出现监管主体不明晰的情况。例如在腾讯与360的诉讼纠纷案中，参与调解的主体先后有工信部、公安部、国家发改委等，主体众多使得责任相对难以明确。从立法来看，我国的竞争法采取两元化的方式，反垄断的监管执法主体主要是商务部、工商总局，以及国家发改委，而反不正当竞争则主要是各级工商管理部门进行日常监管，企业之间提起诉讼则会进入司法程序，由于反垄断的监管主体较多，需要进一步加以明确各主体的职责。

第二，政府应改善监管体系。首先，加强对事实行为的监管。根据在多边市场环境下对不正当竞争行为以及垄断行为的界定，应可以发现部分企业已经构成实施行为的不正当竞争或是垄断，政府应当对此类行为进行立即制止。其次，提高监管技术。政府应该加强对现有科技的运用，加强对数据的分析。比如，可以对企业的定价行为进行实时地、精确地监控分析，这样不仅能够及时制止不正当行为，更能够免去企业的侥幸心理，使得市场更加规范。最后，完善监管策略，使事前预防政策与事后惩罚措施相结合。政策的制定不能仅仅是事后的惩罚，更应该防患于未然，在预防方面就使企业无漏洞可钻，避免造成事后的纠纷。

本章小结

本章首先对多边市场环境下企业间的不正当竞争行为、行业间的垄断行为进行了重新界定，指出政府在多边市场的政策制定不能单纯地照搬传统单边市场的政策，应有所不同，有所创新。最后，我们针对多边市场监管，给出了公共政策的制定建议。我们认为，由于多边市场通常涉及多个群体，也会涉及多个监管部门，因此，政府应当尽可能地明确监管主体，避免推诿纠纷；其次，政府应当尽快地完善监管体系，加强对事实行为的监管，提高监管技术，并完善监管策略。

参考文献

第一章

Armstrong M. Competition in Two-Sided Markets[J]. *The RAND Journal of Economics*. 2006, 37(3): 668-691.

Coase R H. The Nature of the Firm[J]. *Economica*. 1937, 4(16):386-405.

Nichols Negroponte. *Being Digital*[M]. Vintage. 1996.

Schiff A. Open and Closed Systems of Two-Sided Networks[J]. *Information Economics and Policy*. 2003, 15(4): 425-442.

Spulber D F. Market Microstructure and Intermediation[J]. *The Journal of Economic Perspectives*. 1996, 10(3):135-152.

Williamson O E. The Economics of Organization: The Transaction Cost Approach[J]. *American Journal of Sociology*. 1981, 87(3): 548-577.

徐恪, 王勇, 李沁. 赛博新经济:"互联网+"的新经济时代[M]. 北京: 清华大学出版社, 2016.

王勇, 邓涵中. 论企业的交易属性[J]. 经济学家, 2017 (2): 67-75.

张杨, 王勇. 支付:从传统经济到网络经济[J]. 现代管理科学, 2015(11):30-32.

第二章

Armstrong M. Competition in Two-Sided Markets[J]. *The RAND Journal of Economics*. 2006, 37(3): 668-691.

Armstrong M, Wright J. Two-Sided Markets, Competitive Bottlenecks and Exclusive Contracts[J]. *Economic Theory*. 2007, 32(2): 353-380.

Armstrong M. *Two-Sided Markets: Economic Theory and Policy Implications*[M]. Recent Developments in Antitrust: Theory and Evidence. 2007: 39-59.

Caillaud B, Jullien B. Chicken & egg: Competition Among Intermediation Service Pproviders[J]. *The RAND Journal of Economics*. 2003: 309-328.

Evans D S. The Antitrust Economics of Multi-Sided Platform Markets[J]. *Yale J. on Reg.*. 2003, 20: 325.

Evans DS, Schmalensee R. The Industrial Organization of Markets with Two-Sided Platforms[J]. *Competition Policy International*. 2007, 3(1): 151-179.

Hagiu A. Two - Sided Platforms: Product Variety and Pricing Structures[J]. *Journal of Economics & Management Strategy*. 2009, 18(4): 1011-1043.

Hagiu A, Wright J. Multi-Sided Platforms[J]. *International Journal of Industrial Organization*. 2015, (43): 162-174.

Rochet JC, Tirole J. Platform Competition in Two - Sided Markets[J]. *Journal of the European Economic Association*. 2003, 1(4): 990-1029.

Rochet JC, Tirole J. Two - Sided Markets: A progress Report[J]. *The RAND Journal of Economics*. 2006, 37(3): 645-667.

Roson R. Two-Sided Markets: A Tentative Survey[J]. *Review of Network Economics*. 2005, 4(2).

Weyl EG. A Price Theory of Multi-Sided Platforms[J]. *The American Economic Review*. 2010, 100(4): 1642-1672.

高鸿业.西方经济学(微观部分)第五版[M].北京:中国人民大学出版社. 2011.

徐恪,王勇,李沁.赛博新经济:"互联网+"的新经济时代[M].北京:清华大学出版社,2016.

第三章

Evans D S. The Antitrust Economics of Multi-Sided Platform Markets[J]. *Yale J. on Reg.* 2003, 20: 325.

Nicholas Negroponte. *Being Digital*[M]. Vintage, 1996.

王勇,邓涵中.论企业的交易属性[J].经济学家,2017 (2): 67-75.

徐恪,王勇,李沁.赛博新经济:"互联网+"的新经济时代[M].北京:清华大学出版社,2016.

第四章

Armstrong, M. Competition in Two - Tided Markets[J]. *The RAND Journal of Economics*. 2006, 37(3), 668-691.

Schiff, A. Open and Closed Systems of Two-Sided Networks[J]. *Information Economics and Policy*. 2003, 15(4), 425-442.

第五章

Aghion, Philippe, and J. Tirole. Formal and Real Authority in Organizations[J]. *Journal of Political Economy*, 105.1(1997):1-29.

Rabin, Matthew. *Incorporating Fairness into Game Theory and Economics*[M]. University of California at Berkeley. 1992:1281-1302.

Daniel Kahneman, Jack L. Knetsch & Richard H. Thaler, Fairness as A Constraint on Profit Seeking: Entitlements in the Market[J]. *American Economic Review*. 1986:76.

Lectures, Past. Who Gets What: the New Economics of Matchmaking and

Market Design - Sydney Ideas - The University of Sydney. Publications Office.

第六章

Bar-Isaac, H., & Tadelis, S. Seller Reputation [J]. *Foundations and Trends® in Microeconomics*. 2008, 4(4), 273-351.

Kreps D. M.*Corporate Culture and Economic Theory*[M]. In James E.Alt and Kenneth A.Shepsle, editor, *Perspectives on Positive Political Economy*, Cambridge University Press. 1990, 90-143.

Kreps D. M. & Wilson R.Reputation and Imperfect Information[J]. *Journal of Economic Theory*. 1982, 27(2):253-279.

Kreps D. M., Milgrom P., Roberts J. and Wilson R.Rational Cooperation in the Finitely Repeated Prisoners' Dilemma[J]. *Journal of Economic Theory*. 1982, 27(2):245-252.

Nosko C, Tadelis S. *The Limits of Reputation in Platform Markets: An Empirical Analysis and Field Experiment*[R]. National Bureau of Economic Research. 2015.

第七章

Cooper B S P. *The Inmates Are Running the Asylum*[M]. London: Macmillan Publishing Co. Inc. 2014.

刘鹏, 王超. 计算广告: 互联网商业变现的市场与技术[M]. 北京: 人民邮电出版社. 2015.

迈克尔·费蒂克, 戴维·C.汤普森. 信誉经济[M]. 北京: 中信出版社, 2016.

第八章

Adner R., Kapoor R. Value Creation in Innovation Ecosystems: How the Structure of Technological Interdependence Affects Firm Performance in New Technology Generations[J]. Strategic Management Journal. 2010, 31(3),306-333.

Adner, R. Match Your Innovation Strategy to Your Innovation Ecosystem[J]. Harvard Business Review. 2006, Vol. 84 No. 4, p. 98.

ARM Holdings, PLC, Annual Report[EB/OL]. [2015-03-16]. HTTP://IR.ARM.COM/PHOENIX.ZHTML?C=197211&P=IROL-REPORTSANNUAL.

Arthur, W. B. Competing Technologies, Increasing Returns, and Lock-in by Historical Events[J]. The Economic Journal. 1989. 99(394): 116-131.

Bateson, G. Mind and Nature: A necessary Unity[M] . New York: Dutton. 1979: 238.

Birley, S. The Role of Networks in the Entrepreneurial Process[J]. Journal of Business Venturing. 1986. 1(1): 107-117.

Den Hartigh, E., Tol, M., & Visscher, W. The Health Measurement of a Business Ecosystem[R]. In Proceedings of the European Network on Chaos and Complexity Research and Management Practice Meeting. 2006, 10: 1-39.

Gould, S. J. The Evolutionary Biology of Constraint[J]. Daedalus. 1980: 39-52.

Gulati, R., Puranam, P., & Tushman, M. Meta - Organization Design: Rethinking Design in Interorganizational and Community Contexts[J]. Strategic Management Journal. 2012. 33(6): 571-586.

Iansiti, M., & Levien, R. Strategy as Ecology[J]. *Harvard Business Review.* 2004. 82(3): 68-81.

Myrdal, G., & Sitohang, P. *Economic Theory and Under-Developed Regions*[M]. 1957.

Moore, J. F. Predators and Prey: A New Ecology of Competition[J]. *Harvard Business Review.* 1993, 71(3), 75-83.

Rong, K., Wu, J., Shi, Y., & Guo, L. Nurturing Business Ecosystems for Growth In A Foreign Market: Incubating, Identifying and Integrating Stakeholders[J]. *Journal of International Management.* 2015, 21(4): 293-308.

Shi, X., & Shi, Y. Conceptualizing Entrepreneurial Ecosystems: Definition, Configurations and Health. In Academy of Management Proceedings. 2016(1): 11074. Academy of Management. 2016.

Vos, E. Business Ecosystems: Simulating Ecosystem Governance[J]. *Department of Technology, Strategy and Entrepreneurship.* 2006.

Tiwana, A., Konsynski, B., & Bush, A. A. Research Commentary—Platform Evolution: Coevolution of Platform Architecture, Governance, and Environmental Dynamics[J]. *Information Systems Research.* 2010, 21(4): 675-687.

第十章

曹汉平. 区块链技术在支付场景的应用展望[J]. 中国信用卡, 2017(1).

陈慧雯, 刘咪. C2C二手交易平台的发展研究——以阿里巴巴闲鱼为例[J]. 商场现代化. 2017(5).

马翠莲. 数字货币研发需未雨绸缪[N]. 上海金融报. 2016, A5.

孟航. 无现金支付社会加速到来[N]. 中国城市报. 2017, 8.

马梅, 朱晓明, 周金黄. 支付革命——互联网时代的第三方支付[M]. 北京: 中信出版社, 2014.

梅兰妮·斯万. 区块链新经济蓝图及导读[M]. 北京: 新星出版社, 2015.

孟航. 无现金支付社会加速到来[N]. 中国城市报, 2017(5): 008.

胥莉. 中国银行卡产业的联网通用与国际化发展：基于双边市场理论框架的研究[M]. 上海: 上海人民出版社, 2007.

徐恪, 王勇, 李沁. 赛博新经济："互联网+"的新经济时代[M]. 北京: 清华大学出版社, 2016.

余萍. EBAY: 中国涅槃[J], 销售与市场(评论版). 2010(12).

第十四章

Armstrong M. Competition in Two-Sided Markets[J]. *The RAND Journal of Economics*. 2006, 37(3): 668-691.

Evans D S. The Antitrust Economics of Multi-Sided Platform Markets[J]. *Yale J. on Reg.*. 2003, 20: 325.

Hagiu A. Optimal Pricing and Commitment in Two-sided Markets[J]. *Rand Journal of Economics*. 2004: 720-737.

Rochet JC, Tirole J. Platform Competition in Two-Sided Markets[J]. *Journal of the European Economic Association*. 2003, 1(4): 990-1029.

Rysman M. The Economics of Two-Sided Markets[J]. *The Journal of Economic Perspectives*. 2009: 125-143.